Horst Herrmann

Die Angst der Männer vor den Frauen

Konkret
Literatur
Verlag

»Ich habe immer an den Ratschlag des Dramatikers Sardou geglaubt. Er sagte: 'Quäle die Frauen!'... Das Problem heutzutage
liegt darin, daß wir die Frauen nicht genug quälen.«

(Alfred Hitchcock)

© 1989 Konkret Literatur Verlag, Hamburg
Umschlaggestaltung: Cordula Reiser
Satz: satzbau GmbH, Hamburg
Druck: Fuldaer Verlagsanstalt, Fulda
ISBN 3-922144-84-5

Horst Herrmann
Die Angst der Männer
vor den Frauen

INHALT

Mut zur Lücke

Worum es mir geht

Der Titel dieses Buches läßt viele den Kopf schütteln; ich habe es ausprobiert. Harte Männer meinen, das fehlte ihnen gerade noch, Angst vor den »Weibern« zu haben. Und Frauen sagen, still oder laut, umgekehrt sei es richtig: Männer machen uns Angst, Tag für Tag, sie haben selbst keine Angst, schon gar nicht vor uns.

Jetzt schüttle ich den Kopf und sage nein. So angepaßt sind sie alle, daß sie nicht einmal mehr merken, wie die Dinge liegen. So zugerichtet ist ihr Denken und Fühlen. Gewiß stimmt manches an dem, was sie sagen. Männer jagen oft Angst ein, werden laut und schrill und gewalttätig. Aber warum das so ist, wird weniger laut gefragt und schon gar nicht gesagt. Das hat mich seit langem geärgert. Offensichtlich soll da etwas verdrängt werden. Aber was? Die Angst der Männer vor den Frauen.

Angst? Über das, was in diesem einen Begriff zusammengefaßt ist, schreibe ich. Über die als unbekannt geltenden Wünsche und über die aus gutem Grund verborgenen Phantasien, die das Denken, Fühlen und Handeln der Männer leiten. Weil es Zeit ist. Nennenswerte Literatur gibt es bisher noch nicht. Ich nehme an, das vieltausendjährige Thema ist zu neu.

Zu neu? Weil niemand so recht weiß, woran er/sie ist, weil es nichts Rechtes/Linkes dazu zu lesen gibt, weil weder Kant noch Marx etwas dazu zu sagen wissen, flüchten sich viele in das Argument, die Angst der Männer vor den Frauen sei bloß spekulativ, sie zu thematisieren reine Spekulation.

Das stimmt, und das stimmt auch wieder nicht. Richtig ist, daß das neue Thema viel Spekulation verlangt. Wer Neuland betritt, muß damit rechnen, daß er keine ausgetretenen Wege vorfindet und sich selbst den Weg suchen muß. Ausgetretene Wege heißen sich wissenschaftlich, neue Wege sind eben spekulativ. Aber Holzwege sind sie deswegen nicht. Im übrigen sind hin und wieder auch WissenschaftlerInnen auf dem Holzweg.

Ganz spekulativ bin ich übrigens auch nicht. Ich versuche, hinter den gesellschaftlichen Verdrängungen und Verdeckungen die bloßen Fakten zu entdecken, und das hat mit Spekulation nichts zu tun. Die »Angst der Männer vor den Frauen« ist Teil II einer Trilogie, die sich, nach vielen Jahren der Vorbereitung, mit dem Problem befaßt, das ich für das entscheidende unserer Tage und unserer Zukunft halte. Teil I (im Mai 1989 erschienen) befaßt sich unter dem Titel »Vaterliebe. Ich will ja nur dein Bestes« grundsätzlich mit dem Patriarchat. Teil III, »Vom Vatermythos zur Vaterreligion«, wird sich demnächst um die Formen religiöser Männer-Gewalt kümmern.

Manchmal haben AutorInnen die Chance, ein kompliziertes Problem zu eröffnen, indem sie ihren LeserInnen darstellen, wie sie selbst auf das Thema gestoßen sind und welche Erfahrungen sie damit gemacht haben. Es tut mir leid, aber ich bin kein Arzt, der durch klinische Beobachtungen bestimmter Charakterstörungen zu seiner Fragestellung angeregt worden sein könnte. Daher habe ich keinerlei Wissen aus einer ärztlichen (psychotherapeutischen, psychoanalytischen und so fort) Praxis. Ich behandle keine Magengeschwüre, die sich aus Angst der Männer vor den Frauen gebildet haben. Das ist in einem Milieu, das geradezu wundersüchtig an die Medizin glaubt, für viele ein Mangel.

Ich empfinde das nicht so. Meine Praxis besteht darin, daß ich immer aufmerksamer Menschen beobachte, Männer, Frauen, Kinder, Familien, Paare. Und auch meine Sprechstunde an der Universität ist sowas wie eine Praxis. Nicht daß ich da Herumtherapierte, aber für hunderte von Diagnosen reicht es schon. Um diagnostizieren zu können, braucht ein Mensch vor allem seine Sinne: viel sehen, viel hören, viel fühlen, dann kann es klappen.

Die meisten Bücher, die zum Thema Beziehungen zwischen

Mann und Frau geschrieben worden sind, klingen mir zu optimistisch. Vielleicht brauchen ihre VerfasserInnen diesen frohen Mut, um sich überhaupt an eines der schwierigsten Probleme heranzuwagen, die es gegenwärtig gibt. Dabei ist nur Pessimismus realistisch: Was Jahrtausende hindurch falsch gelaufen ist, kann nicht in Monaten und Jahren verändert werden.

Ob sich Fortschritt hin zu einem Humanum unter den festgezurrten Bedingungen einer Männergesellschaft überhaupt nur träumen läßt, nicht aber realisieren? Ob das, was wir heute mit guten Gründen für Fortschritt etwa in der Gestaltung und Durchsetzung der Menschenrechte halten, nicht doch nur ein winziges historisches Resultat darstellt, das — aufs Ganze der vieltausendjährigen Mannheitsgeschichte gesehen — gerade 200 Jahre hinter sich gebracht hat? Und selbst die noch nicht mal überall und jederzeit besonders erfolgreich. Ob überhaupt die gängige Gleichung gilt, das Humane sei schon das Gute?

Ich schaue nicht gebannt wie das Kaninchen auf die Schlange, aber ich warne vor der Reaktion der vielen, die ihre Privilegien bedroht sehen und niemals freiwillig auf diese verzichten werden. Die Gegenreformation steht schon Gewehr bei Fuß (wie sie selbst raunt). Und die Revolution? Ich glaube, Grund zur Nüchternheit zu haben. Mein Beruf bringt es mit sich, viele kennengelernt zu haben, die angetreten waren, eine Welt zu ändern, und die unterdessen froh sind, wenn sie in einer sich gleich bleibenden Welt untergekommen sind.

Vielen ist die alte Angst immer noch vertrauter als die neue Freiheit.

Auf der Landkarte Mann-Frau finden sich die meisten weißen Flecken. Das Alltäglichste ist am wenigsten erforscht, und offenbar rentiert sich noch nicht einmal ein Historikerstreit.

Eine kritische Männer- und Väterforschung, die betroffen und parteilich von Männern ausgeht und für diese forscht, eine Forschung, in der Männer untersuchen, wie und warum sie unter den Bedingungen der eigenen Gesellschaftsform zu dem geworden sind, was sie heute darstellen, darf es nicht geben. Wer sich dennoch um solche Probleme kümmert, gilt als Narr, dessen Spielwiesen nicht auch noch — von den ernsthaften Ober-Männern oder Geld-Männern — finanziert werden sollten.

Das ist gewollte Perversion auf Männerart. Aber Geld ist noch nicht einmal alles. Auch von vielen Kollegen, definieren sie sich nun als konservativ oder als progressiv, höre ich seit Jahren dasselbe. Dabei entscheidet sich gerade an dieser Stelle und nur an ihr, wer von den Männern fortschrittlich zu sein wagt.

Sich als Mann in die Frauenforschung zu mischen, ist noch nicht der letzte Schritt nach vorn. Ich weiß, wovon ich rede. An meiner Universität, die inzwischen 45 000 Studierende zählt, die alle nur das Eigentliche studieren dürfen, habe ich vor Jahren so etwas wie Frauenforschung eingerichtet. Auf manntypische Weise, als ein chevalier seul, aber das erschien mir immer noch besser als gar nichts. Ich habe eine freigewordene Mitarbeiterstelle einfach für Frauenforschung ausgeschrieben. Man sprach davon, ich würde gewiß bald zur Ehrenfrau promoviert. Man schüttelte den Gelehrtenkopf, und heute, wo unter Hunderten von ForschHerren auch mal eine dürftige Professur (kein Lehrstuhl, den braucht man für echte Männer-Sachen) errichtet und mit einem Nicht-Mann besetzt werden soll, schüttelt man ihn noch immer.

Aber auch wenn der Sieg viele Väter hat und Frauenforschung gegenwärtig im Trend liegen mag, was inzwischen immer mehr Männer an den Universitäten zugeben müssen, Männerforschung ist wesentlich exotischer. Als Mann Frauen zu beforschen, das wird offenbar noch akzeptiert. Schließlich tut man das in bestimmten Disziplinen seit eh und je. Aber Männer? Sich selbst und seinesgleichen wie ein Insekt unters Mikroskop legen und Beinchen zählen? Das soll Wissenschaft sein? Igitt.

Dabei hätten alle »Disziplinen« der Wissenschaft (auch das ein Männer-Wort) Grund genug mitzuarbeiten. Alle sind sie mitverantwortlich für den gegenwärtig vom Patriarchat erreichten Zustand. Es gilt, Jahrtausende — inhaltlich und formal — neu zu sehen. Das bietet die Chance, viele ungewohnte Wege zu gehen.

Da gegenwärtig aus dem Stand neu formuliert werden muß, was so lange so sorgsam verdeckt worden ist, sind auch Umwege unvermeidlich.

Ich mag im Zusammenhang mit der Männerkultur gar nicht von Kultur sprechen. Oder doch? Heißt »Kultur« nicht ursprünglich »Land besetzen und roden«? Also sogenannte männliche Tätigkeiten beschreiben? Arktis, Antarktis, Sahara und Gobi bringen nichts wesentlich Neues mehr zum Vorschein. Kontinente sind bis in die hintersten Winkel hinein vermessen. Daß Männer es nicht sind, muß seine Gründe haben. Ich meine, der Hauptgrund dafür liegt in einer erfolgreichen Verdrängung. Männer haben dafür gesorgt, daß sie undurchschaubar blieben. Der wirksamste Trick aller Götter ist stets der gewesen, unsichtbar zu sein.

Sichtbarmachen? Entdeckung? Neuland? Meine Einleitungsthese, die sich durch das ganze Buch zieht, heißt ganz schlicht: Männer machen denen die meiste Angst, vor denen sie sich selbst am meisten fürchten. Zugleich gibt diese These den Stoff ab für das erste der »Zehn Gebote des Patriarchats«, die sich als running gag dieses Buches erweisen und in deren Appellen, ganz einfachen Botschaften, sich Männer Mut zu machen suchen:

1. Gebot
Du sollst denen am meisten Angst machen, vor denen du dich selbst am meisten fürchtest!

Der Ansatz von Angst und Gegenangst nimmt die Männer an keiner Stelle in Schutz. Das Mißverständnis will ich gleich ausräumen. Kein Mitleid mit den Angsthasen also, kein Erklärungsversuch, der beschönigen oder zumindest beweisen soll. Nein, ich ziehe denen die Decke weg, die die eigenen Ängste vor den Frauen durch Gewalt gegen die Frauen zu decken suchen.

Und wenn sie dann entdeckt und nackt sind, habe ich kein Mitleid für sie, keine neue Decke für die Blöße. Dieses Buch ist parteilich. Wer mir das vorwirft, ist selbst einseitig. Parteilichkeit ist für mich keine Basis für Widerspruch. Keine Legitimation. Ausgewogenheit ist was für andere. Es gibt genug Bücher, die die Männergesellschaft in Schutz nehmen. Jahrhunderte hindurch haben Männer-Philosophen unter dem sogenannt objektiven Anspruch, über den Menschen zu handeln, die männliche Vernunft verteidigt. Eben da, wo es notwendig gewesen wäre, hat es niemals Widerspruch gegeben.

Kein Mitleid mit den weggefegten Denkleistungen aufkommen lassen, nein, die haben es wirklich nicht verdient. Die vom System honorierten ForschHerren haben jahrhundertelang nur Opfer geschaffen. Die haben's nötig, jetzt lamentieren zu lassen und auf unser Mitleid zu spekulieren. Die Zeitspanne, in der sie sich ausgetobt haben, ist — aufs ganze der Menschheit gesehen — ohnedies so winzig (wenn auch vollgestopft mit Mord und Totschlag), daß Menschen, die die Entwicklung der Art nach Jahrtausenden zählen und nicht nach der Epoche des Patriarchats, nur Hohn gegen das Lamento der Mördergesellen empfinden.

Auf den Punkt gebrachte Arbeitshypothesen helfen ungemein beim Weiterdenken und beim Ausbreiten und Verästeln von Gedanken. Den Vorwurf, inmitten einer immer komplexer werdenden Welt nur eine auf eine einzige Ursache reduzierte Deutung vorlegen zu können, nehme ich von denen nicht an, die ihre eigene Welt seit eh und je reduziert interpretieren lassen, nämlich aufs sogenannt Männliche ausgerichtet und damit unverfroren sexistisch.

Nein, so nicht. Die Devise lautet anders: Kein großer Denker sein wollen, sondern ein tief denkender und fühlender Mensch. Und ragende Größe, phallischen Verstand bereitwillig andern überlassen, die über nicht mehr als dies verfügen. Das ewig besserwisserische Denken und seine Begriffe der Überlegenheit und der Unterlegenheit: typisch maskulin.

Darum möchte ich auch aus zwei Gründen nicht, daß mein Essay über die Männerangst eine Pilotstudie genannt wird. Erstens: Piloten sind Überflieger. Manche fliegen sogar auf den Mond, stecken ein Territorium ab und pflanzen ein Fähnchen auf. Nein, ein Pilot möchte ich nicht werden. Mit dem Krieg der Sterne habe ich nichts zu tun. Zweitens: Studien sind meistens Schreibtischarbeiten. Ich meine, nur die Praxis öffnet die Tür zu einem anderen Geschlechts- und Geschichtsbewußtsein als dem herkömmlich männlichen.

Sage ich »ich«, so distanziere ich mich von jenem »man«, das Männern so leicht von der Zunge geht, weil es sie hinter der siegreichen Gruppe versteckt und von individueller Verantwortung entlastet. Aber »ich« bedeutet nicht die Identität mit einem isoliert denkenden Schreibtischtäter, sondern die mit einem Menschen, der seine Denk-Schritte als Mitglied von Diskussions- und Erfahrungsbewegungen getan hat.

Ob ich »schon ein Feminist« sei, fragt mich ein Kollege. Ich antworte in einem Bilderrätsel: Wenn Schleiermacher ein ganz passabler Name für einen Theologie-Philosophen war, wieso sollte dann einer, der auf das Doppel-Maskulinum Herrmann hört, kein Feminist sein dürfen?

Gewiß ist es unmöglich, irgendein Thema von Belang ohne Parteinahme zu behandeln. Das gilt besonders bei Problemen wie dem vorgestellten. Sie setzen von sich aus Parteilichkeit voraus, und nicht nur aufgrund geschlechtsspezifischer Wahrnehmungs- und Verhaltensformen. Die Art der Fragestellung, die Perspektive, die gewählt wird, das Interesse, ein — welches? — Ziel zu erreichen, all dies sind Vorgaben, die jene normale Objektivität Lügen strafen, die sogenannte Wissenschaftler so mühelos vor sich hertragen. Objektivität ist in diesen Kreisen weit verbreitet. Sie ist eine sehr beschwerdefreie Krankheit.

»Alles, was Männer über die Frauen geschrieben haben, muß verdächtig sein, denn sie sind zugleich Richter und Partei«, hat ein Feminist des 17. Jahrhunderts gesagt [1]. Und was gilt für das, was Männer über sich selbst geschrieben haben?

Ich sehe Wissenschaft weder als Brotberuf noch als Bedienung der Literaturmaschinerie unserer Tage. Auch wenn handfeste Thesen über das Buch verteilt sind, die mit Studierenden über Jahre hinweg diskutiert worden sind, will ich nicht der Sammler von Belegstellen sein, der jedes Fündlein mit Fußnoten garniert und seinen akademischen Ruhm damit bei sich und seinesgleichen hat. Ich schreibe für Menschen, die selbst Belege sind. Fußnoten kommen nur bei wörtlichen Zitaten vor, die bei Bedarf nachgelesen werden können.

Wer sich darüber wundert, daß ich Tageszeitungen und Zeitschriften zitiere, sei auf ein Phänomen hingewiesen, das im Universitätsalltag bewußt übersehen werden muß: Nicht Dissertationen sind es, die dem Volk aufs Maul schauen, sondern JournalistInnen. Sie haben das Ohr im Gelände, sonst können sie einpacken. Wer also die alltägliche Männergesellschaft beschrieben haben will, sollte schon morgens aufmerksam in die Zeitung gucken. Zur Universitätsbibliothek kommt er/sie noch früh genug.

Ich habe Zeitschriften bewußt aus einem nur sehr kurzen Zeitraum verwendet. Sie lassen ihre Ergebnisse jederzeit unter ähnlichen Bedingungen wiederholen. Das entlarvt. Im Alltag des Patriarchats spielt sich nachweislich stets dasselbe ab. Daß Kulturträger wie Platon, Rousseau und Hemingway zitiert werden, ist ähnlich zufällig. Ich hätte unter den Bedingungen des patriarchalen Denkens ebenso gut andere wählen können. Ich gehe hierin von einer völligen Beliebigkeit aus. Wo alle angesteckt sind, weisen alle dieselben Symptome auf.

Therapie betreibe ich nicht. Die Diagnose eines Zustands reicht mir; therapieren mögen die Betroffenen. Soziologie ist für mich eher Gesellschaftstheorie als Gesellschaftstherapie, auch wenn die eine — wie das Bewußtsein dem Sein folgt — in der andern inbegriffen sein mag. Unter Theorie verstehe ich kein weiteres von jenen Denksystemen, wie sie Männer über Jahrhunderte hinweg aufeinandergetürmt haben, um ihr Denken vermeintlich immer unangreifbarer zu machen. Das Wort Theorie kommt von Schauen, und daher möchte ich durch meine Theorien die Lesenden und Fühlenden an ein anderes Sehen des Vertrauten heranführen.

Am Ende des Buches sind die Thesen zusammengefaßt, die ich aus der Beobachtung des patriarchalen Lebens gewonnen habe. Da sie für dieses Leben durchweg appellativen Charakter haben, heiße ich sie »Die zehn Gebote des Patriarchats«.

Vielleicht finden sich bald Experten, die diese Gebote auslegen. Ich selbst plane kein Rezeptbuch. Ich möchte keine einzige Frau dadurch vergewaltigen und ihre Liebe mißbrauchen, daß ich sie zur Therapeutin ihres Mannes mache und sie dessen Defizite aufarbeiten heiße. Ebensowenig wie Feministinnen männliche Hilfe benötigen oder Fische Fahrräder, brauchen defizitäre Männer Frauen, die sich für sie aufopfern wie gehabt.

Eine nicht nur formale Anmerkung: Wenn ich hin und wieder die — für SoziologInnen nicht bekömmliche, weil meist unscharf verwandte — Vokabel »man« gebrauche, dann hat das seinen Sinn. »Man« steht durchweg, wie sich das logischerweise gehört, für einen einzelnen Mann oder für eine Gruppe von Männern und für nichts anderes. Schon gar nicht für Mensch.

Not am Mann

Auf welch schwachen Füßen
die Männergewalt steht

Auffällige Stärke

Das auffällig starke Geschlecht trägt ein auffällig starkes Geschlechtsorgan vor sich her. Das ist aber auch schon alles. Das
auffälligste Phänomen einer Gesellschaft: Überall stehen Männer im Vordergrund, und überall wirken sie auf mich wie Vorgeschobene. Großmäulig, renommierend, reputierlich sind sie
— und relativ wenig von ihnen selbst steckt hinter ihren Fassa-
den. Ich brauche keine neue Verschwörungstheorie, um zu erkennen, was sie nach vorne treibt.
Zeitungsmeldung vom 4. Februar 1989 über den von der Bush-
Administration gegen Widerstände im US-Senat vorgesehenen
Verteidigungsminister: »Der zweimal geschiedene 63jährige
Tower war... wiederholt mit Vorwürfen über seinen angeblich
lockeren Umgang mit Frauen und mit Alkohol konfrontiert
worden. Handfeste Beweise dafür, daß sie zu einem Problem
werden könnten, wurden jedoch nicht vorgelegt.«[1]
Ein lockerer Umgang, angeblich. Mit Frauen, mit Alkohol.
Zwei Laster in ein und demselben Atemzug genannt. Darüber
lacht man nicht. Tower selbst sagt das Klügste dazu, was er Männern sagen kann: »Ich bin ein disziplinierter Mann«. Das bißchen womenizing wird doch wohl nicht schaden; weibern wird
man ja wohl noch dürfen.
Früher suchte man für Männerprobleme immer eine Schuldige.
Hatte ein Mann sich oder sein Geschäft ruiniert, mußten die
schlechten Weiber und ihre Verführungskünste herhalten oder

der Suff, in den die ihn getrieben hatten. Doch das »cherchez la femme!« ist vielleicht so falsch nicht, wenn es richtig interpretiert wird: Hinter jedem Mann, der sich in den Vordergrund drängt, steht eine Frau, vor der er flieht.

Ist die These, Frauen seien grundsätzlich, von Natur aus, schwachsinnig oder zumindest physisch oder psychisch den Männern unterlegen, ein frommer Wunsch? Ja, nichts als das. Die französische Ärztin und Psychoanalytikerin Colette Chiland faßt ihre Langzeituntersuchungen zusammen:

»Das schwache Geschlecht, das ist der Mann. Der männliche Organismus ist empfindlicher gegen Traumata, Krankheiten, Streß und Pressionen der Umwelt.«[2]

Und, für die meisten Männer das Schlimmste, noch eins drauf: Die weibliche Sexualanlage soll, nach Mary Jane Sherfex, ein unersättlicher Trieb sein. Genau das haben sie immer befürchtet.

Wie reagieren Männer darauf, daß die gängigen Vorurteile ihrer eigenen Vernunft widerlegt zu werden beginnen? Die Frau auch konstitutionell stärker als der Mann? Höhere Vitalität, größere Ausdauer, bessere Widerstandskräfte, besser funktionierendes Immunsystem, höhere Lebenserwartung: alles Domänen der Frauen. Erfolgreicherer Umgang mit schlimmen Lebensbedingungen, mit Hunger, Entbehrungen jeder Art, Ermüdung, Krankheit: Sache der Frauen.

Dabei ist der Frauenkörper doch eine einzige Wunde. Meinen die Männer. Und daher gibt es so gut wie keine speziellen Männerkrankheiten, für Frauen jedoch ganze Kliniken — und Scharen von medizinischem Personal. Gynäkologie ja, die muß wohl sein, zumal in einem medizinisch aufgeladenen Milieu wie dem heutigen. Andrologie braucht es offensichtlich nicht. Allenfalls Urologie für Senioren, die Schwierigkeiten mit der Prostata haben.

Gynäkologie? Ich stelle mir vor, was sie sein müßte: Lebens-Dialog von Frauen mit sich selbst. Was sie ist: Rede der Männer über Frauenkörper. Das bedeutet eine vierfache Reduktion gegenüber dem Möglichen: Rede statt Leben, Männer statt Frauen, Rede über andere statt mit sich, Körper statt Mensch.

Andrologie ist Mangelware. Dabei sind nur die Männer wirklich krank. Sie brauchen es nicht erst noch zu werden. Die Diagnose von den prinzipiell kranken Männern verbirgt sich in diesen Jahren zwar noch, aber ich glaube, daß es nicht mehr lange dauert, bis sie allgemein — und öffentlich — wird.

Vorerst leiden erst einige auch öffentlich, gleichsam stellvertretend und zeichenhaft, an der generellen Krankheit. Daß sich freilich Manager-Vokabeln ebenso schnell verbreitet haben wie die Manager-Krankheiten, ja daß die einen den anderen auf dem Fuß folgten und folgen, deutet auf eine Tiefe und eine Breite des Problems zugleich.

Franz Kafka schreibt am 9. August 1917 in sein Tagebuch, als letzten Eintrag vor seiner Flucht in die Krankheit, die ihm eine bestimmte Frau ersparen würde: »Nein, laß mich! Nein, laß mich!, so rief ich unaufhörlich die Gassen entlang und immer wieder faßte sie mich an, immer wieder schlugen von der Weite oder über meine Schultern hinweg die Krallenhände der Sirene in meine Brust.«[3]

Sich binden zu müssen, gar heiraten zu müssen ist Kafkas schlimmster Traum. Der exemplarisch Hellsichtige spricht aus, was Männer zu seiner Zeit noch nicht so klar zu sagen wagten: Sie sind bindungsschwach. Männer entziehen sich. Sie geraten in Panik, wenn sie Nähe spüren. In Sachen Intimität sind sie Dilettanten geblieben. Im Land der Liebe sind sie nicht heimisch. Sie haben Angst vor überlegenen oder auch nur »ebenbürtigen« Frauen, also vor allen. Kein Wunder, daß sie sich um jüngere Frauen bemühen, von deren Seite sie keine allzu häufigen Siege befürchten zu müssen glauben.

Noch gelten männliche Ressourcen wie Berufs- und Geldleistungen als ein tragfähiges Fundament von Partnerschaften. Sie lassen sich immer wieder gefahrlos (von außen) erneuern; die Ressource ist eine Quelle, die dauernd sprudelt. Den Frauen bleibt eine vergleichsweise bescheidene Ressource: die Liebe.

Und sie sollen sich deshalb allein mit der beschäftigen, urteilen die Männer. Sie sollen unaufhörlich die Gefühlskurven der Gatten und der Geliebten überwachen. Männer-Maschinen können ihren Charme ebenso wie ihre Liebessehnsucht an- und abschalten.

Daß sich Frauen in den letzten Jahren zunehmend darum bemüht haben, »Männer genau zu studieren, um das Geheimnis ihrer Stärke herauszufinden«[4], halte ich für einen Irrweg. Statt mit Cheryl Benard und Edit Schlaffer das Geheimnis einer Männer-Stärke zu ergründen und dann »genauso stark zu werden wie sie«, täten Frauen mit dem Was-habe-ich-nur-falsch-gemacht-Syndrom besser daran, sich mit der Schwäche der Männer zu befassen. Aber ich will keine Ratschläge erteilen.

Erst als Kafka sich in seine Blutstürze gerettet hat, scheint es, »daß ich den Kampf auf diese Weise verlieren soll. Und tatsächlich, so als wäre abgeblasen worden, schlafe ich seit damals... besser.«[5]

Ein Kampf, in Kafkas Worten, der in der selbstgewählten Niederlage des Mannes endet. Ein Sieg, »der sich z.B. in einer Heirat darstellen könnte« (die Freundin ist »vielleicht nur Repräsentantin des wahrscheinlich guten Princips in diesem Kampf«[6]), wäre stets ein Sieg der Frauen. Die Flucht in die Krankheit ist vergleichsweise ein Sieg des Mannes noch in der Niederlage.

Wer so reagiert, gilt als verständig und normal. Der englische Therapeut John Rowan hält das gesunde männliche Ego für oppressiv und krank. Und Horst E. Richter meint:

»Die Angst, wertlos oder gar verlassen zu sein, wenn man nicht selber groß und mächtig werden oder zumindest an kollektiver Größe und Macht teilnehmen kann, ist eine kollektive Männer-Neurose.«[7]

Auch diese Angst darf nicht thematisiert werden. Angst haben die Frauen zu haben. Denen sind die gefürchteten Minusmerkmale der Schwäche und der Angst (männer-)gesellschaftlich zugeteilt.

Es ist freilich kein Nachteil, sich zu seiner Angst bekennen zu dürfen. Daß es für den psychischen Haushalt gefährlich ist, die stärksten Antriebe, die tiefsten Wünsche und Ängste unter Verschluß zu halten, gilt seit Sigmund Freud als eine Binsenwahrheit.

Oder als Binsenirrtum? Offensichtlich haben schon die kleinen Männer, die Jungen, nicht lernen dürfen, was sie gesund machen würde. Eine andere Umgangsweise mit ihrer erlebten Ohnmacht und Angst als die der Verdrängung haben sie nicht erlernt. Verdrängung aber bedeutet hier Vorstellung von Gewalt, Allmachtsphantasie — und Versuch, diese gewalttätig zu realisieren. Daraus erbaut sich eine ganze Welt. Auch die Psyche einer Kultur, die ihre Ängste nicht offenzulegen gelernt hat, wird zu einer speziellen Offenlegung gedrängt. Sie muß das Verdrängte zu offener Gewalt anwachsen lassen. Gespenster kommen nicht nur nachts zu Besuch.

Um männerübliche Welten darzustellen, mache ich nicht viel Umstände. Ich schaue in eine auffallend normale Zeitschrift, in den *Spiegel* vom 12. Dezember 1988, den ich gerade zur Hand habe. Ich schaue in das Magazin hinein mit einer Brille, die einmal nicht auf das achtet, was man uns als wichtig verkaufen möchte. Also nicht Politik und so. Kein Kapitalismus, keine Sozialismen. Männer gibt es in Hütten und in Palästen. Die Männergesellschaft hat sich vor allen anderen Systemen installiert — und über allen.

Eine Zeitung berichtet: »Millionen sowjetischer Männer standen gestern vor einem teuren Tag: In der UdSSR wurde der Internationale Frauentag begangen, einer der populärsten amtlichen Feiertage. Die Frauen erwarten von ihren Ehegatten an diesem arbeitsfreien Tag nicht nur die Übernahme der Hausarbeit und eine Einladung zum Essen in ein Restaurant, sondern auch Geschenke und Blumen.«[8] Ich gehe davon aus, daß kapitalistisch systematisierte Frauen von ihren Muttertagen dasselbe zu erhoffen haben.

Daher argumentiere ich viel einfacher. Ich schaue auf die einfachste und älteste Klassenteilung der Welt, auf die zwischen Männern und Frauen. Damit verglichen bilden — in der Ersten,

Zweiten, Dritten, Vierten Welt — Politik, Kultur und Wirtschaft sekundäre Systeme, Ausformungen der einen Ur-Teilung. Der *Spiegel* und das, was er aus höchst normalem Klassenbewußtsein wahrnimmt und abbildet: Das Titelblatt trägt einen Mann, der sogar Mann des Jahres und Mann der Stunde zugleich ist. Seite drei hat schon wieder vier weitere Männer des Jahres (aus *Time*), darunter eine Maschine des Jahres, den Computer, der von einem Mann bedient wird. Seite vier: Männer von der Feuerwehr, ein Politiker der GRÜNEN. Seite fünf: ein Mann aus Frankreich, dazu aufständische Männer (verhüllt), schließlich ein Künstler.

Der ist von zwei Frauen umgeben, die ihn anhimmeln. Übrigens sind das die ersten Frauen, die auftauchen. Und so geht es weiter. Ich bin kein Statistiker und habe mir die Auswertung des ganzen Magazins geschenkt. Aber der Eindruck der ersten fünf Seiten bleibt bestehen. Gleich, ob es sich um Politik, Wirtschaft oder Kultur dreht.

Die Leserbriefe (nur ein Mann im Bild), das Panorama (zwei Männer, viele Soldaten), die Titelgeschichte (ein Dutzend Männer, eine Ehefrau) und immer so weiter. Auffallend die vielen Mordmaschinen, Flugzeuge, Kanonen, Atomkraftwerke. Sie werden noch häufiger und exklusiver als die Politik von Männern bedient.

Halt. Es gibt im Blatt auch eine Frauengeschichte. »Die Männer glauben, Frauen seien so etwas Ähnliches wie Kinder. Wenn sie uns sehen könnten, wie wir wirklich sind, wären sie wohl ziemlich erstaunt«, sagt da eine Frau aus dem vorigen Jahrhundert, »das wenig Gnade walten ließ mit armen Pastorentöchtern«. Die Sprecherin ist eine »kümmerlich kleine, häßliche Jungfer«, wie der Rezensent anmerkt. Die Schwestern Brontë werden da rezensiert. Sie dürfen so kläglich erscheinen »wie Kartoffeln, die in einem dunklen Keller keimen«[9].

Eine andere Geschichte stellt fest, daß Frauen auch in der bundesrepublikanischen Fernseh-Unterhaltung der frühen Jahren ren festen Platz unterhalb des Mannes hatten. Aufzeichnungsbänder beweisen es. »Kann das auch ein Mann machen?« fragt man in »Was bin ich?« eine Hausfrau, deren Beruf zum Rätselraten ansteht. »Sagen wir nein«, befindet man und steckt ein Fünferl ins Schweinderl. Ob sie denn ein Entgelt für ihre Arbeit bekomme, fragt man darauf. Das Publikum wiehert vor Lachen, und man greift zum Schluß ins eigene Portemonnaie und schenkt der Frau einen Pfennig. Auf so höfliche Weise wurden damals die Kavaliersdelikte verübt.

Eine weitere Geschichte aus der Welt der Männer und Frauen, wie der *Spiegel* sie in einer einzigen Ausgabe mühelos abbildet. Der erwähnte Künstler umgab sich mit Frauen, die er Superstars nannte. Andy Warhol brauchte sie. Vor Berührungen hatte er freilich eine panische Angst. Eine seiner Superfrauen erzählt, sie habe »ihn zu verführen versucht«. Er sei sofort »zu Eis erstarrt«. Für ihn, den sie den »Erfinder des Telefon-Sex« heißt, mußte Sex klinisch sauber sein. »Der erste Plastikmensch, der gelebt hatte«.[10] Die Angst der Männer vor den Frauen.

Und noch eine Story aus derselben Ausgabe: »Daddy trinkt nicht, raucht nicht und fährt mit seiner Familie jeden Sonntag zweimal zur Kirche. Daddy bekommt eine goldene Ehrennadel für 40 Jahre treue Dienste im Stahlwerk. Daddy ist ein respektierter Bürger, und er mißbraucht seine kleine Tochter«.[11]

Sylvia Fraser beschreibt männliche Normalität in ihrem Buch des Wieder-Erinnerns, das den archaischen Titel »My Father's House« hat. Das Vaterhaus, niemals ein Mutterhaus geheißen, niemals ein Kinderhaus. Das Vaterhaus, ein Unterschlupf, eine Deckung. Für wen als für Väter?

All das ist für bewußte Frauen nichts Neues. Ob aber auch Männer diese Tatsachen schon entdeckt haben? Wer es überhaupt noch nötig hat, schaue sich die normalen Szenen aus dem patriarchal beschädigten Leben an. Übrigens, immer wenn ich »normal« oder »typisch« sage, meine ich pervers und zugeschrieben. Auf diese Sprachregelung kann man sich verlassen.

Beschädigte Existenz

Karneval braucht es nicht zu sein. Die fünfte Jahreszeit löst nur die Verklemmungen, die sonst zum Alltag gehören: Wenn Männer trinken, sprechen und handeln sie noch deutlicher als sonst. In Wort und Tat gegen die Frauen. Sie machen an, sie reißen ihre Witze. Und hinter all dem die nackte Angst, den Objekten ihrer Lustigkeit nicht gewachsen zu sein.

In genau dem Moment, da ich das schreibe, kommt eine als Sensationsmeldung aus der Sowjetunion aufgetischte Nachricht aus dem Radio: »Perestroika auch im Krankenhaus. Zum erstenmal erlaubt ein sowjetisches Spital den Vätern, im Kreißsaal anwesend zu sein. Bedingung: Die Herren müssen ihre Frauen moralisch unterstützen und dürfen nicht gleich in Ohnmacht fallen.« Wörtlich, entlarvend.

Ein gewaltiger Fortschritt, meint die Meldung. Bisher sahen sowjetische Väter ihre Babys erst, wenn Mutter und Kind wohlbehalten wieder aus der Klinik entlassen waren. Sind wir aber hierzulande weiter? Bei der Geburt unseres ersten Kindes wurde ich vom Krankenhauspersonal durchaus ernsthaft angewiesen, bitte, bei Bedarf in die richtige Richtung zu fallen, nicht direkt auf die Mutter. Das wirke sich, wie die Erfahrung gezeigt habe, störend auf den Geburtsvorgang aus. Ich habe mich entsprechend angestrengt.

Da richtige Männer auch bei Zahnbehandlungen nicht immer die Helden sind, als die sie so gerne gelten wollen, haben sie sich Auswege geschaffen. Sie wollen ganz sicher gehen. Sie brauchen eigene Nischen in ihrer Gesellschaft, in denen sie sich wohl und sicher fühlen. Also: Männer gelten als große Bastler und Erfinder. Das Auto zum Beispiel hat ein Mann erfunden. Und weil es so schön war, hat ein Mann es nach einer Frau genannt, die zum Glück nicht Apollonia hieß, sondern Mercedes. Damit waren beide für ein Stückchen Unsterblichkeit bedient: Die Muse mit dem exotischen Namen und der ForschHerr.

Männer und Autos, Männer und Motorräder: Manche lieben

ihren Schlitten so, daß der nichts mehr erleben darf als regelmäßige Körperpflege. Edles Blech will nicht nur poliert sein, sondern gestreichelt, zärtlich behandelt. Wie jene Frauen, mit denen Männer nichts anfangen können? Für die ihnen der Blick fehlt?

Die ersten drei Worte, die ein Junge sprechen müsse, seien »Mama, Papa, Citroën«, hatte ein weitsichtiger Industrieller vor Jahrzehnten gesagt. Er hat, vom Markennamen des Autos abgesehen, recht behalten. Auffällig, wie viele Attribute, die gegenwärtig das Bild vom Mann kennzeichnen, auch auf Maschinen zutreffen. Der Mann, nicht nur der Erfinder der Maschine, sondern die Maschine selbst? Und weshalb »die« Maschine? Warum ist ausgerechnet Maschine kein Maskulinum? Ich verrate das noch.

Technik sei ihr Hobby, lassen die Männer streuen. Ganz unrecht haben sie damit nicht. Gerade weil diese Sprüche gegen Frauen gerichtet sind. Diese sollen aus der Mensch-Maschinen-Geschichte ausgeschlossen sein. Das Männliche versteht sich zwar gern als geschlechtsneutral, gerade wenn es sich mit dem allgemein Menschlichen identifiziert. Und doch ist es sehr auf seine Charakteristika stolz, die diese Identifikation mit dem Allgemeinen zugleich verdecken und sichtbar behaupten: Männer wollen sich — unter dem Vorwand, es gehe um Menschen überhaupt — als Technologen, als Erfinder, als Schöpfer bewundern (lassen). Es sind männliche Ichleistungen, die sich — in den erfundenen Maschinen — »machtvolle Prothesen«[12] geschaffen haben.

Der Sozialpsychologe Joseph H. Pleck über die gefährlichen Konsequenzen dieser Erfinderrolle:

»Aggressivität und Wettbewerbsstreben verursachen, daß sich der Mann in gefährliche Situationen begibt. Die Unfähigkeit, sich emotional auszudrücken, bedingt psychosomatische und andere Gesundheitsprobleme. Männer sind gezwungen, größere Risiken einzugehen. Ihre Berufe setzen Männer größeren körperlichen Gefahren aus. Ihre Berufe setzen Männer größerem psychischen Streß

aus. Männlichkeit sozialisiert Männer zu Persönlichkeitsmerkma-
len, die mit höherer Sterblichkeit korreliert sind. Verantwortung
für die Familie und vor allem für den Unterhalt setzt Männer grö-
ßerem Streß aus. Männlichkeit beinhaltet bestimmte Verhaltens-
weisen, die, wie z.B. Rauchen und Alkoholkonsum, die die Gesund-
heit des Mannes stark beeinträchtigen. Männlichkeit entmutigt die
Männer, sich rechtzeitig und angemessen um ihre Gesundheit zu
kümmern und ärztliche Hilfe in Anspruch zu nehmen.«[13]

Viel zu wenig untersucht sind, verglichen mit den fettlebig be-
dingten Krankheiten wie Übergewicht, Gicht, Schlaganfall, vor
denen Männer überall gewarnt werden, die aus einer spezifisch
männlichen Rollenerwartung und -haltung (Härte u.ä.) herrüh-
renden Mangelerscheinungen. Ich nenne sie, da sie aus Disziplin, Zusammenreißen, Verzicht, Askese stammen, »asketo-
gen«.

Ihren Hintergrund hat ein Wirtschaftsmann, ohne es eigens zu
wollen, trefflich umrissen. In seinen Kampfes-Worten wirkt die
nackte Angst des Mannes, den der Sprecher für den Menschen
hält, vor der Natur (der Frau):

»Natur läßt sich nicht durch Verzicht überlisten. Denn es liegt in
der Natur der Natur, daß sie nicht defensiv, sondern aggressiv ist.
Dem Menschen bleibt ihr gegenüber nur die Strategie der Offensi-
ve, wenn er überleben will.«[14]

Die kämpferische Askese ist von der Mönchs-Theologie zu Inhalt und Form des wahren Christenlebens und von der Männer-
Soziologie zur »Grundlage aller höheren sozialen und kulturellen Organisation«[15] hochgeschrieben worden. Sie, die extrem
leib- und seelenfeindliche »Haltung«, macht nicht nur die Befal-
lenen krank. Sie wirkt auch mörderisch auf andere ein. Daß sie
das Synonym Opferleben kennt, bezeichnet sie. Opfer hat sie
hervorgebracht, Selbstmörder und Mörder.

Daß sie beispielsweise einübt, wie man alle Schmerzen ertragen
kann, und das möglichst lautlos, erlaubt es den von ihr Betroffenen, ihre Gleichgültigkeit gegen den Schmerz umschlagen zu
lassen in sadistische Entladungen. Nicht von ungefähr haben

Asketen sich in der Geschichte des Christentums nicht gescheut, grausame Folterungen und Hinrichtungen zu praktizieren. Der Großinquisitor, asketisch gestylt bis in die letzte Faser von Seele und Leib, ist der Typus des Mörders. Disziplinierte Männer gehen hart mit ihresgleichen um. Und brutal mit anderen.

Askese, die Unempfindlichkeit gegenüber den Regungen des Körpers lehrt und einübt, schlägt um in harte Gewalt nach innen und nach außen. Um Panzerkörper verlangen zu können, braucht man aber auch eine Panzersprache. Asketisch disziplinierte Sprache ist immer Abwehrsprache. Ihre Panzerwörter bauen den Wörterpanzer auf, den so Strukturierte nötig haben. Ständige Verdrängung erfordert einen — auch sprachlichen — Kraftaufwand besonderen Zuschnitts. Das Verdrängte übt einen beständigen Druck in die Richtung zum Bewußtsein hin aus. Diesem Druck muß durch »unausgesetzten Gegendruck das Gleichgewicht gehalten werden«[16].

Die disziplinierten Römer, von denen ich noch häufiger sprechen werde, hatten sich ein hart strafendes Scheidungsrecht geschaffen. Dem Hausvater (paterfamilias) waren Recht und Pflicht zur Trennung oder sogar zur Tötung reserviert, wenn ihm die Gattin keinen Erben gebar oder wenn sie sich der Gebärpflicht widersetzte, indem sie Verhütung oder Abtreibung praktizierte. Und für den bloßen Verdacht reichte es aus, wenn die Gattin ohne Wissen des Gatten Wein getrunken hatte. Weingenuß galt als enthemmendes Aphrodisiakum. Enthemmte und sexuell fordernde (»anmachende«) Frauen aber waren das letzte, was Patriarchen sich leisten konnten. Und können.

Wer sich selber immer in der Zucht hat, um den Frauen zu entgehen, kann keine unzüchtige Frau an seiner Seite dulden. Cicero berichtet, in Rom habe es eigene Censoren gegeben, die die Oberaufsicht über das Geschlechterverhältnis beanspruchen durften. Sie wiesen die Männer an, keinen Wein an Frauen auszugeben und damit ihre Ausschweifung zu verhindern. Ausschweifende Frauen hätten die Keuschheit des mühsam aufrechterhaltenen Geschlechterverhältnisses zuinnerst bedroht.

Der Disziplinierte, der andere in Zucht hält. Daß ein solcher Kraftaufwand nicht nur seelische Störungen mit sich bringt, sondern — als Beispiele für viele — auch chronische Muskelverspannungen oder Asthma-Anfälle, wird heute deutlich. Haltung zeigen und bewahren, sich zusammenreißen, am Riemen reißen: das kann auf Dauer nicht gesund sein. Der Körper reagiert, wenn er immer nur die psychischen Abwehrmechanismen stützen soll. Wenn seine Oberflächen-Disziplin den Mann immer nur vor den darunterliegenden Schichten unterdrückter Gefühle schützen muß. Was unter dem Muskelpanzer angesammelt liegt, leugnet schließlich alle Leugnungsmechanismen und drängt nach außen. Dann entlädt sich das Angestaute und mühsam Eingedämmte gegen den Gepanzerten und gegen die, denen er — in Wut, Panik, Verzweiflung — begegnet.

Es ist an der Zeit, sich an die Erforschung historischer Nöte asketischer Mörder zu machen. Und an asketogene Krankheiten von heute und morgen. Wann wird sich die Gesellschaft auch mal — zu Lasten der allgegenwärtigen Gynäkologie — eine Andrologie leisten dürfen, die sich mit solch verdrängten Problemen befaßt? Unter Andrologie verstehe ich freilich nicht nur einen neuen Zweig der Männer-Medizin. Da müßten schon noch weiterblickende Perspektiven als die bloß medizinischen gewonnen werden.

Wieviele Studierende (nicht nur der Medizin) werden schon heute in der Bundesrepublik auf die nahe Zukunft der asketogenen Krankheiten vorbereitet? Wer weiß schon was davon, daß Zehntausende von Männern an einer Krankheit leiden, die — wie selbstverständlich — den Frauen reserviert war: Freß- und Magersucht?

Angst haben freilich alle Männer, die fetten und die dünnen. Doch gerade deswegen dürfen sie diese weder zugeben noch zeigen. So will es der männliche Komment. Verbergen heißt aber nicht selten ganz offen zur Schau stellen: den Penis. So wird

Gewalt ausgeübt, zumindest soll Gewalt ausgeübt werden. Exhibitionisten sind fast alle; nicht nur diejenigen, die sich ins Gebüsch stellen, um Frauen zu erschrecken.

Diese Exhibitionisten im engeren Sinn sind nur eine ganz kleine Gruppe; hinter ihnen ist noch immer die Polizei her. Daß alle Männer dazu neigen, sich vor Frauen mit dem zu brüsten, was sie — ihrer Definition nach — auszeichnet, wird auf diese Weise vergessen, verborgen.

Erotische Kunst aus Japan zeigt den alltäglich-allnächtlichen Kampf der Geschlechter, wie er sich abspielt: Gewaltig übertrieben dargestellte männliche Geschlechtsorgane, die die unten liegenden Frauen zunächst einmal erschrecken sollen, bevor sie sie förmlich durchdringen. Ein Ringkampf im Stil des Sumo. Nackte Männer üben hier nackte Gewalt aus.

Da die körperlichen Reaktionen bei alten Männern an Heftigkeit verlieren, haben die Senioren nicht selten große Schwierigkeiten, das Nachlassen ihrer Kräfte zu akzeptieren. Wer gewohnt war, die Qualitäten eines als Liebesspiel umschriebenen Geschlechtskampfes nach den Kriterien des Leistungssports zu messen, kann plötzlich sehr unsportlich aussehen.

Und wenn der Kampf auf der Erde zu Ende gegangen ist? Männlich bestimmte Religionen kennen die Lösung: Das glückliche Leben nach dem Tod, welches die Gerechten erwartet, besteht darin, daß die Männer dann in schattigen Gärten sitzen und sich von himmlisch schönen Mädchen bedienen lassen.

Wer es noch immer nicht wissen sollte: Auch und gerade Religionen tun das ihre, um das Mannesleben unsterblich schön zu machen. Eine gewaltige Verheißung: Männer werden von Frauen bedient. Von wunschlos glücklichen Frauen, nehme ich an. Von Frauen, die keine Angst mehr einjagen, weil sie endlich ihre Rolle akzeptiert haben. Das Ganze nennt sich »Sinnenfreuden des Paradieses«[17]. Sinne der Männer, Dienste der Frauen. Das eine hat wesentlich mit dem anderen zu tun.

Männer schärfen ihre Sinne an Frauen. Und nennen es Paradies. Die Angst der Erfinder Gottes hört niemals auf. Riesige

Schwänze auf Erden, und drüben das immerwährende Glück. Immer auf Kosten der Frau. Wer angibt, hat es nötig.

Protest bei vielen. Aber in allen Männern steckt zutiefst diese Angeberei, die Angst vor der Entdeckung, daß sie den Frauen — individuell oder als Gruppe — nicht gewachsen sein könnten. Gewachsen? Was wächst denn da?

Sogenannt normale Männer haben etwas, das man wachsen lassen kann. Sie können auf die Spezialisten in Sachen Exhibitionismus ebenso verzichten wie auf die Voyeure oder auf die Homosexuellen. Indem diese Randgruppen als solche klassifiziert und ins Abseits nicht nur des Strafrechts gestellt werden, wächst Verhaltenssicherheit bei der Mehrheit. So sind wir nun auch wieder nicht. Wir sind ganz normal. Keine Frau braucht Angst vor uns zu haben. Kavaliere wissen, was sich gehört. Eben drum. Jede Frau hat Grund genug, Angst vor der stillen Gewalt zu haben.

Daß die starre Intellektualisierung, das Unterdrücken der Gefühle, das Leugnen von Verwundbarkeit und von erlittenen Wunden, das zwanghafte Denken in Begriffen der Konkurrenz, das Rüden-Verhalten, das Heim und Hausfrau gegen fremde Männer verteidigen muß, zum gewöhnlichen Vorrat an Schrott der Männer gehören, ist mir klar.

Und die Softies? Aufgepaßt. Nicht alle Bücher, die den »neuen Mann« propagieren, sind so zweckfrei, wie sie sich geben. Das alte Klischee, das als dysfunktional erkannt ist, wird häufig durch das neue vom »neuen Mann« ersetzt. Hinter diesen vordergründigen Änderungen verbirgt sich das traditionelle Mannestum. Kosmetik macht aus keinem einzigen Menschen einen neuen Menschen. Auch wenn es danach aussieht.

Der Mann ist und bleibt vorerst ein Mann, und als solcher bietet er sich dar. Meist mit einem Hauch von Profilneurotik, selten konform mit menschlicher Vernunft, die er — unter der Tarnkappe logisches Denken — für sich beansprucht.

Geliebter Krieg

Der Mann ist in Not. Wenn er sich Emotionen leistet, dann braucht er bestimmte Anlässe dafür. Ich nenne schon jetzt kurz die beiden wichtigsten: den Krieg und die Liebe. Beide gehören im männlichen Denken eng zusammen. Liebe und Tod. Beschreibungen von Eroberungen und Kämpfen lesen sich wie Auszüge aus erotischer Literatur. Kanonen werden zu Hilfsmitteln der Lust, Raketen auch. Kein Wunder, daß sie ragen wie Penisse. Auch der Penis ist nur ein Mittel. Ein Instrument.

Die bedrohte Männlichkeit wird aufgerichtet. Der geschwächte Penis wird in ein wehrhaftes Stück Fleisch umgewandelt, in ein »gräßlich scharfes Richtschwert«[18]. Was den Mann von der Frau unterscheidet, ist zur Dauererektion hochstilisiert, und die ist nochmals verstärkt und gesichert: Sie ist Metall geworden. Keine Frau kann es mehr wagen, Zweifel an der Potenz des Trägers zu haben. Die Ritter-»Kultur« hat von solchen Schwertmythen gelebt.

Frauen haben, im Deutschen läßt sich das ganz genau festmachen, »Scheiden«. Für das Behältnis, in das Penis und Schwert gesteckt werden, reicht ein und dasselbe Wort. Ist die Lust beim Kämpfen und Töten etwa die gleiche wie die beim Lieben? Ist die Angst des Mannes vor dem Feind der Angst vor der Frau ähnlich? Ich sprach schon davon: Geschlechtsverkehr ist Kampf, und Krieg ist Geschlechtsverkehr. Männer lieben nicht die Liebe; die käme ihrer Niederlage gleich. Sie sind auf den Sieg aus: War ich gut? War ich besser? Bin ich der erste, der Beste? Oder nur der erstbeste?

Daß es im Deutschen kein auch nur halbwegs menschliches Wort für die Liebe der Körper gibt, ist eine Sache für sich. »Verkehr« ist das jedenfalls nicht, woran wir jetzt denken.

»Geschlechtskampf« wäre vielleicht nicht besser, aber ehrlicher. Noch immer ist, aus guten Gründen, nicht erforscht, ob und wie der männliche Lust-Anteil beim Sich-Lieben der Ausübung von Gewalt gleichkommt. Orgasmus als Höchstform erlebter Gewalt. Was für eine Gewalt? Nur die eine, die über die Frau. Ich spreche also nicht nur vom Geschlechterkampf, sondern auch vom Geschlechtskampf. Schon die alten Römer haben sich verraten: Ihre Bezeichnung für das Bett, in dem sich nichts abspielte, war »imbellis thalamus«[19]. Eine kampflose Schlafstatt, ein Feld ohne Ehre, auf dem keine Siege zu erringen waren.

Die sogenannten Kosenamen benennen leere Schatz-Kisten, und immer sind Frauen Arabesken, austauschbare Waren, anfangs vielleicht noch verwahrte Schmuckstücke, in jedem Fall aber Repräsentantinnen fremder Gewalt, ins Private abgedrängte und zum öffentlichen Verstummen verschlossene Gehilfinnen der Gewalt und der Liebe.

Geschlechtskampf, der sich als Liebe umschreibt, ist Leistungsspiel, Mutprobe, Potenzgehabe, konkurrenzbetonter Wettbewerb, gegen den die benutzte Frau sich als Requisit der Liebe zu verhalten hat. In der Männersprache Deutsch sind Verben des Liebens (Tätigkeitswörter) meist mit dem Akkusativ verbunden. Dieser Fall zeigt an, was männliche Subjekte und frauliche Objekte tun: bumsen, vögeln, ficken. Im gewöhnlichen Sprachgebrauch ist immer der Mann der aktive, der die Frau hernimmt. Von Partnerschaft zwischen Oben und Unten zu sprechen, ist barer Unsinn.

Sagt ein Mann zu einer Frau »Ich liebe dich«, so ist das in den allermeisten Fällen ein verhüllendes Wort: Entweder wird verdeckt, daß es »Ich brauche dich« bedeutet, oder aber, daß es heißt »Ich begehre dich«.

Sagt er »Ich begehre dich«, so meint er »Ich will dich nehmen, besitzen, haben«. Damit bestätigt er die ihm anerzogene Rolle. Unsinn, ihm Schamlosigkeit vorzuwerfen oder Würdelosigkeit, wo er ehrlich ist. Allerdings bezeugen nicht alle Gewaltakte dieselbe Ehrlichkeit. Sie heißen dann einfach Liebesakte.

Wer die Menschheitsgeschichte so liest, wie allein sie zu lesen ist, nämlich als Mannheitsgeschichte, wird sich kaum wundern, daß die ununterbrochene Abfolge von Landnahmen und Beutezügen, die sich Geschichte nennt, die Männer zuinnerst geprägt hat. Männer sind bis heute historisch abhängig von den Kriegszuständen, die ihren Charakter geformt haben.

Wir sollen vom Affen abstammen. Ich kann dazu nicht viel sagen, da ich mich unter Affen nicht auskenne. Aber männliche Hunde habe ich beobachtet. Ihr Rüden-Verhalten zeigt bis in manches Detail hinein, wie weit sich die Männer-Menschen seither von ihnen wegentwickelt haben. Herr und Hund.

Das Alltäglichste für einen Rüden: Territorium abstecken, anpinkeln, was einem gehören soll, Duftmarken setzen gegen den anderen Rüden. Der es genauso macht. Das Schönste und zugleich das am meisten Mitleid Erregende für einen Rüden: einer heißen Hündin begegnen. Das Zweitschönste: einem anderen Rüden begegnen und den anmachen, fertigkläffen können. Zeigen, wer Herr im Haus ist. Krieg erklären, am besten stündlich irgendeinem anderen.

Krieg ist männliches Milieu seit Jahrtausenden. Da wundert es mich nicht, daß Männer schließlich auch die Liebe nur mehr unter den Bedingungen des Krieges kennen. Alles andere wäre ein wirkliches Wunder. Friede ist in diesen Kreisen nur Abwesenheit von Krieg. Abwesenheit? Nein, nicht einmal das. Denn der Kampf gegen Frauen und Kinder findet nach wie vor unter Normalbedingungen statt. Ein mörderisches Milieu.

Daß sich dieser Krieg auch und gerade der Liebe bedient, muß auch noch gesagt werden.

Um der immer bevorstehenden Aufgabe gerecht zu werden, auf Befehl wieder Soldat zu sein und das Vaterland (Heim, Frau, Familie) dadurch zu verteidigen, daß andere Vaterländer (Heimaten, Frauen, Familien) besetzt werden, müssen Männer erzogen werden. Erziehung bedeutet aber stets Reduktion. Kleine Jungen, die sorgsam vom Lieben abgehalten werden, nennen ihre frühen Wünsche: Polizist wollen sie werden, Kapitän, Förster, Lokomotivführer. Alle Berufe, auf die diese Wünsche gehen, stecken in einer Uniform. Ihre Träger haben feste Ränge; Ober-, Unter-, Haupt...

Verkürzung, Beschränkung, Lähmung, die alle Merkmale eines in sich gestauten Lebens aufweisen. Ich muß darüber lachen, wie und wie oft mir eine Gesellschaft von stiernackigen, autoritären und um sich schlagenden Männern ausgerechnet die Männerdominanz als strammen Max serviert.

Schaue ich in die Herren-Abteilung eines wohlsortierten Kaufhauses: nur die sogenannte unauffällige Eleganz. Graue Männer, braune Männer, mausgraue und dunkelfarbene Existenzen, die »nicht aussehen wollen wie Frauen«. Wenn sie Frauen sagen, klingt das, als sagten sie Nutten.

Und wenn ich herumspaziere: Denkmäler, vorgeschobene Spielbeine, Uniformträger, Geistesheroen (mit Büchern und demselben zeitlosen Blick wie die Generäle nebenan), Standbilder von Mannsbildern, Straßennamen, die an gesalbte Totschläger erinnern.

Und wenn ich mich an-werben lasse? Annelie Keil dazu: »Da steht er mit geblähtem Brustkasten vor einem gewaltigen Straßenkreuzer und wirbt für Süßstoff. Mit muskulösen Fingern und aufgeblasenem Bizeps umklammert er seinen Glimmstengel, und wenn er mächtig unrasiert einen Wildbach durchwatet, klammert er sich an eine Rumflasche. Männer brauchen offenbar ständig eine kleine Stärkung.«[20]

Männer haben eben Angst und flüchten. Wenn ich mich umschaue, entdecke ich Dutzende von ihnen, die ihren Beruf oder ihre Arbeit im Verein vorschieben, um ihren Frauen und Kindern zu entgehen. Männer, denen die Mitgliedschaft in den richtigen Clubs nicht nur das Insiderwissen des »Old Boy's Network« liefert, sondern auch die Möglichkeit, anderswo als im trauten Schoß der Familie Entspannung zu suchen. Männer, die gut und gern auch zu Hause arbeiten könnten, sogenannte Geisteswissenschaftler zum Beispiel, verlegen den Ort ihrer Denkübungen mit gnadenloser Vorliebe in ihr Universitäts-Institut, wo eigentlich niemand sie braucht. Zu Hause zu denken, erscheint ihnen schon längst unmöglich. Ihre Frauen sind noch nicht einmal mehr die Musen von früher.

Ich denunziere nicht die vielen Männer, die aus Rücksicht auf die Gardinen ihrer Frau nur außer Hauses rauchen dürfen — und die schon lange daran gewöhnt sind, allein oder mit Hund Gassi zu gehen. Ich wage die Vermutung, daß jeder Mann ganz genau weiß, wo seine Fluchtburg ist. Und wie die Frau heißt, vor der er flieht. Ich habe genug Fluchtorte gesehen, und nicht nur einmal ist mir — unter dem Siegel der Verschwiegenheit wie bei Verschwörern — ein solches Ausweichquartier gezeigt worden, eine Zweitwohnung, eine Mansarde.

Dumm zu meinen, das seien ausschließlich sturmfreie Buden. Nein, Männer halten sich entgegen der Annahme in Romanen selten solche Buden. Sie sind schon froh, wenn sie einen Raum ganz für sich haben. Ich habe sie sagen hören, sich eine Freundin »zuzulegen«, verdopple die Probleme, die man bereits zu Hause habe. Ruhe, nur Ruhe wollen sie, alleingelassen werden, sich isolieren.

Hier zeigt sich übrigens, daß Sexualität in der Jugend und Sexualität im Alter zwei paar Stiefel sind. Ein junger Mann wird kaum verstehen, daß Männer vor den geliebten Frauen fliehen. In seiner Umwelt ist es gerade umgekehrt: Er tut alles, um der Seinen möglichst oft nahe zu sein. Aber was er noch für Lust hält (die Freundin nicht in jedem Fall), kann mit zunehmendem Alter zur Pflicht (Disziplin) verkommen. Und die berüchtigte eheliche Pflicht, die religiöse Zucht den Eheleuten vorschreibt, wendet sich nicht nur gegen Frauen. Auch müde Männer sollen angehalten werden, ihren Frauen die Pflicht zu erfüllen. Ich weiß, daß viele Männer, die in ihrer Jugend unter ganz anderen Voraussetzungen Sexualität erlernt haben als heute, schwer leiden — und flüchten.

Ob aus dem Vorhandensein individueller Fluchtorte schon geschlossen werden kann, Männer hätten generell ganze Widerstandssysteme in ihre Gesellschaft eingebaut? Systeme der Religion, der Sinn-Frage, der Wirtschaft, des Krieges? Ich komme noch darauf zu sprechen.

Sind Männer beruflich ganztägig abwesend und nehmen sie jeden nur möglichen Termin wahr, haben sie den Eindruck von sich selbst, sie seien wirklich wichtig. Dann lassen sich sogar k.w.-Vermerke leichter ertragen, wie sie das Wissenschaftsministerium ihnen angetan hat. Der k.w.-Vermerk hinter dem Lehrstuhl, das schlichte »kann wegfallen«, das ist das Schlimmste, was einem Berufs-Denker angetan werden kann.

Warum nur können sich Männer so schlecht von ihrem Beruf verabschieden? Weshalb trifft sie der Pensionierungsschock so unvermittelt und tief? Ich schaue mich um und entdecke viele Männer, die Angst haben vor der magischen Zahl 65. Es gibt Selbständige unter den so entsetzlich Unersetzlichen, die eine Firma aufgebaut haben, Gründerväter, Seniorchefs, und die nur vor dem einen zittern: Wann ist es mit mir zu Ende im Betrieb? Ärzte finde ich, die mir ihr Leid klagen: täglich 15 Stunden Arbeit, viel Geld — und keine Zeit, es auszugeben.

Der Zusammenhang von Geld, Zeit und Angst ist noch immer nicht geklärt.

Dabei ist der Verkauf von Arbeitskraft und Arbeitswillen nur ein Ergebnis. Das Resultat interessengelenkter Erziehung. Der Waschmittelvertreter spricht auch im sogenannten Privatleben über das von ihm vertretene Produkt so gut, wie es seine Firma von ihm erwartet. Erwerbsarbeit ist so verinnerlicht, daß sonntags so geredet wird, wie es montags der Chef lobt.

Freie Liebe, etwa unter einem ihrer Synonyme als Faulheit verstanden oder auch nur als Freizeit, stünde zwar in einem besonderen Verhältnis zu den Bedürfnissen des Individuums. Doch nicht zum Geld. Daher muß sie ausgetrieben, abgetrieben werden. Männer nehmen sich zwar ihre freie Zeit. Doch sie schaffen sich darin Nischen, um ihre Überarbeitung zu lockern — und gleichzeitig zu verstärken. Aufgepaßt, wenn Männer im Zusammenhang mit Partnerschaften von Freiräumen sprechen. Sie sind auf der Flucht.

Männer, die es sich leisten könnten, aufzuhören, weil ihre Konten ohnehin überlaufen, klammern sich an ihre sogenannte Arbeit. Einen Mann, der fröhlich sagte, heute, mit vierzig oder fünfzig, höre ich auf und lebe für mich, meine Frau, meine Kinder, habe ich noch keinen gefunden. Offenbar fürchten die Hasenherzchen sich vor sich selbst, vor ihrer Frau, vor ihren Kindern. Ich habe auch auf diesem Gebiet selbst viel von den eigenen Kindern gelernt.

Seit ein paar Jahren gibt es zu allem Unglück auch noch richtige Karrierefrauen. Jetzt geht es einer der wichtigsten Domänen der Männer an den Kragen. Ob in Parteien oder Gewerkschaften, Unternehmen oder Behörden, die Frauen wollen nicht mehr darauf warten, bis ein Mann ihnen den Platz frei macht. Sie bitten nicht mehr darum, wenigstens als die zweite Wahl angenommen zu werden. Sie gründen Betriebe, verbünden sich, spielen — im männlich dominierten Konkurrenzkampf — ihre Chancen als Macht- und Marktfaktoren aus. Die Männer sind gebeten, sich darauf einzustellen. Auch das noch.

Facharbeiter in der Druckindustrie, um ein Beispiel für tiefe Verunsicherung zu nennen, sind an Maschinen ausgebildet und für diese. Jetzt haben sie einen Computer zu bedienen, und ihre angelernten Fähigkeiten liegen brach. Ist der Computer selbst kaputt, braucht es einen Experten von außen, der ihn repariert. Und die Bediener stehen daneben und gucken zu.

Verstehen sie nichts von der Maschine? In den Computer-Centers von Kaufhäusern, in den TeilnehmerInnen-Listen der Programmierlehrgänge, bei den Spielern der electronic games in den Kneipen, in bezug auf das Interesse am schulischen Computer-Unterricht, bei den Hackern sind fast ausschließlich die Herren der Schöpfung am Drücker. Aber am Arbeitsplatz dominieren sie nicht so eindeutig.

Denn es gibt auch Frauen im Betrieb. Werden Männer nach denen befragt, so erscheinen sie glücklich, endlich über Frauen reden zu können. Frauen bilden in den einschlägigen Männererzählungen stets eine homogene Gruppe. Und es sind verschworene Wesen, deren Fertigkeiten (als »Tippsen«) offensichtlich die der Computer-Bediener übertreffen. Das macht viel mehr Angst als alles andere: Facharbeiter führen am Computer als weiblich definierte Tätigkeiten aus — und die noch schlechter als die Weiber. Kein Wunder, daß sie sich wieder an ihre angestammten Männerarbeitsplätze zurücksehnen — und die Frauen an deren simple Schreibmaschinen zurückwünschen.

Diese Art von Regressionswünschen bildet, was überall nachzuprüfen ist, neue Männergewalt aus: Zunächst neue Wort- und Definitionsmacht, dann schlagfertigere Argumentationen. Frauen, die homogene Gruppe in den Großraumbüros, stören ungemein. Sie müßten zurück in ihre isolierten Sekretärinnen-Zimmer. Dann könnten sie nicht mehr ununterbrochen miteinander schwätzen. Dann müßten sie endlich wieder arbeiten — und Kaffee kochen.

Kaffee oder Tee. Die japanische Lösung, die an einem winzigen Fall zeigt, wie erdumspannend die Geschlechterfrage ist: Japans Firmen lassen ihre MitarbeiterInnen darin ausbilden, wie sie sich in der Firmenhierarchie zu verhalten haben. Daß der Mensch sich vor einem Vorgesetzten um 30 Grad, vor einem Generaldirektor um genau 45 Grad zu verbeugen habe, muß er eben lernen, wenn er Karriere machen will. Universitätsabsolventinnen haben darüber hinaus noch den kleinen Unterschied zu erlernen: »Manche Mädchen mögen sich dadurch herabgesetzt fühlen, aber die japanische Gesellschaft ist eben die japanische Gesellschaft, und es ist natürlich, daß Mädchen Tee servieren, und Männer nicht.«[21]

Jenseits und über dem Gegensatz von Kapital und Arbeit kommt der Geschlechterkampf zu stehen. Auch Lohnarbeiter bleiben Patriarchen. Sie fragen sich, worüber Frauen den ganzen Arbeitstag schwatzen. Über die abgestiegenen Männer, sagen die Männer. Sie kichern, wenn man an ihnen vorbeigeht, wenn man eine Frage zum Computer-Dienst hat, wenn man zurückbleibt. Immer wissen sie es besser, immer sind sie schneller. Ihr jahrelanges Training auf mechanisch einfallslose Tätigkeiten zahlt sich jetzt aus, und die Männer, die sie haben trainieren lassen, sind wieder die Dummen.

Wie reagiert man? Zuerst mit dem Versuch, die Frauen zu

ignorieren. Welcher Mann kommt nach Hause und gibt vor seiner Frau sofort zu, daß er mit Frauen auf gleicher Ebene — und nicht als Chef — arbeiten muß? Welcher Mann übt praktische Solidarität mit Frauen? Mit denen da unten, die ihm über sind? Würde er Frauen als gleichwertige Arbeitspartnerinnen anerkennen, schlösse er seine Fach- und Vorarbeiterkompetenz ein für allemal aus. Seine letzte Rettung ist das Lohngefälle. Aber wie lange wird die Männergemeinschaft dieses noch gegen die Frauen halten können?

Wie auf die Herausforderung der Frauen reagieren? Wie mit Frauen umgehen, die zum einen wie Männer konkurrieren gelernt haben und die zum anderen Frauen sind, das heißt Leute, denen man als Kavalier zu begegnen hat? Die Männer wissen nicht recht, was sie tun sollen. Der Kampf Frau gegen Mann ist den Zeitungen noch immer eine Schlagzeile wert, als sei nur er eine fernsehfähige Katastrophe (umgekehrt ist er üblich). Vorerst nennen die Amtsinhaber den Vorgang unüblich und basteln an einer wirksamen Gegenstrategie. Die Heimmannschaft der Alten Herren hat plötzlich nur noch Abwehr auf dem Spielplan.

Was ist denn schuld daran, daß Männer so häufig wie Fossilien wirken, die gar nicht mehr in die Welt passen? Saurier, die an ihrer eigenen Stärke ersticken? Haben sie sich zu eifrig um ihre eigene Verteidigung gesorgt — und das Leben darüber vergessen? Einen Sohn zeugen, ein Buch schreiben, einen Baum pflanzen, das soll ein wahrer Mann in seinem Leben schaffen. Nachdem ich alles von dem mehrfach getan habe, komme ich mir nicht als ein multipliziert wahrer Mann vor. Woran liegt's?

Ringsum schieben stolze Jungväter Kinderwagen durch den Sonntag. Und meinen allen Ernstes, sie seien schon deswegen neue Männer, weil sie inzwischen einen Bruchteil dessen übernommen haben, was ihre Frauen seit eh und je tun.

Ob das alte Rezept den Männern weiterhilft, wenigstens gegen die Frauen hilft? Ob die Ausbreitung der herkömmlichen Zier- und Spielkultur die Frauen noch immer befriedigt? Man meint das offenbar noch hier und dort. Geldinstitute (eine Männervokabel) lassen Sparbücher in aparten Farben entwerfen und an die Frau bringen. Autofirmen schaffen Sondermodelle für Käuferinnen. Modischer Touch, aktuelle Saisonfarbe, frauengerechte Bedienungsinstrumente sollen locken. Wer schon lange Fingernägel tragen muß, soll die nicht an den Türschlössern ruinieren. Porsche hat seit 1986 eine Projektgruppe »Frau und Porsche«, Daimler-Benz wirbt mit der Meinung, der mobile Aufstieg gehöre zur beruflichen Karriere, und das dezente Ladies-Meeting von BMW bittet »erfolgreiche Frauen zum Erfahrungsaustausch«.

Weiterdenkende Frauen halten das für Blödsinn. Weiterdenkende Männer spüren genau, daß dies nicht alles sein kann. Sie erfahren, daß Männer sich nur deswegen an der Macht halten können, weil die Frauen noch immer zu zögerlich und schuldbewußt mit dieser umgehen. So eine neue Art Herrschafts-Wissen macht neue Angst. Ich nenne die alten Institutionen des Patriarchats nicht ohne Grund Defensiv-Institutionen: Ehe, Familie, Schule, Kirche, Staat haben alle miteinander in ihren heutigen Formen nichts anderes zu tun als sie bisher getan haben. Sie haben sich gegenseitig gegen den drohenden Machtverlust zu legitimieren.

Je verbissener sie dies tun, desto verängstigter sind die, die sie sich halten: die Patriarchen. Je normaler und damit entscheidungsunfähiger der Mann ist, desto härter auf Tauglichkeiten wie Durchsetzungsfähigkeit und Entscheidungslust getrimmte Einrichtungen braucht er. Nicht der Mensch ist ein Mängelwesen, das Institutionen benötigt, sondern der Mann. Das waren nebenbei drei kleine Leitsätze meiner Gesellschaftstheorie.

Es ist — gegen Arnold Gehlen — nicht der Mensch, der danach streben muß, »seine Macht über die Natur zu erweitern, denn dies ist sein Lebensgesetz«[22]. Nur der Mann muß. Nur er hat ein sogenanntes Lebens-Gesetz, nach dem die Natur sich opfern und sterben soll.

Und da ich nun schon bei der Theorie bin: Patriarchat definiert sich nicht nur durch die Überordnung von männlich über weiblich und von Vater über Sohn, sondern auch durch die soziale Installation eigener Institutionen, die die genannten Überordnungen und Klassifizierungen zu legitimieren, zu ordnen und zu verteidigen haben. Ohne ihre eigenen Agenturen, Nuntiaturen und Denuntiaturen kommt diese Gesellschaftsform nicht mit ihrer eigenen Angst zurecht.

Die selbstgeschaffenen Institutionen sind direktorial gegliedert. Sie müssen es sein; oben kommt immer ein Chef zu stehen, der alles unter ihm Befindliche dirigiert. Ich habe erlebt, was »Direktor« sein bedeutet. Als ich Professor wurde, hat das meine Vermieterin nicht aufgeregt. Aber als sie lesen konnte, ich sei auch Direktor (an der Uni), reagierte sie ehrfurchtsvoll. Und inzwischen weiß ich, wie ungern die Herren ihre Direktorenposten und -titel aufgeben. Wie sie argumentieren, nur als Direktor könne man seine Vorstellungen von demokratischer Mitbestimmung an der Uni durchsetzen. Wie sie sich selbst meinen, wenn sie von Durchsetzung faseln.

Ich höre häufig Direktoren über ihren Arbeitsanfall klagen. Aber ich nehme das Lamento nicht ernst. Ohne direktoriale Arbeit in direktorial verfaßten Einrichtungen kämen die Bosse nicht mit sich selbst zurecht. Die Patriarchen haben ihre Institutionen so zugeschnitten und eingerichtet, daß sie notwendige Hierarchien sind — und die Chefs noch unersetzlicher machen als die Schar der ZuarbeiterInnen. Auch in diesem Fall ist der Anteil, den nackte Angst an der Installation hat, noch nicht erforscht.

Männer sind einmütig von der praktischen Bedeutung ihrer Arbeit überzeugt. Daß Männerarbeit immer bedeutend ist, gehört zu den nicht nur stillschweigend gemachten Übereinkünften des Männerbundes. Daß bedeutende Leistungen zu erbringen nicht süchtig machen kann, sondern zu den notwendig zu erfüllenden Aufgaben des Mannseins gehört, ist eine andere Vereinbarung. Diese männliche, nicht schon menschliche soziale Norm macht den Arbeitslosen die Hölle heiß. Das psychische

Elend so vieler Arbeitssuchender, die sich als nutz- und wertlos begreifen müssen, zeugt von der ungebrochenen Wirkung der genannten Arbeitsnorm.

Arbeitssucht ist gesellschaftlich noch immer als eine nicht so schlimme Abweichung definiert. Wer viel und häufig arbeitet, wer mehr arbeitet, als es MitarbeiterInnen erwarten, ist sozial anders klassifiziert als der, welcher viel und häufig trinkt. Und was ist mit demjenigen, der viel und häufig liebt? Männer schütteln sich, wenn sie nur den Begriff Liebessucht hören. Der ist nach unten definiert, den Frauen reserviert. Das chronische Stadium der Arbeitssucht erreicht zu haben, ist unter Männern eher Erfolg als Krankheit.

Die Betroffenen zeigen Symptome, die allen Faulen auffallen, den Normalen jedoch als normal gelten: Orientierung an Leistung, Perspektive auf die Konkurrenz, Haß auf Faulheit. Sie können keine Zeit verschwenden (ebenso wenig wie Keimstoff), sie ziehen keine scharfe Grenze mehr zwischen Arbeit und Nicht-Arbeit, und an Tagen, die der Festkalender arbeitsfrei macht, treten nervöse Störungen bei ihnen auf.

Ich kenne Männer, die pünktlich zum Wochenende Kopfschmerzanfälle bekommen. Ich werde mich aber hüten, diese »Sonntags-Neurotiker«[23] auch nur zu bemitleiden. Schließlich ist ihre immense Belastbarkeit im Beruf ebenso gefragt wie ihre aggressive Entscheidungsfreude. Ihre Sucht hat das höchste Prestige unter allen Süchten.

Was wohl ihre Frauen und Kinder denken? Oder sind die inzwischen auch schon zugerichtet? Funktionieren Ehe und Familie nur noch, wenn alle Betroffenen mitspielen und so tun, als sei niemand unter ihnen erkrankt?

Ich habe gelernt, mich vor denen zu hüten, die sagen, sie hätten keine Zeit. Die tun und bewirken am wenigsten. Und ich habe gelernt, daß man, um nicht als charakterlos zu gelten, hierzulande immer beschäftigt sein muß — und immer mit der richtigen Arbeit befaßt. Zeit zu haben und dies offen zu sagen, kommt dem sozialen Selbstmord gleich. Ähnliches gilt für die Aussagen über Gesundheit. Der Mann darf nicht sagen, er fühle sich gesund oder es gehe ihm gut oder gar er sei glücklich und zufrieden. Von ihm wird ein bestimmtes Level an Lamento erwartet. Männer haben einen Klagestandard zu verteidigen.

All das heiße ich beschädigte Existenz. Wie tief steckt sie in uns! Wie wohl ist vielen dabei! Wie viele heißen sie Leben!

Wie froh wären die Männer, wenn es liefe wie gehabt: Manager lassen ihre Terminkalender, diese zu Statussymbolen des Männlichen aufgewerteten leeren Blätter, überlaufen. Sie klagen ständig über ihren Zeitdruck, doch gehören diese Klagen zum Statusverhalten. Hätten sie weniger Termine und mehr Zeit, kämen sie sich nicht mehr gar so wichtig vor wie heute. Daß Mangel an Zeit Mangel an Liebe ist, haben sie verdrängt. Abends kommen Nieten in Krawatten heim und fragen die Frau: Was für ein bißchen hast du heute gemacht?

Ein bißchen? Kindererziehung sei das beste Managementtraining, hat Helga Stödter (Präsidentin eines europaweiten Netzwerks für Managerinnen) neulich festgestellt. Verglichen mit dieser Ausbildung sind die Herren unterqualifiziert. Wer hier und heute »ein bißchen« leistet, ist so klar noch nicht.

Eine Zeitung kommentiert die Senatsbildung im Berliner Frauenhaus Schöneberg: »Ob dieser taktische Schachzug an der Emanzipationsfront tatsächlich glückt, wird man erst wissen, wenn Mompers Amazonen in der Praxis gezeigt haben, wie es mit ihrer fachlichen Kompetenz aussieht.«[24]

Der Text, nur ein einziger Satz, ist voll von Männerangst — und gespickt mit Männervokabeln, die allesamt aus der Denkwelt des Patriarchats stammen, die ich noch detailliert auslegen werde. Taktik, Schachzug, Front, Amazonen, Fachkompetenz, all dies sind regelhafte Begriffe, in denen sich die tiefe Angst der Männer ausdrückt. Wir, die Männer, folgen Regeln (selbst in unseren Spielen wie Schach oder Skat), wir sind kompetent, die anderen, die Frauen, die Amazonen, die sich emanzipieren wollen, müssen es erst beweisen. Wem beweisen? Selbstverständlich uns.

Nehmen Frauen und Mütter die dreiste Frage ihrer Männer »Was hast du heute eigentlich gemacht?« noch immer ernst, können sie ihren Ernst als Symptom dafür nehmen, daß sie inzwischen ganz zu patriarchal zurechtgestutzten Kümmerwesen geworden sind. Und wie sehen diese aus? Ich habe schon viele Frauen zu ihrem Herrn aufschauen sehen: Sie hängen an seinen Lippen, nicken stumm zu seinen Worten (die sie alle schon kennen), regen ihn als Stichwortgeberinnen dazu an, seine (Kriegs)Erlebnisse (nochmals) zum besten zu geben. Sie alle könnten Autobiographien schreiben. Unter dem einen Titel, der auf alle paßt: »Mein Platz zu Füßen des Denkmals«.

Denkmäler, auffallend phallisch gestaltet, im wirklichen Leben. Rentner beispielsweise, lebendige Offenbarungseide für das Nicht-Leben des Männlichen, laufen hierhin und dorthin, wuseln in eigenen und fremden Gärten herum, machen alles mögliche im Haushalt kaputt, sitzen schließlich in Peer-groups auf Parkbänken, erzählen vom Krieg. Ja, groß muß er gewesen sein, der Kampf ums Vaterland. Kleine Kriege werden ebenso wenig geachtet wie Kriege um Mutterländer.

2. Gebot
Du sollst dein Männerleben so leben, daß es eine Kriegserklärung an das mögliche Leben ist!

Hier will ich gar nicht mehr differenzieren. Ich halte alle Männer für Krieger, nicht nur die soldatischen Herren, deren Epen Klaus Theweleit analysiert hat. Alle sind sie potentielle Soldaten (und sie haben dafür die allgemeine Wehrpflicht erfunden) oder aktuelle Soldaten (zu Hause, wie Petra Karin Kelly das sagte). Daß es unter ihnen militärisch gepanzerte Charaktere gibt, die in vorderster Linie stehen, und auch Feiglinge, bestätigt diese Meinung. Die aus der Frontlinie bilden sich nicht selten zu so männlich-harten Mannschaften aus, daß sie schließlich zum Staat im Staat werden: Geheimpolizei, Sondereinsatz-Truppen, Leib-Garden.

Wie die Namen schon sagen (patriarchale Benennungen versäumen es meist, ihre Verhüllungen ganz dicht zu halten), dienen Leib-Garden, Sicherheits-Kräfte, Gendarmen vor allem dazu, die Angst der Männer, sich und ihren Herren streitbar vom Leib zu halten: Bewaffnete Kraft soll Sicherheit bedeuten.

Wehr-Macht und Wehr-Pflicht sind angstbesetzte Vokabeln, wie disziplinierte Denker sie notwendig brauchen. Ähnliches gilt für die Mobilmachung: Angstempfindung und Angstbereitschaft werden mobilisiert, und erst der siegreich beendete Krieg führt diese Männerwelt in eine Phase relativer Angstlosigkeit. Die Krieger beruhigen sich, sie ruhen wie ermattet auf den Leibern der genommenen Länder und Frauen aus, sie fürchten sich vorübergehend nicht mehr. Bis zum nächsten Waffengang.

Nur solange der Prozeß von Krieg-Frieden-Krieg intakt funktioniert, nur solange seine Phasen und Zyklen sich gelenkt ablösen lassen, bleibt die Angst einer Männergesellschaft magisch gebannt. Aus diesem Bann, den männliche Zyklen vermitteln, resultiert die spezifische Passivität der Männer gegenüber patriarchalisch verfestigten Strukturen. Glänzt das Vaterland, sind die Krieger zufrieden. Dann haben sie ihre Führer und in denen ihre Ruhe. Dann ist der Körperpanzer so intakt, daß er nur noch gelegentlicher Reinigungsrituale bedarf.

Nicht der Tod sei schrecklich, denn der komme ohne Schmerzen, behaupten Krieger. Schrecklich sei es, als Feigling zu leben. Die Frauen haben in dieser Welt ihren Platz nur als Versatzstücke: Da Kasernen mit Sicherheit und Maschinenhallen nach Möglichkeit von ihnen freizuhalten sind, existieren sie nur als die in den Spinden Angepinnten — oder, falls nicht doch der Tod, sondern die Pensionierung einen Harten erwischt, als Gefährtinnen des Lebensabends.

Der Krieg, das Hauptthema. Zärtlichkeit wird von keinem Rekruten erwartet. Wie sagte der durchgefallene US-Verteidigungsminister, auf Frauen und Alkohol angesprochen? »Ich bin ein disziplinierter Mann.« Also müssen die Charakterprägungen noch verstärkt werden, die schon im Alltagskrieg profitabel waren: Brutalität, Gewaltliebe, Lustorientiertheit. Was zu Hause den eigenen Frauen galt, gilt für die Zeit des heißen Krieges den anderen. Feindbilder sind mannesnotwendig. »Ein Mann ist nur, wer niemals aufgibt«[25], plustert sich ein Mann auf.

Tätowierungen auf muskulösen Armen und haarigen Brüsten gelten als Brandzeichen der Elite. Schick sind Christusköpfe, Frauen und Totenschädel.

Das nenne ich Panzerung des Charakters. Männer sind eingesponnen im eigenen Kokon. Wer bekommt die meisten Herzinfarkte? Der sogenannte Tatmensch, für den es im Deutschen nicht das Wort Tatmann gibt, obwohl er genau das ist: ehrgeizig, energiegeladen, durch nichts unterzukriegen. Es ist ihm anzusehen. Kein Steckbrief ist notwendig, um ihn zu identifizieren. Die Signale, die der Harte aussendet, sind eindeutig: Tätowierungen, Amulette, eine typische Art zu gehen, eine typische Art, sich in Maschinen fortzubewegen.

Als Ziel solcher Reduktionen kann gelten: Die Lust am Tötungsakt bis hin zur Ekstase, kein Nachdenken, rein mannmenschlich geformte Emotion, völlige Gefühlshingabe. Alles dient der Vorbereitung auf das eine, auf den Liebesakt mit dem Feind (und, später, mit dessen Frauen). Lohnend, einmal die Soldatenlieder der Bundeswehr auf solche Inhalte zu testen.

Spanische Legionäre lassen sich in Uniform fotografieren. Mit einem Skelett, das ein Brautkleid trägt. Dieses Verlobungsbild gehört zum Männerritual. Die Braut des Legionärs ist allein der Tod. Vor ihm fürchtet er sich offenbar weniger als vor einer lebendigen Frau. Männer bleiben besser unter sich. Sie haben das Töten trainiert, und niemand läßt sie heute das tun, was sie können. Also zerstören sie sich am besten selbst.

Mit dem Gewehr ins Bett gehen. Und nachts kontrolliert ein Aufseher in den Schlafsälen, ob die Legionäre die Hände über der Bettdecke haben.

Auf Soldatendeutsch heißt die Reduktion auf Härte Drill. Schön wird, was weh tut. Zur Ausbildung gehören jene als männlich ausgegebenen Leistungstests, die andere als unmenschlich ansehen. In diesem Urteil unterscheiden sich Mann und Mensch. Auch die Frauen freuen sich, das weiß der richtige Mann, wenn sie richtig hergenommen werden. Von Fall zu Fall. Die Scheiß-Softies bringen das nicht. Sie sind wehruntauglich, was sprachlich dasselbe ist wie impotent.

Allerdings ist männliche Angst auch hierin erfinderisch: Impotenz braucht nicht immer Versagen zu sein. Wird sie offen hergezeigt, gilt sie manchen Männern als Form heldischen Kampfes, als Symbol des Widerstands gegen die dämonische Frau. Deren Trieb soll keinen Gegen-Stand finden. Impotente Männer versagen nicht, sie versagen sich selbst, indem sie die tierische Frau nicht auf ihre Kosten kommen lassen. Die Angst schlägt Purzelbäume.

Daß Impotenz hin und wieder auch die Harten trifft, ist mehr als ein Betriebsunfall. Der Schriftsteller-Macho des Jahrhunderts, Ernest Hemingway, schreibt, er könne »eine solche Show nicht vorbeigehen lassen, ohne dabeizusein«[26]. Unter »Show« versteht er den Ersten Weltkrieg. Doch muß der zunächst ohne ihn ablaufen: Hemingway wird als kriegsuntauglich ausgemustert. Freilich will er unbedingt herauskriegen, wie und wo der wahre Krieg ist. Dann kann er nach Europa ziehen und dabei denken, es handle sich um ein Heimspiel der US-amerikanischen Mannschaft.

Schließlich wird er der erste verwundete Amerikaner an der italienischen Front sein. Und eine Medaille für Tapferkeit bekommen. Sein Krankenzimmer ist der dröhnende Mittelpunkt des Spitals. Leere Wein- und Schnapsflaschen häufen sich unter dem Bett, und eine Krankenschwester ist dem »Kid«, der/das immer nur hören will, daß er/es geliebt wird, auch zur Hand. Das Milieu baut sich auf.

Für vierzig Prozent der Bundesdeutschen ist Papa Hemingway die Nummer eins der Schriftsteller. Richtige Kerle wie er scheinen in einer abenteuerlosen Zeit, wo Cowboys nur noch durch die Werbung wandern, nichts von ihrer Ausstrahlung verloren zu haben. Ein sogenanntes wildes Leben. Das immer von starken Frauen bestimmt war. Dessen Angst vor diesen noch nicht untersucht ist.

Beispielhaft für die Lage der Hartgewordenen und der Ausgemusterten: Als kleiner Junge war Ernest von seiner Mutter als Mädchen verkleidet worden. Die Mutter, eine als typisch definierte Frau, vor deren Hausherrschaft der Vater Hemingway sich in sein Labor, sein Museum, sein Hinterzimmer, seine Reiche zurückziehen mußte, in die ihm seine Frau nicht folgte. Nur einmal, als die Mutter den Labor-Plunder des Vaters verbrannte, der in ihrem neuen Haus keinen Platz mehr haben sollte, hatte Ernest auf eine Reaktion des als jähzorniger Bulle beschriebenen Vaters gewartet. Auf den Blitz, der die Frau zerstören würde. Daß nichts geschah, daß der dunkle Riese Vater sich drückte, war unverzeihlich.

Der Vater hat sich Jahre später erschossen. Er hatte gewartet, bis die vielen Kinder aus dem Haus waren. Dann hatte er seine Flucht vor der Frau beendet. Kein Testament, kein Abschiedsbrief, nur die Kugel.

Abgedrängtes Leben

Ich bin sehr im Zweifel, ob und wie überhaupt noch unter den Bedingungen der Männergesellschaft von Leben gesprochen werden darf. Der Blick aufs Leben, die Theorie vom Leben sind »übergegangen in die Ideologie, die darüber betrügt, daß es keines mehr gibt«[27].

Wenn dies unter der Männer-Herrschaft passiert ist oder besser: nicht zufällig passiert, sondern bewußt und geschichtlich greifbar herbeigeführt worden ist, liegt gegenwärtig die simpelste aller Versuchungen nahe: Man flüchtet sich in das, was man unter Frauen-Leben verstehen darf und stellt, auf diesem buntgefärbten Hintergrund, das eigene in schwarzen Farben dar.

Ich beobachte neuerdings auch Männer, die sich ganz von ihren Vorfahren abzusetzen suchen. Hatte man sich früher argwöhnisch belauert und auf die geringsten Anzeichen von Feminismus bei seinesgleichen negativ reagiert (auch du, mein Sohn Brutus?), so ist es heute umgekehrt: Man wendet seinen Argwohn jetzt ins Positive und sagt, hoffentlich bist auch du inzwischen ein Feminist. Du willst doch »in« sein und galant.

Opportunistische Galanterien stoßen die Frauen nochmals nach unten. Meiner Diagnose reicht es, aus dem Blickwinkel eines Mannes allein das Patriarchat zu schildern. Das legt schon genug Nerven frei. Das mögliche wie das wirkliche Leben der Frauen darzustellen, soll endlich nicht mehr Sache eines dafür ganz inkompetenten Mannes sein. Männer haben jahrtausendelang am Bild vom Leben der Frau gemalt, und was dabei herausgekommen ist, wissen wir inzwischen genauer als je zuvor. Zeit, daß sich Frauen um ihre eigene Perspektive kümmern. Inhalte und Ziele eines Frauen-Lebens auch nur zu beschreiben, ist endgültig nicht mehr Angelegenheit von Männern.

Männer haben Grund genug, sich um ihre Welt — besser: um das, was sie als solche ausgeben — zu kümmern. Was ist das für eine in ihre eigene Fassade verzauberte Welt? Eine Welt, in der lebenslustig zu sein als Charakterfehler definiert ist. Eine Welt, die sich daran hochzieht, wenn zwei schwitzende boxende Männer sich die Fressen polieren, die aber wegguckt, wenn zwei Männer sich küssen. Eine Welt, der Weltverbesserer höchst verdächtig erscheinen, während sie denjenigen Männern Denkmäler errichtet, die sie systematisch zugrundegerichtet haben.

»Das Leben ist der Güter höchstes nicht«, sagt Friedrich Schiller. Damit drückt er nichts anderes als die aufs Männliche zugeschnittene Devise aus. Richtige Männer achten nicht das Leben als solches, sondern nur ein sogenanntes Leben. Ein Leben, das dazu dient, einen bestimmten Auftrag zu erfüllen, einen Beruf, eine Bestimmung, ein Lebensgesetz. Männer haben ihr Leben einzusetzen für die eigens auf ihre Ideale hindefinierten Wert-chiffren, für Vaterland etwa, für Heimat, Grund und Boden. Dafür leben und sterben sie. Das Leben um des Lebens willen schön, lebenswert, erhaltenswert zu finden kommt nur Nicht-männern in den Sinn. Diese wissen, warum.

3. Gebot
Du sollst verdrängen,
daß du nicht
wie eine Frau leben darfst und kannst!

Das, was man unter Leben versteht, verschiebt sich unter den genannten Umständen immer weiter auf ein Maschinen-Da-sein: Sinn-Maschinen, Religions-Maschinen, Forschungs-Ma-schinen, Kriegs-Maschinen halten Männer in Gang.

Und wie steht es mit den Bedienern dieser Maschinen? Bleibt ein sogenanntes Leben, das sich von Berufs wegen immer mit Sinn-Maschinen befaßt hat, ohne Rückwirkungen auf diejeni-gen, die es führen? Wie sieht es in den Psychen der Bediener von Forschungs- oder Religions-Automaten aus? Es klingt wieder-um wie selbstverständlich (obgleich nichts Wirkliches selbst-verständlich ist), daß sich die Bediener von Forschungs-Maschi-nen mit ihrer eigenen Tätigkeit noch nicht befaßt haben.

Sie haben allen Grund für ihre Verweigerungshaltung. Was kä-me dabei heraus, wenn sie ihre disziplinierte Haltung aufgäben? Sie könnten sich als potentielle Verbrecher entdecken, ver-gleichbar jenen, die — als Bediener von Schul-Maschinen — Kin-der und Jugendliche durch Erteilung von Zensuren für ein Le-ben ruinieren. Oder mit denen zu vergleichen, die — als Bedien-stete der Religionsmaschine — lebendigen Menschen alles wirk-liche Leben austreiben, indem sie dieses als Sünde ausgeben.

Wer hat denn, historisch gesehen und zum Teil noch sehr ak-tuell, die Kriegs-Maschine besser und erfolgreicher in Gang gehalten als jene, die die Schul-Maschine, die Forschungs-Maschine, die Sinn-Maschine oder die Kirchen-Maschine bedient haben? Muß ich Belege beibringen für diese Annahme? Ein einziger unter Hunderten genügt. Der heldenhafte Widerstandskämpfer Kardinal von Galen aus Münster soll es sein; daß der wie seine Brüder im Bischofsamt fort und fort Hitlers hochverbrecherische Kriege für gerecht erklärt und »mit Genugtuung«[28] verfolgt hat, ist belegt.

Kann das Patriarchat nur existieren, wenn es sich Maschinen für Sinn, Religion, Forschung, Justiz, Wirtschaft, Krieg leistet? Und die entsprechend angepaßten Bediener? Muß es sich eigene Organisationen leisten, die zu keinem anderen Verbrechen taugen, als zum Abdrängen und Verdrängen von Leben zugunsten der patriarchal errichteten Form von Nicht-Leben?

Ich hoffe, daß eines Tages sich Freiheit durchsetzt und auch der Begriff Verbrechen anders erlebt wird als gegenwärtig definiert. Das wird geschehen, wenn es gelingt, den exklusiven Begriff von denen wegzunehmen, die heute in den Gefängnissen sitzen, und ihn auch auf diejenigen zu übertragen, die — heute noch völlig unangefochten — tausendfache Schuld auf sich laden, indem sie Menschen pädagogisch, psychologisch, soziologisch nach unten zensieren, religiös disziplinieren oder prinzipiell kriegstauglich machen.

An solchen Automaten und ihren Bedienern kann doch was nicht stimmen. Aber an den Resultaten herumzurätseln, hilft nicht viel. Die Entwicklung selbst muß bestimmt werden. Ihre Prinzipien müssen entdeckt werden. Warum existiert keine Männer-Forschung? Weshalb schon gar keine kritische, die patriarchale Mechanismen offenlegte? Was gibt es zu übersehen, was zu ignorieren, was zu verschweigen?

Männer haben, als sie ihre Geheimhaltungsrituale installierten, den Begriff »Verschlußsache« erfunden. Über die Geheimhaltungsvorschriften im militärisch-industriellen Komplex zu schreiben ist ein Verstoß gegen eine solche Verschlußsache. Über das Patriarchat öffentlich nachzudenken auch.

Patriarchen bleiben am besten unter sich.

Eine Forschungs-Disziplin wird konstituiert durch Auffinden und Sammeln von Problem-Bündeln. Das klingt sehr nach Objektivität: Wer was finden und sammeln will, geht zum Beispiel in den Wald und sucht Pilze, die da stehen und auf ihn warten. Freilich ist da schon ein Haken. Denn zunächst muß man wissen, was man sammeln will. Das klingt subjektiv. Und dann muß man sich gut überlegen, welche Pilze man auch folgenlos seiner Verdauung zumuten kann.

Wie im Beispiel so ist es auch im wirklichen ForschHerren-Leben: Man findet und sammelt nur solche Fragen, die von den Betroffenen und Befaßten ertragen — und daher auch bearbeitet — werden können. Was erschreckt und ängstigt, hält man dann für außerdisziplinär. Das mögen andere beforschen.

Ob man es glaubt oder nicht: Es gibt in der Forschung eine richtige Angstgrenze. Sie ist genau da gezogen, wo ForschHerren eine Untersuchung für beendet oder einen Text für gedeutet erklären. Als es noch förmliche »Schulen« gab, die sich um einen Lehrstuhl-Inhaber und frohen Vater vieler Doktoren gebildet hatten, durfte es sich der Ober-ForschHerr erlauben, die Furcht vor der ihm persönlich unbequemen Wahrheit dadurch zu verbergen, daß er autoritativ den wissenschaftlichen Forschungsprozeß für abgeschlossen erklärte: »Dies nenne ich die endgültige Wahrheit«, sagte man, »denn dies ist alles, was man wissen muß«.

Um überhaupt noch als ForschHerren leben zu können, mußten sich die Angehörigen einer Forschungsmannschaft auf solche Wahrheiten einigen und Bedeutungsgrenzen vereinbaren, Angstgrenzen ziehen und verteidigen. Die »Kategorie der Erträglichkeit«[29] wird auf diese Weise zur Leitfigur des erkenntnisleitenden Interesses. Ein Gegen-Stand ist außerdisziplinär zu beforschen, heißt das dann. Oder eine Frage ist, im Fall schlimmster Magenverstimmung, als ganz und gar wissenschaftlich wertlos zu deklarieren. Unwissenschaftlich ist aber auch eine richtige Antwort auf eine falsche Frage.

Objektivität als verdauliche Speise. Und als Massenkost. Denn nur wenige wissen schon, was die Inhaber der traditionellen Forschung sich haben ungestraft erlauben können. Spricht der Herr Dozent, dann stimmt es. Er schreibt — im Ton altväterlichen Anspruchs — Fragestellungen vor. Er weist den Weg zu Methoden, die die richtigen Antworten auf die richtigen Fragen erbringen. Er kann nicht anders, er lebt davon.

Kein Wunder, daß eine solche Forschung bewußt nur die halbe Wahrheit (die »bessere Hälfte«) sieht. Daß sie weniger Ist-Zustände beschreibt als Soll-Zustände. Daß sie stets bereit ist, von der Höhe ihrer Werteväterschaft herab die Wirklichkeit danach zu beurteilen, ob und inwieweit sie ihren eigenen Definitionen entspricht. Daß sie stets daran interessiert ist, den herkömmlichen (und bekömmlichen) Status quo — und damit den eigenen Herrenwillen — zu legitimieren, zu stabilisieren und zu konservieren.

Ein Ding der Unmöglichkeit, daß solche Werteväter sich und ihresgleichen erforschen oder zur Erforschung freigeben. Wie viel muß denn noch passieren, bevor die Decke gehoben wird? Was darf noch alles erforscht werden, bis endlich das Wesentliche Neugier weckt?

Antoine de Rivarol, ein französischer Moralist des 18. Jahrhunderts, hat ein Prinzip des Patriarchats formuliert: »Die Vernunft umfaßt die Wahrheiten, die man aussprechen, und solche, die man verschweigen muß.«[30]

Verdrängungen gelten als Leistungen des angstbesetzten Individuums, als Mechanismen zur Abwehr von Triebwünschen (und von damit zusammengeknüpften Vorstellungen und Erinnerungen), die im Konflikt stehen mit anderen, im Sozialisationsprozeß als höherwertig definierten Forderungen (Gewissen, Über-Ich, Selbstzensur). Das Verdrängte ist ins Unterbewußte abgeschoben, aber es ist dort nicht verloren, nur aufgehoben. Es kann in Träumen, Fehlhandlungen (Freud'sche Versprecher) und Krankheitssymptomen wiederkehren.

Daß sich diese Theorie nicht nur auf Einzelfälle bezieht, sondern auch gesellschaftlich (kollektiv) trägt, halte ich fest. Ließe die Verdrängungs-Hypothese sich ins Individuelle abdrängen und allein dort festmachen, hätte man gesiegt. Dann wäre die These von der gesellschaftsbildenden Angst der Männer vor den Frauen unschwer abzuwenden. Doch genau das soll nicht gelingen. Die Abwehr-Leistungen der allgemeinen Männerangst sind von nicht zu überschätzendem Einfluß auf alle Gesellschaften, die Männer sich genehmigen zu dürfen glauben.

Die Abwehr gegen Konfliktlagen, die Unlust oder Schmerz auslösen, läuft bereits mechanisch. Nicht nur der einzelne Mensch, sondern eine ganze Gesellschaft leistet sich diese Abwehr. Aus der vielfältigen Skala möglicher Abwehrmechanismen wählen Individuen und Gruppen und Gesellschaften jeweils die für die eigene (Person- oder Gesellschafts-)Struktur spezifischen aus. Spezifisch heißt dabei nützlich. Auch diese Selektion ist nicht einfach ein zufälliges Ereignis; auch sie ist interessengelenkt.

Beispiele für Abwehr sind: Aggression, Arrangement, Frustration, Identifikation, Isolation, Projektion, Rationalisierung, Regression, Realitätsleugnung, Sublimation, Substitution, Überkompensation. All diese Beispiele lassen sich in patriarchalen Gesellschaften nachweisen; immer wirkt als Triebfeder die Angst vor der Frau oder besser: vor dem, was Männer sich unter Frauen vorstellen.

Angst? Psychologen nennen sie einen unlustbetonten Gefühlszustand. Er soll entstehen als Reaktion auf eine (reale oder phantasierte) Beeinträchtigung oder Bedrohung des eigenen Lebens. Angst geht von generellen Bedrohungen aus, Furcht dagegen von konkreten. Angst der Männer vor den Frauen ist zwar — individuell — als eine solch konkrete Furcht vor einer bestimmten Frau anzutreffen, aber was ich meine ist generell: Es gibt eine unbestimmte, reaktiv handelnde Angst nicht nur einzelner Männer, sondern »der« Männer nicht nur vor einzelnen Frauen, sondern vor »den« Frauen.

Angst ist stets reaktiv, und als solche kreativ. Zwar gilt eine angstbesetzte Handlung wegen ihrer Ungerichtetheit häufig als nicht sonderlich zweckbestimmt. Aus Angst zu reagieren und zu handeln bedeutet oft, am Ziel des Handelns vorbeizugehen. Doch besagt diese Erfahrung meiner Meinung nach nicht viel: Gerade die Reaktionen, in denen die Angst der Männer vor den Frauen an einem strikt rationalen Ziel vorbeischießt, sind gesellschaftlich von eminenter Bedeutung für die reaktiven Männer — und noch mehr für die betroffenen Frauen. Wer blind vor Angst reagiert, hinterläßt die schlimmsten Verwüstungen und die meisten Opfer.

Daß die an sich blinde, das heißt die willens- und verstandesmäßig unkontrollierte Angst der Männer sich eigene Sinn-Systeme (Maschinen) geschaffen hat, in denen verdächtig oft von Kontrolle durch den Geist (Logos) und von Herren-Willen die Rede ist, halte ich für eine konsequente Angst-Leistung. Angstbesetzte Abwehrmechanisierer müssen notwendig von sich klare Köpfe fordern.

»Notwendig« ist übrigens eine für das Patriarchat notwendige Vokabel. Es ist mir immer aufgefallen, wie häufig und wie gern Männer vom Muß sprechen, von der Pflicht zur Notwendigkeit. Ich nenne diese Ausformung der Angst ein »anankastisches Syndrom«. Je ängstlicher man gegen sich selbst und gegen die Frauen (Forderungen) ist, desto häufiger muß man. Anankastisch zu sein bedeutet, zwangsneurotisch, überängstlich zu reagieren — und eben diese Reaktionen durch intensivierte Disziplinierungshandlungen sowohl unterbinden als auch verstärken zu wollen.

Nochmals: Ich meine, wenn ich von Anankasmen spreche, nicht die (individuell krankhaften) Zwänge wie die, sich dauernd waschen oder alles immer wieder nachzählen zu müssen. Ich beschäftige mich mit jenen anankastischen Syndromen, die eine ganze Gesellschaft kranklegen: Zum Beispiel mit dem Muß, den Mann über die Frau und/oder den Kopf über den Unterleib zu setzen — und dafür irgendeinen Logos oder Gott zu bemühen und/oder eigene Gesellschafts-Maschinen dafür zu konstruieren.

Männergesellschaftliche Angstzustände können systematisiert werden. Dann heißen sie etwa Vergeltungsangst, Lückenangst, Nährungsangst, Realitätsangst, Vergänglichkeits-Angst, Sterblichkeits-Angst, Triebangst, Über-Ich-Angst, Schuld-Angst, Daseins-Angst, Nichts-Angst. Auch diese Zustände lassen sich, auf das Patriarchat bezogen, zusammenfassen in den einen Begriff der Angst der Männer vor den Frauen. In ihm legen sie sich aus. Auf die Form der kreativen Angst, die besonders wichtig ist für den (Schöpfer-)Bau des Patriarchats, komme ich eigens zu sprechen. Denn die Angst vor dem Nichts der Frauen führt Männer zum Mut der Entscheidung. Manche von ihnen nennen diese existentielle Reaktion ihre Freiheit.

Andere Philosophen-Männer (wie Heidegger) argwöhnen irgendeine Un-heimlichkeit, eine Art grandiosen Liebesentzugs, ein Fallen in das Nichts statt in das beruhigt vertraute In-der-Welt-Sein. Ob diese Manndenker nicht hinter den weltbeherrschenden Vokabeln Heim, Ruhe, Vertrauen die Vorstellung von der Gattin, die an der Philosophen-Karriere strickt, verbergen, ist eine andere Frage. Ich habe meine Bedenken gegen allzu entschlossen denkende Männer und frage, bevor ich mir ein Urteil über eine Philosophie erlaube, nach dem Heimchen am Herd, das die Vordenker sich gehalten haben.

Angsttheorien gibt es viele. Psychoanalytische, die mit frühkindlichen Erfahrungen hantieren, und kognitive, die erklären, daß und wie Angstreaktionen und Vermeidungshaltungen erlernt werden müssen. Die These von der gesellschaftlich kreativen Angst der Männer vor den Frauen widerspricht solchen — fast immer aufs Private beschränkten — Ansätzen nicht. Sie weist über sie hinaus, weil sie zu erklären imstande ist, daß und wie ganze Gesellschaften angstbesetzt existieren können.

Ich beschreibe an dieser Stelle, wo es um abgedrängtes Leben geht, beispielhaft die These von der kollektiven Amnesie. Denn eine ganze Gesellschaft hat — als solche — ihr Gedächtnis verloren. Sie ist schockiert gewesen von einer frühen Untat (ich sage noch, welche das war) — und sie hat ihre Erinnerung daran ins

Unterbewußte verdrängt. Seither versucht sie, durch neue Untaten, die der alten gleichen, die Urtat zu verschleiern: Sie rächt sich auf diese Weise an ihren Opfern und an sich selbst.

Erst heute ist es möglich, auf breiterer Front als bisher Licht in diese Praktiken zu bringen. Wenn es einen generellen Gedächtnisverlust gibt, so neuerdings auch Versuche von einzelnen und von Gruppen, der kollektiven Amnesie mit individuellen Anti-Amnesien zu begegnen. Einzeluntersuchungen müssen Gedächtnisleistungen aufheben und ein neues Bewußtsein vom alten Unrecht einleiten. Beispiele dafür sind Arbeiten über die Hexenpogrome. Noch sind ihre Ergebnisse nicht Allgemeingut.

Anders im Fall der kollektiven Neurose: Die Männer-Gesellschaft hat Schreibleistungen erbracht, die ich als Erfindungsleistungen eines schlechten Gewissens werte. Die sind tief im Bewußtsein verwurzelt. Was geschrieben steht, sollte von Dauer sein. An solchen Kultur-Taten zeigte das Patriarchat immer sein besonderes Interesse. Jean-François Lyotard: »Es könnte sein, daß ihr von dem Augenblick an, wo ihr zu schreiben beginnt, gezwungen seid, ein Mann zu sein.«[31]

Gesetze wurden schon seit alters notiert; Mose wählt der Sage nach sogar steinerne Tafeln für seine Zehn Gebote. Und nicht genug damit. Schon ein früher Prophet sagt, Gott selbst schreibe das Gesetz in die Herzen der Menschen. Heute würde er sagen, Normen drängten danach, allgemein verinnerlicht zu werden. Die Begriffe wechseln, das Prinzip bleibt. Das Patriarchat muß sich ständig reorganisieren. Seine Angst, aufgelöst und ersetzt zu werden, erscheint ihm grundsätzlich nicht besiegbar zu sein.

Reorganisation wird systematisch auch dadurch geleistet, daß die bestehende Organisation als bedroht ausgegeben wird. Patriarchen schaffen (Nutz-)Krisen und verwerten sie als Basen ihrer neuerlichen Entscheidung fürs Alte.

Bestellte Krise

Ein Student kommt in meine Sprechstunde. Sein Gesicht ist schwer gezeichnet. Als ich frage, berichtet er, er sei in einer Disko zusammengeschlagen worden. Nichts Besonderes. Die Schläger? Angehörige der Britischen Rheinarmee. Nichts Besonderes. Der Grund? Er hatte seinen Freund in der Disko in den Arm genommen. Nichts Besonderes, wenn Soldaten einen Schwulen schlagen. Reduzierte Männer wissen, was sie sich schuldig sind. Auf zum letzten Gefecht.

Theoretisch wußten wir das alles. Aber daß es doch passiert, daß die Rückzugsexzesse dieser Männer nicht haltmachen können, hat uns überrascht. Den Studenten und mich.

Wußten wir es wirklich auch in der Theorie? Vor Jahren hatte ich als Hauptseminar »Schwulen- und Lesbenprojekte in der BRD« angekündigt. Der Rektor meiner Universität ließ bestellen, das gehe nicht. Das Kürzel BRD nehme er ja noch hin, aber das Thema selbst müsse wissenschaftlicher und seriöser formuliert werden. Sonst könne es im Vorlesungsverzeichnis einer Hochschule nicht aufgeführt werden.

Von da an habe ich geahnt, daß Wissenschaft gleich Mannwissenschaft ist. Denken von Männern über Männer. Richtiges Denken von richtigen Männern über das Richtige am Mann. Männer haben Haudegen zu sein, habe ich gelernt, die dreinschlagen. Die das Gewölk des unscharfen Denkens vertreiben, das Licht strahlen lassen, das sie reine Vernunft heißen, ganze Systeme errichten, ragende Bauten des (ihres) Verstandes.

Als ich auf eine neue Heidegger-Biographie stieß, fand ich diese Einschätzung bestätigt: Martin Heidegger, als ein wegweisender Philosoph des Jahrhunderts gehandelt, war im April 1933 durch eine handstreichähnliche Aktion zum Rektor der Universität Freiburg aufgestiegen. Als solcher empfahl er den Studenten Wehrsport, unternahm nichts gegen die »Säuberung« der Hochschule von jüdischen Kollegen, denunzierte seinerseits einen Kollegen als »politisch unzuverlässig« bei der Gestapo, trug das Abzeichen der Hitler-Partei und leitete stramme »Wissenschaftslager«.

Was weniger ragt, ist vergleichsweise nichtig. Alfons Rosenberg:

»Im Bereich väterlicher Ordnung entstehen die sonnenhaft zum Himmel ragenden Heiligtümer, Pyramiden, Obelisken und gotischen Dome, das Zweckhaft-Nützliche muß sich dem Überzweckhaft-Heiligen unterordnen; das Große bestimmt das Kleine, das Himmlische das Irdische. Zugleich mit diesem Überzweckhaften wird die geistige Helle, die Rationalität... des Menschen voll entfaltet.«[32]

Proben aufs Exempel geistiger Helle geben schon die simpelsten Diskussionen mit Männern über so simple Angelegenheiten wie (fremde und möglicherweise auch eigene) Homosexualität oder Bisexualität ab. Da kann beobachtet werden, wie sie sich winden, die Heterosexuellen. Wie sie Argumente fürs sogenannt Normale beischleppen, vor allem wenn Frauen zuhören. Und da sie immer nervös werden, wenn das Thema angeschnitten wird, nehme ich an, sie fürchten sich vor sich und den Frauen, die merken könnten, was los ist. Die Angst sitzt tief, selbst als sogenannt unnormaler Mann entdeckt zu werden, ja in sich selbst die Anlage zur Bisexualität verspürt zu haben.

Besondere Zusammenbrüche finden unter Männern statt, wenn es um Krieg und Liebe geht, also um Angelegenheiten, die den Männern — nach deren eigener Definition — das Ja oder das Nein, den Sieg oder die Niederlage abfordern.

Ulrich de Maizière, ein ehemaliger Offizier der Wehrmacht und später oberster General der Bundeswehr, über die letzten Tage einer faschistischen Diktatur: »Am Abend dieses Tages (22.4.1945) sah ich Hitler zum letzten Mal. Auf der Potsdamer Straße, über die ich fuhr, schlugen schon sowjetische Granaten ein. Im Bunker herrschte Untergangsstimmung. Man sah betrunkene und resignierende, aber auch übererregt und hektisch agierende Männer aller Rangstufen... Zu meinem Vortrag (vor Hitler) kam es daher auch nicht mehr.«[33]

Angst muß ausgetrieben werden. Überspielt zumindest durch Härte. Zähne zusammen und durch. Das eigene Ich zutiefst vergewaltigen. Ein spartanisch gehärtetes Leben abarbeiten. Jeder Freude des Empfangens ausweichen, kein Beschenkt-Sein sich gönnen, Zärtlichkeiten sich versagen.

Und ganz tief drinnen das exklusive Bedürfnis des Mannes, bemuttert und umsorgt zu werden. Der Schmerz, immer ein Kind sein zu wollen.

Jährlich verlassen in der Bundesrepublik 25 000 Frauen ihre gewalttätigen Ehemänner. Viele von ihnen finden Schutz in einem der zweihundert Frauenhäuser. Warum Männer schlagen? Die meisten nicht aus Gemeinheit, sondern aus Schwäche. Sie haben von ihren Frauen eine glückliche Ehe erwartet, Liebe, ohne Mitverantwortung übernehmen zu können. Und da diese Art Liebe ausgeblieben ist, haben sie zugeschlagen. Daß aber nicht nur die Frage »Hiebe statt Liebe?« zulässig ist, sondern auch die Gleichung »Hiebe = Liebe«, folgt aus der tausendjährigen Tradition des Patriarchats. Wen der Vater liebt, den schlägt er, heißt die perverse Devise schon im Alten Testament.

Und der Schmerz? Menschen müssen schon sehr reduziert sein, wenn sie von sich sagen, sie liebten den Schmerz als solchen. Könnte jeder Mann, wie er wollte, im stillen Kämmerlein, hielte er Schmerz für das, was er ist. Daher braucht die soldatische Erziehung immer die Gruppe, die Kaserne. Kein Mann wird vor seinen »Kameraden« zugeben, was er wirklich vom Schmerz hält. Feiglinge können wir nicht brauchen. Keine öffentlichen.

Er begrüße zwar die Diskussion in der Truppe, aber der Gehorsam könne nicht zur Diskussion stehen, »stellt« der Generalinspekteur de Maizière »in einem scharfen Erlaß klar«[34]. Die Zunahme der eigenmächtigen Abwesenheit, das Ansteigen der Zahl der Kriegsdienstverweigerer, die Nachlässigkeit im Umgang mit Waffen und Munition, aber auch die Vernachlässigung des äußeren Erscheinungsbildes der Soldaten kann nicht hingenommen werden. So etwas bringt Unsicherheit in die Wehr.

Seine Haar- und Barttracht nach eigenem Gusto gestalten zu können muß dem Krieger schon deswegen verwehrt werden, weil ein solches Privileg (Bärte ausgenommen) allenfalls Frauen und deren Spielkultur zugestanden worden ist.

De Maizière, dessen Autobiographie »In der Pflicht« betitelt ist, hat seine Dämme gegen »junge, unreife Leutnante« errichtet: »... die von den Studentenunruhen ausgehenden innenpolitischen Turbulenzen führten auch in den Streitkräften zu beunruhigenden Erscheinungen, die es aufzufangen, auszuwerten und korrigierend in richtige Gleise zu lenken galt«.

Un-Ruhe, eines der verräterischsten Worte für diejenigen, die ihr Territorium für befriedet halten. Streit-Kräfte, eine entlarvend männliche Vokabel.

Daß die Leutnante, relativ unbewährt als »Kommandanten in Krieg und Frieden«, gefordert hatten, ihr Leben genießen zu dürfen und ihre Arbeit dazu verrichten zu wollen, um leben zu können, war nicht nur ein schwerer Führungsfehler, sondern Verrat an den geheiligten Traditionen des Mannestums. Das überschreitet souverän die »Grenzen des noch Hinnehmbaren«.

Ich stelle mir vor, wie fassungslos Frauen vom nachlässigen Umgang mit Waffen, von der Verwahrlosung der Dienstkleidung (Kampf- und Ausgeh-Anzüge) und von der Kriegsdienstverweigerung (alles undifferenziert aneinandergereiht) lesen.

Die Männer merken es nicht. Wir halten zusammen, sagen sie, wie die Teilchen einer gut funktionierenden Maschine. Unsere Frauen (Gattinnen, Geliebten, Töchter) können sich auf uns verlassen. Zu Hause geht es dann wieder weiter, wie wir es gelernt haben. Was ist da die Waffe, wer das Subjekt und wer das Objekt?

Männer, die nicht nur Dinge, sondern auch Menschen manipulieren. Männer, die menschliche Beziehungen betrachten und handhaben wie Maschinen. Wer kennt sie nicht?

Ich meine, wer sich immer vor den eigenen Gefühlen hütet, wird sich als erster seinem Intellekt opfern. Und eine Anregung für MedizinerInnen und solche, die es werden wollen: Nicht der bekommt als nächster zu spüren, was ein Herzinfarkt ist, der nicht auf sein Herz achtet. Sondern der, der sich immer vor dem eigenen Herzen in acht nimmt.

Leiden kann gewiß als Lebenszeichen begriffen werden und Schmerz als Zeichen des Wachstums. Es müßte sogar so sein. Die Zähne zusammenzubeißen wie der berüchtigte Indianer, den es gerade nicht gegeben hat, ist nur Ausdruck männlichen Trotzes. Die Angst, als Frau zu gelten, wenn man leidet und dies auch sagt.

Die Angst vor der Frau, das Leiden unter der als dominant erlebten Frau und die Flucht in eine Art Opfer-Rolle gehörten zwar mit zu den Merkmalen des Männer-Daseins. Man spricht sich »unter Freunden« darüber aus. Männer-Freundschaften sind Orte der Zuflucht für die Angst und ihre Bewältigung durch das ausgetauschte Wort, durch die Bestätigung des Männerfreundes, ihm gehe es ähnlich mit seiner Frau. Weil Frauen halt so seien.

Solche Konversationen sind häufig Anlässe für die individuelle Konstruktion von förmlichen Bedrohungssituationen. Der verängstigte — und vom Freund bestätigte — Mann sieht sich als verfolgten Ehemann. Aus dieser Bedrohung sucht er sich schließlich nach traditionellem Muster zu befreien: Er versucht sich in ehelichen Machtstrategien, die auffallend denen der ganzen Männergesellschaft gleichen. Die Lage ist weniger bedrohlich zu gestalten, indem man sie — durch verstärkte patriarchale Gewalt — neu zu beherrschen sucht. Die überlebensnotwendige Suche der Männer nach Möglichkeiten, sich Angst zu ersparen.

Ein Beispiel für diesen Herren-Willen: Ehe und Familie werden insgesamt als bedroht klassifiziert, wenn nur der Patriarch sich bedroht fühlt. Dieser Gesamtgefahr kann wiederum nur der Patriarch wirksam begegnen: indem er förmliche Entscheidungssituationen herbeiführt. Ich oder der Zerfall, ich muß euch die Gürtel fester schnallen lassen, wir müssen zusammenstehen...

Und den Frauen gilt die oktroyierte Devise: Wir sind entscheidungsträge, wir lassen die Herren alles sagen und tun.

Männer-Leiden ist keinesfalls Genuß, der zu verlängern wäre, bei dem sich zu verweilen lohnte. Männer haben sich auf ihre Art vom Leidensdruck zu befreien versucht. Nicht das Leiden an und für sich, sondern die definitionsmächtige Deutung des Leidens als Durchgangsstufe ist charakteristisch. Durch Nacht zum Licht, heißt das Motto.

Männer haben eine eigentümliche Leidensphilosophie und -praxis ausgebildet. Tiefflug-Piloten vergießen im Zweiten Deutschen Fernsehen Krokodilstränen, weil sie zur Zeit gar nicht so geliebt werden, wie sie das gerne hätten und wie sie es gewohnt waren. Harte Männer, denen die gesellschaftliche Akzeptanz der Bundeswehr nicht mehr weit und tief genug geht, lamentieren auf kindische Weise und drohen allen Ernstes mit Kündigung. Ob sie nicht ahnen, daß die Mehrheit ihrer AdressatInnen herzlich gern diese Kündigung annähme?

Zum Lamento vieler Männer von heute: Die veröffentlichte Sprache dieser Lamentierer erfüllt ihren Zweck. Sie ist geregelt, nicht zufällig. Sie ist wortgepanzert: Alles erweckt den Eindruck von unangreifbarer Stärke, auch und gerade das Klagen. Alles folgt genauen Regeln, alles steht im Dienst bestimmter Ausgrenzungs- und Abwehrstrategien.

Diese Sprache spielt ihre Rolle im Verhältnis zur Wirklichkeit. Die negativ besetzten Worte über den Mann und Vater sollen einen herben Verlust und Mangel suggerieren. Sie wollen uns einreden, der bisherige Zustand sei das Bessere gewesen, der sich anbahnende der defizitäre Modus.

Die Worte über die Krise des Mannes dienen handgreiflich der Intention derer, die sie nutzen. Das Gerede von der Krise entlarvt sich dann als ein Spiel mit den negativ besetzten Gefühlen der Erschütterung, die viele mit dem Begriff der Krise zu verbinden lernen mußten. In einem angstbesetzten Klima der Irrationalität wird die Krise in ihrer sogenannten Reinigungs- und Entscheidungsfunktion gewandt als Medium genutzt.

Die jeweils ausgerufene Krise soll dazu dienen, ihre eigenen Opfer (die Frauen, Kinder, »schwachen« Männer) zur Disziplin zurückzuführen. Zugleich legitimiert sie sich selbst — und besonders die von den Krisenexperten ausgerufenen Maßnahmen zur Krisensteuerung.

Ich meine, diese zielen darauf ab, die institutionalisierte Männer-Gewalt neu zu stabilisieren. Angst vor der Krise und Angst in der Krise sind vorzügliche Hilfsmittel, um jenen Profit zu erreichen, der nicht bei den Opfern zu Buche schlägt, sondern bei den Krisenspekulanten.

Ein besonderes Milieu. Häufig faschistoide Mentalität, immer quasiprophetische Aufgeregtheit. Eine Endzeitstimmung, die ebenso typisch ist für die Freud-und-Leid-Literatur von dieser Seite wie ein ausgeprägtes Engagement zum Helfen und Lösen. Entsprechend ist die Wortwahl: Auf der einen Seite Trauer über den eingetretenen Substanzverlust, auf der anderen Beschwörung. Beschworen wird das eine gewaltige Anliegen: die Rettung des Menschen.

Die aber bedeutet in diesen Kreisen stets: die Rettung des Mannes. Folgerichtig ist die latente oder öffentliche Distanzierung von allem Nicht-Männlichen, Fraulichen, Kindlichen. Da bilden sich soziale Charakterneurosen aus. Eine Gesellschaft wird neurotisch.

Männer, die sozial führen wollen und eben deswegen vorbildlich charakterneurotisch sein müssen, umgeben sich mit einer Atmosphäre der Rastlosigkeit, der ständigen Angespanntheit, des unentwegten Drängens. Wo immer man sie braucht, findet man sie auch.

Wo dagegen eine Frau aktiv zu werden droht, reagieren Männer mit Impotenz. Und diese ist erst dann kein Versagen mehr, wenn sie beklagt wird. Dann gewinnt sie, in diesem Milieu, Qualität des Widerstands. Gegen die dämonisierte Frau und Mutter.

Salvador Dalí, zum normalen körperlichen Geschlechtskampf nicht fähig, heiratet seine Wunschfrau Gala. Er bleibt dabei ein

Voyeur, der nur zum Orgasmus kommt, wenn er masturbiert. Auf vielen seiner Bilder ist das gewaltige Motiv zu sehen, das müde Gesicht in der Form eines schlaffen Sackes, der große Masturbator. Die Krücken, die in vielen seiner Werke dargestellt sind, deutet er selbst als Symbole der Impotenz: »Sie halten aufrecht, was sich nicht von allein halten kann.«[35]

Die Angst vor den Frauen. Die Freude an sich selbst. Die Angst vor dem Geliebt-Werden. Geliebt zu werden ist ein Zustand, der eigentlich den Lebewesen unterer Klassen, den Frauen, Kindern und Tieren zukommt. Wer sich lieben läßt, ist immer gefangen. Sagen die Männer. Und hätten es zugleich so gern.

Sie wehren sich. Makellos schöne Frauen sind in den Strip-Clubs, die sich überall auf dem platten Land finden, gar nicht gefragt. Die gaffenden Männer wollen Stripperinnen mit kleinen Mängeln sehen. Sie brauchen nicht nur Angriffspunkte für ihre Augen. Auch ihre Mackersprüche müssen was zum Aufhängen haben. Die reine Schönheit wäre zuviel für ihren Wortschatz; die ist ihren wenigen Madonnen reserviert.

Stripperinnen wundern sich über die seltsamen Lebewesen da unten. Sie können nur schwer glauben, daß Männer sich in Illusionen verrenken (und in welche), wenn sie nackte Frauenhaut angaffen. Sie staunen jeden Tag wieder, »daß ein erwachsener Mann glauben kann, die Bühnen-Show habe auch nur ein Fitzelchen mit Sex und Lust zu tun«[36].

Erwachsene Männer? Falls es die gibt, so tauchen sie in den Clubs zwischen 17 und 19 Uhr auf. In den zwei Stunden, die das Einerlei der Arbeit vom Einerlei der Familie trennen. Dann kommen sie, um das Ferkel rauszulassen, das kleine impotente Stückchen Männerphantasie. Das weder im Büro noch in der Ehe auf seine Kosten kommen darf.

Sex-Monster sind die Mausgrauen nicht. Sie sind »erotisch verhärmte Kerlchen«[37]. Eine Frau mit einem Super-Körper, wie sie sich ihn erträumen, macht ihnen nichts als Angst. Also begnügen sie sich — aus Notwendigkeit — mit jenen emotionslosen Ritualen des Strips, mit den hilflosen Versuchen, Begierde zu inszenieren, Begierde, die sie sich eigentlich gar nicht leisten können.

Einsamkeit liegt auf den stierenden Gesichtern. Die Angst vor den Frauen, deren Tanz man für ein paar Mark kaufen kann. Die sogenannte Lust, die immer verbunden ist mit einem ungeheuren Potential an Frauenverachtung. Daß es überhaupt Wesen gibt, die lieben können und geliebt zu werden nicht ausschließen, macht Männern ganz große Angst.

Hemingway hatte ein Buch geplant mit dem Titel »Männer ohne Frauen«. Ohne Frauen leben? Auch in der Liebe unabhängig sein von ihnen, nicht nur in der Reproduktion? Der tiefsitzende männliche Wunsch wird — von Männermaschinen — zunehmend erfüllt. Was Jahrtausende männlicher Erfindungsgabe nicht erreicht haben, wird unter uns Wirklichkeit: Zum einen tut die neueste Reproduktionstechnologie alles, um Männer von Frauen unabhängig zu machen. Zum anderen ist auch die männlich beherrschte Sexindustrie nicht untätig gewesen.

Jetzt gibt es Plastikfrauen, die alles mitmachen, nur das eine nicht: Sie geben keine Liebe, sie treten ihren Besitzern und Benutzern niemals zu nahe. Die Werbung für eine »Rote Lola« tönt: »Wer sie einmal gesehen hat, verfällt ihr für immer. Fest ausgeschäumt, zart beflockt, herrlich anzufühlen, mit sagenhafter Figur und seidigem, langem Haar.«[38]

Hier ist ein Endziel erreicht: Die Frau, die ganz lebensechte und doch niemals lebendige, die Frau, die alles zuläßt, die Frau, die die Öffnungen an der richtigen Stelle hat, die Frau, mit der man nicht mehr allein ist, die Frau, die niemals egoistisch, eigennützig, unkontrollierbar ist. Die Frau, die — ohne selbst zu lieben — der Mann-Liebe dient. Still und unter-legen.

Schlimm, sagen die Männer, daß es nicht nur solche Wesen gibt.

Die Wortwahl verrät die Herren immer wieder. Sie zeigt den geheimen Stolz auf den Fortschritt männlichen Denkens — und zugleich das Bemühen, den Fortschritt nur so weit fortschreiten zu lassen, wie man es gerade noch ertragen kann. Ich bin fest überzeugt (da ich meine Gruppe kennengelernt habe), daß in dem Moment, wo das gesellschaftliche Windchen sich dreht, jeder, aber auch jeder sogenannte Fortschritt nicht nur gestoppt, sondern zurückgenommen werden wird.

Zur Zeit sind die Männer zu offen ohnmächtig, um bereits eine solche Drehung wagen zu können. Ihre Werteväter lamentieren, es handle sich um eine Krise. Und da sie es gewohnt sind, nicht auf halbem Weg stehen zu bleiben, muß es sich gleich um eine wahre Krise handeln, um eine Krise nicht nur der Erscheinungsformen des Männlichen, sondern um eine des männlichen Seins. Wer von der Seinskrise des Mannes überzeugt ist, muß notwendigerweise an das Sein des Mannes glauben. Nur wer von einem unveränderlich-zeitlosen Mannsein ausgeht und glaubt, dessen Konkretionen ohne Rücksicht auf geschichtliche Entwicklungen und Einbindungen angeben zu können, kann auch die Symptome des »Abfalls von der Seinsordnung« detailliert aufzeigen und in diesem Sinn von einer Krise sprechen.

Wer aber nicht an die Seinsnorm glaubt, weil er sie als die ideologisch verbrämte Bejahung bestimmter gesellschaftlicher Zustände deutet, kann die Rede von der Krise und ihr Lamento nur als eine spekulative Anhäufung von Prophetien sehen, die nur das eine Ziel verfolgen: die Aufdeckung der Ursachen zu behindern.

Nicht irgendein Sein steckt in der Krise, sondern ein bestimmbar und faßbar gestalteter Glaube. Ein Glaube an die sexistisch besetzte Weltformel. Dieser Glaube und sein Gott sind tot.

Ich wundere mich nicht. Manche sehr gefeierten Werke unserer sogenannten Kultur erscheinen mir wie Wüsten des Herzens, wie verlassene Goldgräbersiedlungen, wie Geisterstädte voll von Bauten fieberhaften Spekulierens, die heute Ruinen sind. Wo reduzierte Männer gebaut haben, ist auf Dauer nichts anderes zu erwarten als aufs Baufällige reduzierte Bauwerke.

Freilich, sie sehen es nicht. Die Krise ihres Glaubens soll dadurch gelöst werden, daß alle Männer, ich benutze die Kämpfersprache, moralisch und pädagogisch mobilisiert und aufgerüstet werden, um die alte Gewalt und deren traditionelle Rolle zu verteidigen. Schwäche des einzelnen Mannes kann nur durch Rückbesinnung auf die Stärke der Gruppe besiegt werden. Wer sich als einzelner Mann unterlegen fühlt und entmutigt zu werden glaubt, soll auf seine ganze Klasse schauen und unentwegt deren Gewalt tanken.

Das ist Vorwärtsverteidigung. Doch die Angst bleibt. Jene intensive Zwangsvorstellung, die aufzugeben nicht Sache des neuen oder des alten Mannes ist. Auf so schwachen Füßen steht die Männerherrschaft. Wo immer an ihr gekratzt wird, kommt die nackte Angst zum Vorschein. Der Koloß steht auf tönernen Füßen. Wie ist er überhaupt auf die Füße gestellt worden?

Brust und Schoß

Warum Frauen mehr besitzen als Männer und warum doch nicht

Gelöstes Geschlecht

Am 7. Februar 1989 hat der fünfmalige Wimbledon-Sieger Björn Borg einen Selbstmordversuch unternommen. Der frühere Tennisstar konnte es nicht verwinden, daß seine Freundin das gemeinsame Kind nicht austragen wollte.

Björn Borg, ein verlorener Sieger, »durfte nicht Vater werden«, schreibt eine Zeitung. Eine andere charakterisiert ihn als einen, den es — wie die meisten Männer — in zwei Ausführungen gibt: »Der Eisberg, der Chauvi, das ist der eine, der die Werbe-Verträge erfüllt. Der andere ist ängstlich. Verschlossen. Schüchtern. Verschlingt Comicstrips, in denen Männer noch Helden sind. Ohne jedes Selbstwertgefühl. Anfällig für Drogen und Alkohol. Und mit einer selbstzerstörerischen Liebe zu starken Frauen.«[1] Daß ihn, der »noch nie verlieren konnte, nicht auf dem Tennisplatz, nicht in der Liebe«, eine seiner starken Frauen nicht Vater werden ließ, »hat Björns Selbstachtung in seinem Leben ohne Tennis, ohne Siege auf Null reduziert«.[2]

Wir nähern uns einer Urangst der Männer vor den Frauen. Nicht Vater werden dürfen, für den eigenen Nachwuchs nicht eigentlich verantwortlich sein können, in entscheidenden Momenten auf Frauen angewiesen zu sein.

Männer können zum einen niemals fassen, daß sie selbst keine neuen Männer gebären können und daß sie dafür Frauen brauchen. Andererseits sind sie, deren Vaterschaft nicht sicher feststeht, auf Treu und Glauben verwiesen. Sie müssen darauf vertrauen, daß das ihnen — von der immer sicher feststehenden Mutter — präsentierte Kind wirklich auch das ihre ist.

Mit dieser Ur-Vorgabe müssen sie von Anfang an leben. Sie geht den Ableitungen des sogenannten Männlichen und des sogenannten Weiblichen voran und durchdringt diese zutiefst. Ein Bedürfnis (nach Sexualität und) nach Nachkommenschaft bindet die Männer an die Frauen, und Bindungen können Männer nur schlecht ertragen.

Wie kommen die Männer, die sich — aus Gründen, die noch zu besprechen sind — als die Denkenden der Geschichte geben, mit dem zurecht, was außerhalb ihres Einflußbereiches liegt? Da alle Männergewalt schon von daher ihre Grenze hat, muß es doch eine Lösung geben, um trotz alledem als Mann bestehen zu können. Ich schaue mir diese Lösungsversuche an. Karl Stern:

»Alle Anschauungen über die Rolle der Geschlechter folgen im wesentlichen einer von zwei möglichen Perspektiven: entweder nimmt man eine fundamentale Dualität an, die bei aller kulturellen Verschiedenheit gleich bleibt, oder man betrachtet eine solche Dualität als Mythos und die kulturelle Verschiedenheit als einzig nachweisbaren Sachverhalt.«[3]

Man nimmt an, man betrachtet. Und was ist im einzelnen dabei herausgekommen? Wenn man beispielsweise die Geschlechtsorgane und die Geschlechtszellen untersucht, so zeigen diese »eine Polarität und Komplementarität in Morphologie und Funktion. Im Akt der geschlechtlichen Vereinigung ist das männliche Organ konvex, vordringend, das weibliche konkav und empfangend. Das Spermatozoon hat Torpedoform, greift an, das Ei ist eine Kugel, die sich dem Eindringen bereithält.«[4]

Wer bereits die sogenannten natürlichen Anlagen so beschreibt, weiß genau, was er vorhat. Hier das vordringende Organ, das empfangende dort. Der Torpedo hier, und da die Kugel. Da fällt die Folgerung sehr leicht:

»Daß diese Polarität und Komplementarität nicht auf das Physische beschränkt sei, sondern auch im Charakter von Mann und Frau wiedererscheine, ist eine Ansicht, die so alt ist wie die Geschichte der Menschen.«[5]

Wirklich, das ist eine Ansicht und herrschende Meinung, die die

Tradition der Menschheitsgeschichte für sich hat. Aber wenn davon ausgegangen werden darf, daß die Menschheitsgeschichte im wesentlichen eine Mannheitsgeschichte darstellt, bedeutet dieser Traditionsbeweis nichts. Er beweist genau das, was er beweisen muß. Man dreht seine Argumentation im Kreis.

Dasselbe gilt für die vielfältigen weiteren Traditionsstücke, die man anzubieten hat. Wenn die verschiedensten, durch Raum und Zeit voneinander getrennten Religionen und Philosophien immer wieder auf dasselbe Grundmuster zurückkommen, dann beweist dies zunächst nicht viel mehr als die Tatsache, daß männliches Denkvermögen sich gleich bleibt.

Den Grund für diese Gleichheit anzugeben, ist ungleich schwieriger. Ich meine, erst heute habe sich ein Einschnitt in dieses Denken gezeigt. Und der ist historisch einmalig. Mitten unter uns bahnt sich der entscheidende Umschwung an. Walter Hollstein beschreibt dies in einem Bild:

»Unlängst hatte ich folgenden Traum: Im 24. Jahrhundert unserer Zeitrechnung war ich zu einem Kongreß von Historikerinnen und Historikern im wiedergefundenen Atlantis eingeladen. Das Motto der Tagung lautete: Das zwanzigste Jahrhundert als Epoche der Neubestimmung der Geschlechterverhältnisse... Das Vortragsthema, das mir im Traum von diesem Kongreß gestellt war, hieß: Die Befreiung der Männer während des Übergangs zum neuen Jahrtausend.«[6]

Gewiß noch eine Utopie. Doch steht meiner Meinung nach als historische Tatsache fest, daß mitten unter uns die entscheidende Zäsur passiert. Daß sie eingeleitet werden konnte, ist ein historisches Verdienst des Feminismus, also der vielen Frauen, die sich daran gemacht haben, selbst umzudenken — und die Männer zum Umdenken zu zwingen.

Daß Feminismus freilich nicht alles ist, was geschehen muß, daß auch der Infantismus endlich seine geschichtliche Chance bekommen muß, merke ich schon hier an. Noch immer dreht sich die Diskussion zwischen Männern und Frauen um sich selbst. Zu Lasten der Kinder.

Vorerst zurück zu den Einseitigkeiten der bisherigen Tradition der Männer-Geschlechts-Metaphysik. Ihre Liste ist sehr lang. Kein Wunder unter diesen Umständen. »Begebnisse in Natur und Geschichte werden durch zwei Prinzipien interpretiert. Im Taoismus heißen sie Yin — das weibliche Prinzip, das ruhig, dunkel und empfangend ist — und Yang, das männliche, dem Aktivität, Helle und Schöpfertum eignet.«[7]

Auch wenn sich diese beiden Prinzipien schließlich in einem höheren Prinzip der Einheit, dem Tao, unterbringen lassen, so weisen sie für sich genommen doch die herkömmlichen Stereotype des Geschlechtlichen auf. Im übrigen ist immer Vorsicht geboten, wenn man Prinzipien vertritt. Hinter denen versteckt man nur zu gerne Vorurteile und Interessen.

Der Versuch, eine ähnliche Einheit auch in der Hauptreligion unserer Breiten, dem Christentum, nachzuweisen, ist allerdings schon viel früher zum Scheitern verurteilt.

Niemand kann sich auf die Bibel berufen, wenn er die gegenwärtigen Neuansätze in der Bestimmung von Frau und Mann abzusichern sucht. Ich kann es drehen und wenden, wie ich will: Die Heilige Schrift ist und bleibt von ihren ersten Zeilen an ein mannbestimmtes und von Männer-Denkern verfaßtes Buch, das aus einer manntypischen Geistigkeit stammt und verschiedene von Männern gestaltete Gesellschaftsformen zum Hintergrund hat.

Schalom Ben-Chorin über diesen Hintergrund und seine Aktualität: »Das Judentum ist, seinem Ursprung nach, ein sakraler Männerbund. Das geht schon daraus hervor, daß die Beschneidung als Bundeszeichen gilt, wofür es bei neugeborenen Mädchen kein Äquivalent gibt. Und es braucht zehn Männer für eine Betergemeinschaft — Frauen zählen dabei nicht. Der orthodoxe Jude dankt also Gott täglich dafür, daß er ihn nicht zur Frau gemacht hat.«[8]

Die Bibel ist ein Primärtext des Patriarchats.

Um so interessanter ist es, die ersten Kapitel des Alten Testaments als das berühmteste Beispiel für diesen Sachverhalt zur

Hand zu nehmen. Wir besitzen kein anderes frühes Dokument, das Werden und Sein einer bestimmten — patriarchalen — Tradition und ihrer Schichten so gut erhalten hat wie die Bibel. Und da die Bibel das meistverkaufte Buch der Welt ist, denke ich, lassen sich Zitate auch am leichtesten auffinden und nachlesen.

Biblischer Rat

Vielleicht wundern sich dennoch manche, hier eine theologische Debatte zu finden. Doch noch immer findet sich unter uns eine immense Tradition des Christenglaubens. Nicht nur ihre dunkle Seite, für die — in Sachen Männerangst — die Hexenverfolgungen genannt seien, ist wirksam geblieben. Die intensiv religiöse Tradition, die in unserem Kulturkreis noch immer die Menschen in ihrem Bann hält, sitzt tiefer »in den Seelen« als erwartet (oder erhofft). Manchmal hat es sogar den Anschein, als erwache mitten unter uns eben jene »Sinnfrage« wieder, die ihren religiösen Hintergrund hat — und die durchaus noch nicht (wie vorhergesagt) überwunden ist. Eine Gesellschaft, deren Lebensgefühl von Konsum und Technologie zunehmend verwüstet wird, ist bereit, ihre Konflikte ins sogenannte Psychische und Private abzuschieben und sich dabei auf die Suche nach neuer Sinnpraxis schicken zu lassen. Doch der Sack der Ängste, in den sie sich eingenäht hat, geht davon nicht auf.

Daß die Frage nach dem Sinn des Lebens vor allem eine Frage nach der gewünschten Sicherheit für das Männer-Leben ist, bleibt meine Überzeugung. Aber alle Anthropologien tun so, als stimme dies nicht, und flüchten sich früher oder später in eine Art Metaphysik. Das Problem Mann-Frau ist davon nicht ausgenommen.

Religion ist nicht untätig geblieben. Sie hat Meinung, Überzeugung, Glauben organisiert. Beeinflussungen, Verschränkungen, Wechselwirkungen zwischen religiösen Vorstellungen und sozialen Erfahrungen sind die Regel. Glaubensfachmänner haben schließlich die Bedeutungen, die sie alldem zulegen wollten, verbindlich vereinbart.

Es ist in diesem Zusammenhang nicht uninteressant, daran zu erinnern, daß der Begriff »Patriarchat« einen religiösen Hintergrund hat. Die sich etablierende christliche Kirche hat offenbar das größte Interesse an Begriff und Inhalt gehabt. Das Wort stammt aus einer spätgriechischen Übersetzung des Alten Testaments. Patriarch ist eine frühe (und zum Teil bis heute gültige) Amtsbezeichnung des Bischofs. Den negativen Anstrich der Vokabel besorgt erst das 19. Jahrhundert, in Johann Jakob Bachofens »Mutterrecht«. Daß Patriarchat noch immer nur halbrichtig mit Männer- statt mit Väter-Herrschaft übersetzt und gleichgesetzt wird, ist eine andere Sache.

Jedenfalls hat sich genug religiöse Gewalt angesammelt. Eine solche Konzentration in der Psyche der Menschen zu unterschätzen, ist ein Fehler. Der geringste Versuch, diese Fixierungen zu lockern, schmerzt besonders. Daß es Männer gibt, die von sich sagen, sie seien »religiös geworden aus Furcht, ein Unmensch zu werden«[9], kann ich verständlich machen, indem ich statt Unmensch Un-Mann setze.

Ich will an dieser Stelle nicht die Käuflichkeit der Schriftauslegung gegen ihre Profiteure thematisieren. Ich sage auch nicht, daß die Auslegung der Bibel eine der jeweiligen Gegenwart entsprechende Verfälschung darstellt. Aber ich weise auf Möglichkeiten hin, die mit unserer Frage zu tun haben.

Das erste Kapitel der Bibel sagt, Gott habe den Menschen nach seinem Bild geschaffen, und zwar als Mann und Frau (1 Mose 1, 27). Erst im zweiten Kapitel wird die berüchtigte Erzählung aufgenommen, nach der Eva aus einer Rippe »des Menschen« genommen worden sei (1 Mose 2, 22).

Daraus ist geschlossen worden, daß die Gottheit selber androgyn (mannfraulich) und »die in der Polarität waltende Einheit Ausdruck für die Fülle des Seins«[10] sei. Diese Interpretation ist gesucht falsch. Zum einen übersieht sie, daß die beiden ersten

Kapitel von verschiedenen Schriftstellern stammen und unterschiedliche Intentionen vertreten. Zum anderen nimmt sie nicht zur Kenntnis, daß hinter beiden Strängen der biblischen Überlieferung die eine soziale Herrschaftsform steht, die, auch wenn sie nuanciert gewesen sein mag, stets bestimmend blieb: das Patriarchat.

Immer wenn das Patriarchat von Auserwählung spricht, von auserwähltem Volk etwa, meint es zugleich verheißenes Land. Das ist nicht nur historisch in allen Fällen (Beispiele: Israel, Japan) auszumachen. Das ist eine notwendige theoretische und praktische Folge. Verheißenes Land ist im übrigen immer gleich verheißene, zum Nehmen angebotene Frau. Damit nur kein Zweifel an der gottgewollten Rangordnung bleibt, formuliert Paulus seine Sicht von der Schöpfung:

»Der Mann muß seinen Kopf nicht bedecken, denn er ist Abbild und Abglanz Gottes. Doch die Frau ist der Abglanz des Mannes. Denn der Mann stammt nicht von der Frau, sondern sie von ihm. Und er ist nicht ihretwegen erschaffen worden, sondern umgekehrt« (1 Kor 11, 7-8).

Von den verschiedenen Versuchen, die anstößigsten Texte der Bibel neu zu deuten, halte ich nicht viel. Sie retten, was nicht mehr zu retten ist. Dabei löst sich das Problem relativ leicht. Es ist nur das Eine, Notwendige zu tun. Endlich und endgültig muß — mit allen Konsequenzen — zugegeben werden, daß die Heilige Schrift eben nicht ein zeitlos gültiges Dokument ist, sondern ein zeit- und gesellschaftsbedingtes. Als ein solches darf sie jedoch nicht beliebig interpretiert werden. Sie ist als patriarchales Wortgefüge ernstzunehmen — und wörtlich.

Nicht ein Gott hat da die Feder geführt, sondern patriarchal bestimmte Autoren haben sich den zu ihren Gesellschaften passenden Gott und dessen Gesetze (Gebote, Taten) zusammengeschrieben. Diese Auffassung bestreitet nicht, daß (auch) in der Bibel allgemeine Lebens-Erfahrungen von Menschen berichtet sind. Doch weiß sie, daß diese keinerlei Anspruch auf Ausschließlichkeit haben.

Allgemein gültige Aussagen über »die« Menschen, über Mann und Frau, sind der Bibel nicht zu entnehmen. Was die Bibel enthält, sind Aussagen von Männern, die bestimmte Erfahrungen mit sich und mit den Frauen gemacht haben. Daß eben diese Erfahrungen sich in so zitatfähigen Texten wie dem von der Schöpfung Adams und Evas und dem vom Sündenfall besonders komprimiert haben, leuchtet ein. Die Frau, vom Mann genommen und von diesem als Gehilfin eingeordnet, die Frau, vom Mann als (am Boden kriechende, im Unten festgehaltene) Schlange und als Versucherin von Anbeginn gedeutet, das ist das gewohnt patriarchale Bild. Nur hat es jetzt einen religiösen Rahmen. Der macht es noch gewaltig schöner. Oder auch nicht. Die männliche Ursünde, von einer Frau geboren zu sein und das noch »unten«, ist in der Schöpfung des Mannes durch einen Vater-Gott aufgehoben. Eva bleibt nach-geschaffen, und das heißt nichts anderes als nachgeordnet. Natur ist vom Interesse des Mannes unter-tan zu machen, und Frauen sind demselben Interesse bleibend unter-worfen. Jetzt sind sie, die Gebärerinnen, da, wo sie hingehören. Unten.

Daß es eine besondere Interpretation des Apfels gibt, den Eva ihrem Adam zur Versuchung und zum Fall werden ließ, sage ich nebenbei: Der Apfel war vielleicht eine Pomeranze (wie im Herkules-Mythos bei den Hesperiden). Und aus Pomeranzenschalen konnte Hesperidin gewonnen werden, ein Verhütungsmittel. Verhütung des Patriarchats durch Verhütung des Nachwuchses für Patriarchen wäre freilich das letzte gewesen, was Patriarchen sich hätten von Frauen bieten lassen. Diese Entwicklung zu verhüten mußte dem Gott der Patriarchen selbst wichtigstes Anliegen sein.

Schon auf den ersten Seiten der Bibel hat sich die Männerwelt ihr Recht und ihre Ordnung geschaffen. Ihre sogenannte Schöpfungsgeschichte bezeugt keine Schöpfung durch einen Gott, sondern die Erschaffung eines Gottes selbst.

Das festzustellen, sehe ich nicht als irgendeine Art Beschimpfung von Religionsgesellschaften an. Im Gegenteil, gerade diesen kann nur daran gelegen sein, mehr und mehr die historische Wahrheit über sich selbst zu erfahren. Daß Wahrheit freilich keine Lust, sondern Schmerz bedeutet, wird denen nicht immer klar sein, die ihre eigene Doktrin schon deswegen für wahr halten, weil sie Hoffnung (auf ein Jenseits) und Seligkeit verbreitet. Wer in aller Welt kann behaupten, wahre Urteile machten mehr Vergnügen als falsche? Wer nimmt ungestraft seine angenehmen Gefühle beim Fällen eines Urteils für Beweise für dessen Wahrheit?

Im übrigen sagt ein alter Grieche, der es am eigenen Leib verspüren mußte, was es heißt, Religionen anzufechten: Nicht der ist gottlos, der mit den Vorstellungen der Menge von den Göttern aufräumt, sondern der, welcher den Göttern die Vorstellungen der Menge anhängt.

Solange das Christentum davon ausgehen konnte, daß diese Art Schöpfung nicht durchschaut wurde, hatten seine Väter leichtes Spiel. Sie konnten sich gegen alle Bestreitungen auf das Gotteswort berufen, das so klare Grenzen zwischen oben und unten, zwischen Mann und Frau gezogen hatte. Wirkliche Schwierigkeiten hat diese Art Religion erst seit dem Moment, als die Umstände durchschaut worden sind, die ihre früheste und wichtigste Urkunde bestimmt haben.

Ich stelle fest, daß die biblische Schöpfungsgeschichte aus der Angst der Männer vor den Frauen heraus gestaltet worden ist. Nicht nur die Nach-Schöpfung der Frau und deren Einordnung unterhalb des Mannes sprechen für diese Annahme, sondern — noch tiefer — die Gestaltung des biblischen Gottes nach dem Bilde des Menschen, und das heißt: des Mannes.

Da macht im übrigen auch das sogenannte Neue Testament keine Ausnahme. Auch sein Gott spricht und handelt genau so, wie es sich seine Schöpfer ausgedacht haben. In nichts unterscheidet er sich von seinen vielen Vätern. Alle gewohnten Herrschaftsstrukturen finden sich wieder, und der Gott, den die neutestamentlichen Autoren (Autorinnen gibt es keine) schildern, hat seit Jahwes Tagen nicht viel hinzugelernt.

Die Angst der Männer, die sich einen solchen Gott erdacht haben, verhüllt sich sowohl in Liebe als auch in Gewalt. Wieder zeigt sich die uralte Gleichung von Liebe und Krieg. Auf der einen Seite die Land- und Beutenahmen des auserwählten Volkes, auf der anderen der nicht immer dezente Hinweis auf Gottes Liebe, der für die Seinen sorgt, indem er sie militärisch oder weltanschaulich siegen läßt.

Ein Männer-Gott muß notwendig ein Kriegsgott sein. Daß die religiöse Variante des Kriegstreiber- und Kriegsgewinnlertums kaum untersucht ist, spricht für die Verhüllungsstrategien einer Männergesellschaft, die sich (noch) eine eigene Religion leistet. Die phallokratischen Phantasien der Gottes-Väter sind auf jenen allmächtigen Gott abgelenkt, von dem Sicherheit gegen die Angst (und damit gegen die Frau) kommen soll. Dieser Vater-Gott hat seine Durchsetzungskraft bereits im Fall der Mutterkulte bewiesen, gegen die sich Jahwe eifersüchtig wendet. Also wird es ihm — und denen, die von ihm profitieren, — auch glücken, sich gegen die Mütter ihrer eigenen vier Wände zu behaupten.

Gott muß allmächtig sein, um jede Angst zu besiegen. Und er muß die Liebe sein, um solche Gewalt auf Dauer ertragen zu können. Ja, seine Liebe muß Gegenliebe provozieren, die gehorsame Gegenliebe seiner Kinder. Genau so verhält er sich denn auch: An keiner Stelle (ich habe sie untersucht) verzeiht er denen, die er für schuldig hält, wenn sie sich bis zuletzt weigern, seine verlorenen Söhne zu spielen und zum Vaterhaus zurückzukriechen.

Ich kann mir gut vorstellen, daß Frauen Schwierigkeiten mit sowas haben. Eine Liebe, die auf Reue setzt und auf Gehorsam, ist eben doch nur eine zugeschnittene. Streng, aber gerecht, ist die männliche Devise. Und Liebe gibt es nur gegen Leistung von Gehorsam. Ungehorsame Kinder, die nicht von ihrer Sünde lassen, werden nicht erlöst. Auf sie wartet die Hölle.

Auch Jesus, den gegen die Kirche auszuspielen Mode ist, den gegen seinen Vater im Himmel zu halten jedoch nicht, weicht in den bereinigten Fassungen der Evangelien (die mit ihm wenig zu tun haben) nicht ab: »Ich will euch sagen, wen ihr fürchten müßt. Fürchtet den, der die Gewalt hat. Der nicht nur töten kann, sondern auch in die Hölle wegwerfen. Ja, den müßt ihr fürchten« (Lk 12, 5).

Es ist nicht fair gegenüber den Millionen von Opfern, die vor uns, unter uns (und nach uns?) mit der Angst vor der ewigen Hölle geschreckt worden sind und werden, die Vorstellungen von der Hölle als veraltet abzutun. Wer auch nur einmal erlebt hat, wie eingepredigte Sündenangst einen Menschen zugrunderichten kann, wird vorsichtiger urteilen. Denn: »Ein eifersüchtiger Gott bin ich, der Herr, dein Gott, der da die Schuld der Väter heimsucht an den Kindern, Enkeln und Urenkeln derer, die mich hassen, doch Huld erweist den Tausenden von denen, die mich lieben und meine Gebote halten.« (2 Mose 20, 5-6)

Die Hölle aus dem christlichen Glauben hinauszudiskutieren, wie es neuere TheologInnen lieben, um zu retten, was noch zu retten ist, hilft nichts. Der Gott, der sich eine Hölle leistet oder nicht, leistet sich auch sonst alles, was seinen Ursprung in einer Kriegergesellschaft beweist. Ein biblischer Autor bringt die wahren Zustände auf den Punkt: »Harrt aus in der harten Zucht! Als Söhnen begegnet euch Gott! Wo ist der Vater, der seinen Sohn nicht in die Zucht nähme? Bliebt ihr ohne Strafe, wie sie doch alle kosten müssen, so wärt ihr unechte Kinder, keine Söhne. Und wenn wir unsere irdischen Väter zu strengen Erziehern hatten, sollen wir uns da nicht gehorsam unterordnen dem Vater unserer Seelen? Um das Leben zu gewinnen?« (Heb 12, 7-9)

Das patriarchale Strafbedürfnis kommt in solch anankastischen Texten zu sich selbst. Es ist nicht leicht nachzuweisen, daß der Christengott sich wesentlich vom griechischen Zeus, vom römischen Jupiter oder dem germanischen Wotan unterscheidet. Alle miteinander sind die Götter unserer Tradition: Herrscher-Bilder, Gewalt-Väter.

Theoretischer Mehrbesitz

Aber warum sind sie es? Weil ihre eigenen Schöpfer kein anderes Mittel gegen die Angst vor den Frauen gekannt haben. Dieser Urangst gehe ich nach. Sie und ihre Ableitungen sind Invariabeln aller Mannes-Kulturen. Das besagt unter anderem, daß es falsch wäre, Angst nur als eine Art Projektion oder als triebhaftes Moment zu sehen. Angst, vor allem männliche Vergeltungsangst, hat sich in konkreten geschichtlichen Vorgängen realisiert, die genau zu rekonstruieren freilich sehr schwierig sein dürfte. Die Patriarchen haben, neuerdings unter dem Vorwand der Objektivität, die Quellen peinlich gelöscht.

Aber solche Wendungen hin zum Patriarchat haben sich in der Tat ereignet. Es hat wahrscheinlich eine Vielzahl von Versuchen gegeben, das Patriarchat gesellschaftlich durchzusetzen. Nicht alle waren erfolgreich. Die Wendungen wurden erkämpft gegen den Widerstand der Betroffenen; sie ergaben sich nicht von selbst. Sie sind Ergebnisse eines geschichtlich effizienten Herrenwillens. Dieser fand sich nicht etwa zufällig bei den Männern; auch er war das Resultat historischer Durchsetzungsstrategien. Wo eine Menschengruppe kämpfen und eine andere als Beute nehmen muß, bleibt das nicht ohne strukturelle und innerpsychische Konsequenzen für beide Gruppen.

Noch sind die Differenzen nicht ausgeräumt: Frauen werden nach »Macht« befragt und äußern schon gegen den Begriff überwiegend negative Gefühle; die befragten Männer nicht. Auch Frauen üben (berufliche) Macht aus, aber sie verbinden mit den eigenen Machttaten negative Empfindungen wie Schuld, Wut, Scham. Männer fühlen sich dagegen, wenn sie Macht haben, zufrieden und stark.

Wer andere unterwirft und domestiziert, muß mit solchen Folgen rechnen: Mit den sich bei den Unterwerfern verhärtenden Charakteren (Macht will Dauer) wie mit den bei den Unterworfenen nicht auszugleichenden Wünschen nach Rache in Form von neuerlicher Wendung (weg vom Patriarchat).

Da Macht sich nicht selbst aufgeben kann, läßt sie sich dazu zwingen, sich immer neu zu reproduzieren. Sie nimmt dabei zum Vorwand, ständig von der Rache derer bedroht zu sein, die sie sich unterworfen hat. Auf diese Weise haben die Täter die Schuld dauerhaft ihren Opfern zugeteilt. Macht ist ein relationaler Begriff. Macht steht immer in Beziehung zu einem Oben und einem Unten. An sich steht sie nicht.

Wenn ich die frühe Sequenz bestimmen soll, die den Sieg patriarchaler Denk- und Aktionsformen angibt, bleibe ich auf Vermutungen angewiesen. Einen Anspruch auf historische Wahrheit habe ich nicht. Andere InterpretInnen aber auch nicht, selbst wenn sie sich hin und wieder den Anschein geben. Wo niemand etwas Genaues weiß oder wissen kann, darf sich alles eine Theorie halten. Ich nenne meine Theorie, die sich auf frühmenschliche Psychen und deren gesellschaftliche Verfaßtheiten einläßt, die vom Mehrbesitz. Sie ist gewagt unorthodox und zwingt die wissenschaftliche Isolation herbei. Um so offener ist sie für Verbesserungen.

Mir erscheint die Frage als solche hilfreich, welches Wollen die Entwicklung bestimmt haben könnte. Meine drei Phasenschritte:

1) Daß die Verschiedenheit schaffenden sozialen Differenzierungen zwischen Mann und Frau nichts Natürliches sind, nehme ich als Diskussions-Vorgabe. Doch auch wer der Ansicht ist, als einzige Tatsache im Verhältnis zwischen Mann und Frau habe die anatomische Verschiedenheit zu gelten, bekommt Schwierigkeiten. Zumindest sollte er/sie fragen, warum es die anatomische Differenz gibt. Diese Frage, die nichts als gegeben hinnimmt, berührt ein Haupt-Problem. Was ist zuerst gewesen, die Anatomie oder die gesellschaftliche Notwendigkeit?

Das Dasein in der sichtbaren Welt schließt den Besitz eines Körpers ein, doch muß dieser Körper nicht notwendig diese oder jene Bauart aufweisen. Selbst die Notwendigkeit alles Sterblichen, sich fortzupflanzen, um — über den Tod des Individuums hinaus — die Gattung zu erhalten, muß nicht von vornherein eine Trennung der Geschlechter zur Folge haben. Die Natur kennt und praktiziert auch andere Möglichkeiten.

Wie und warum es zur Ausbildung anatomischer Unterschiede zwischen Gleichen gekommen ist? Ich nehme an, daß der Unterschied in den Körpern der Menschen nicht einfach da war, sondern daß sich zuerst ein Oben gegen ein Unten definieren und durchsetzen konnte. Seither sind die Menschen, deren Gleichsein sich auch dadurch hätte beweisen können, daß alle Menschen gleich reproduktiv bleiben, in Mann- und in Fraumenschen zerfallen oder besser: zerlegt worden.

Nach meiner Erfahrung sind die Vokabeln Mann- und Fraumensch (heute noch) ein Lächeln wert. Ich benutze sie bewußt, weil in ihnen Verdrängtes aufgehoben erscheint. Sie zeigen auf den ersten politischen Blick, was sich hinter dem generalisierenden Begriff Mensch versteckt, und sie nehmen — als wissenschaftliche Termini — erstmals das Geschlecht (und nicht nur die Schicht oder die Klasse) als prägende Sozialform wie als Kategorie des Sprechens auf.

Geschlecht? Ich will es anderen überlassen, sich in den üblichen Phallus-Symbol-Spielereien zu verlieren. Aber: Daß die sogenannten Geschlechtsorgane der Menschen nun mal so geworden sind, wie sie heute sind, muß seinen Grund haben. Ich könnte mir, auf mannmenschlicher Seite, auch ein anderes Geschlechtsorgan denken, das weniger symbolische Interpretationen zuließe. Aber es ist anders geworden. Mußte es vielleicht? Ich vollziehe beispielsweise nach: Hier der Stab, dort die Öffnung. Die Penetration des Unten vom Oben her ist ein Machtmittel und ein Machtzeichen. Macht aber ist, wie gesagt, immer ein relationaler Begriff. Man zeigt sie nicht nur interesselos und zweckfrei vor. Man beweist sie sich und anderen. Für sich und gegen andere.

Auch wenn es spekulativ klingt und manche Naturwissenschaftler sich an den alten — und molekulargenetisch (bis auf weiteres) überholten — Lamarck erinnern: Die Entwicklung der Menschen hätte damit die — bei den Tieren entwickelten —

Instrumente körperlich nachformuliert, die ihre jeweiligen BedienerInnen brauchten. Die einen wollten Macht, den anderen reichte Leben.

Mehr und mehr bilden sich nicht nur individuelle, sondern auch gesellschaftliche Strukturen aus. Strukturen einer Gesellschaft (und eines Teils ihrer Individuen), auf die wir heute die Begriffe Wille zur Unter- und Überordnung, zur Allmacht (der Ohnmacht der anderen korrespondiert), zur Unterdrückung fremden Lebens anwenden können. Je unverstellter, unmittelbarer und offener sich diese Strukturen gebärden können, desto unverhohlener wird die Gewalt in Erscheinung treten und schließlich zu einem Phänomen des Alltags werden. Ich nenne ihre Basis »Herrenwillen«, um schon am Begriff zeigen zu können, daß es sich bei den Gewalttätern nur um Herren handelt.

Auf der einen Seite standen die Menschen, die nichts mit Gewalt im Sinn hatten, die Fraumenschen, die ganz einfach Brust und Schoß brauchten, um den Nachwuchs der Gattung zu sichern. Auf der anderen die Menschen, die Macht über das Leben (die Natur) ausüben wollten, die Mannmenschen. Sie hätten eigentlich verschiedene Möglichkeiten gehabt, ein Geschlechtsorgan auszubilden. Aber die Rüden wollten partout ein penetrantes.

Also: Nicht diejenigen, die schon einen Penis haben, siegen über die anderen, die keinen besitzen. Sondern diejenigen, die Ober-Menschen werden wollen und es auch werden, bilden — über Jahrtausende hin — einen Penis aus, um unterwerfen zu können.

Nicht nur die Funktion schafft sich ihr Organ. Vor allem ist es der Herrenwille, der sich seine Körper baut. Den Unterworfenen aber bleiben Resterinnerungen: Die Menschen sind spezifiziert und klassifiziert. Die einen Körper haben einen richtigen Stab, die anderen nur dessen versteckten Rest (Frauen) oder dessen machtlose Kleinausgabe (Jungen).

2) Die Mannmenschen sind freilich nicht ganz froh geworden,

als sie ihren Herrenwillen auch körperlich sichtbar durchsetzen konnten. Ihr Penis, von dem sie anfangs gar nicht wußten, daß er beim Zeugen mithalf, taugte nicht sonderlich viel. Nicht immer jagte er Angst ein, nicht immer war er wie eine aufgerichtete Keule anzusehen.

Offensichtlich hatten die Fraumenschen die bessere Wahl getroffen. Sie lebten generellere Körpererfahrungen als die Mannmenschen aus. Sie verfügten nämlich über mehr: Neben Kopf und Hand hatten sie auch einen Schoß (beweisbar: Sitz der Mutterschaft) und Brüste, welche die Kinder von Anfang an nähren konnten. Dieser Mehrbesitz ließ es außerdem zu, daß Frauen und Mütter ein reiches Erfahrungswissen über die Produktivkräfte des eigenen Körpers gewannen — und über die Möglichkeiten, Reproduktion auch zu verhüten.

Die Mannmenschen, die eben noch so stolz auf ihren Stab-Körper sein wollten und in diesem ihren Mehr-Besitz sahen und das Medium der Macht, erfahren sich gegenüber den Fraumenschen als zurückgeblieben. Muttersein enthält ein entscheidendes Mehr gegenüber dem Vater(Mann)-Sein. Zum einen bringt es Harmonie mit der Natur und dem Leben (statt mannmenschlichen Kampfs gegen diese), zum andern trägt es produktive Stärke in sich — und wirkliche Sicherheit. Die Mutter reproduziert, wenn sie will, neue Menschen, auch Mannmenschen, und Mutterschaft steht immer zweifelsfrei fest.

Dieser nicht zu bestreitende Mehrbesitz, der den — auch anatomisch wieder privilegierten — Fraumenschen Exklusivität sichert, weil er (bis in unsere Tage) durch nichts zu ersetzen war, hat unter den Mannmenschen die nackte Angst ausbrechen lassen. Jetzt haben sie einen Penis, und nicht einmal das ist genug. Wo bleibt da ihr Herrenwille? Die Frauen, die sie sich unterwerfen, bleiben auf ihre Weise die Siegerinnen, und sie sind wieder die Dummen.

Die Mannmenschen als Mängelwesen, und ihr Bedürfnis nach Kompensation. Da nützen auch die Beschwörungen eines sogenannten Penis-Neids nichts, den Männer den Frauen aufgeschwatzt haben, um vom Uterus-Neid der eigenen Gruppe abzulenken.

3) Um ihrer ganz originären Lückenangst wirksam begegnen zu können, nehmen die Mannmenschen das Instrument zu Hilfe, das ihnen von ihrem Anfang an einen Vorsprung garantieren kann: Sie definieren um. Sie erfinden andere Gesellschafts-Werte. Sie interpretieren den Besitz- und Leistungsvorsprung der Fraumenschen zunehmend als Nachteil, d.h. als Besitz von Minderem. Aus dieser Perversion gewinnen sie herrschaftlichen Profit. Diese Art Produktivität macht sie, dem Anschein nach, unabhängig von der weiblichen. Diese Unabhängigkeit verleiht ihrer Angst den Schein von Sicherheit durch Herrschaft.

Ob und inwieweit das mannmenschliche Bedürfnis nach Kompensation auch die typische Technologie der Männerwelt (und die darin versteckte Sucht, anders und besser als die Fraumenschen produktiv sein zu können) hervorgetrieben hat, ist ein anderes (sekundäres) Problem. Viele historische Details mannmenschlicher Kultur sprechen für diese Annahme: Männer wollen Schöpfer werden und damit — sich, ihrem Gott und ihren Frauen — ihre Produktionspotenz beweisen. Aber bevor sie auf diese Weise tätig werden konnten, mußte ihr Herrenwille sie sich umdefinieren.

An der Mehrbesitz-Theorie halte ich fest. Sie ist meiner Meinung nach auch dann nur mit Schwierigkeiten zu falsifizieren, wenn die sie einleitende Theorie von der Bildung der Geschlechtsorgane (nach Herren- oder Lebenswillen) sich nicht halten läßt.

Indem Mannmenschen den eigenen Kopf (und, abgeschwächt, die Hand) verstärkt gegen den fremden Schoß und die fremde Brust ausspielen und ihn schließlich — als definitiven Akt der Natur- und Lebensbeherrschung — ganz über diese stellen, ziehen sie den entscheidenden sozialen Vorteil auf ihre Seite. Jetzt ist das Patriarchat in seinen Hauptintentionen festgelegt. Diese neuerliche Unterwerfungstat, wenn man so will: der zweite Teil eines Urputsches, bedeutet den spezifischen Leistungserfolg des Mannmenschen. Prozeß und Resultat dieses Erfolgs sind historisch weit gedehnte Vorgänge.

Zwar ist Definitionsmacht ein zu gewaltiger Begriff für so frühe Ereignisse. Doch schon bevor es die Vokabel gab (avant la lettre), muß sich die Sache entwickelt haben. Vielleicht aus der Chance, die Mannmenschen sich griffen, indem sie quasi-offiziell zu sprechen und zu erzählen begannen: »Wer die Zauberkraft der Rede besaß, konnte Erfahrungen weitergeben, Mythen erfinden, die Zeit vertreiben. So einer wurde in Urzeiten Häuptling, Geisterbeschwörer oder Märchenerzähler und wird es noch heute unter den letzten frei lebenden Buschmännern in Südafrika.«[11]

Eine Fertigkeit läßt sich profitabel verwerten: Greise mit gutem Gedächtnis konnten ihr gehäuftes — und wohl schon selektiertes — Wissen auf die Jungen übertragen (Mädchen hörten zu und hatten nichts mehr zu sagen). Dadurch gewannen die Männer neues Ansehen. Ein Ansehen, das sie weder vorher besessen hatten noch nachher wieder besitzen würden, nachdem die Schrift erfunden war. Die Schrift ermöglichte es ja, Erzählungen unabhängig vom Erzähler weiterzugeben. Freilich ließen sich auch das Schreiben und das Lesen reservieren: Frauen waren über Jahrhunderte davon ausgeschlossen und auf ihre Zierkulturen beschränkt.

Während Frauen schweigen und säugen, reden Männer. Bis heute soll die Frau »in der Versammlung schweigen«, meint die Bibel, die auch hierin uraltes Erbe verwaltet. Männer haben immer etwas zu erzählen, meinen sie selbst, und mit der Zeit haben nur noch sie etwas zu sagen. Sie nutzen ihre Überlebensvorteile: Indem sie die Macht übernehmen, bestimmten Lauten Sinn zu verleihen und anderen Menschen, Tieren und Sachen ein bestimmtes Namensschild anzuheften, das künftig allgemein gelten soll, üben sie ihre Rolle ein. So werden zumindest die Durchsetzungsfähigsten unter ihnen zu Wertevätern.

Darin ruht, etymologisch betrachtet, Autorität (von »augere«): Wer wachsen lassen kann, wer zu mehren und zu vermehren versteht, der besitzt »auctoritas«. Die Römer-Patriarchen wußten dies genau; auch ihr erster Kaiser, der Beste der Besten, ein Vater des Vaterlandes, nannte sich Augustus, allzeit Mehrer des Reichs war er, sein Name glich einem »Code für den Wunsch der Männer nach Wiedergeburt«.[12]

Die autoritäre Kraft, Wörter zu bilden und diesen einen Sinn zuzulegen, hat die Verständigung revolutioniert und das mobilisiert, was Werteväter »Geist« (Logos) nennen. Daß Sinn-Worte vor allem dazu dienen konnten, die als überirdisch empfundenen Mächte des Himmels und der Erde zu beschwören, zu gängeln oder zumindest gnädig zu stimmen, leuchtet ein.

Schon der Neandertaler soll eine Vorstellung vom Weiterleben nach dem Tod gehabt haben. Er kennt die älteste religiöse Zeremonie, die überliefert ist, das Begräbnis. Konnte er wissen, ob die Toten nicht fortlebten, sei es an einem unbekannten Ort und/oder als Geister, die seinen Weg begleiteten?

Jede Erklärung war auch in diesem Männer-Fall besser als gar keine. Alles um sich herum sah er lebendig, alles, was ihm begegnete, war entweder freundlich oder feindlich, alles mußte »besprochen« werden. Wem es gelang, sich das entsprechende Deute-Amt zu sichern, der hatte Macht, Definitionsgewalt. Bis heute hat sich an diesem Mechanismus nicht viel geändert. Die professionellen Interpreten der Gegenwart nutzen andere Medien als früher, sie benötigen mehr Maschinen als damals, aber auf Sinn-Worte sind sie nach wie vor ebenso angewiesen wie auf den Glauben derer, an die (gegen die?) sie sich wenden.

Auch wenn die Natur inzwischen als entseelt und zur Ausbeutung freigegeben gilt, müssen die Werteväter, die sich über sie hermachen, Wortmacht besitzen. Durch Zauberkräfte auf den Lauf der Welt einwirken zu wollen, die Sprache der Natur so zu verstehen, daß sie aufs Wort gehorcht, das ist eines der tiefsten und ältesten Bedürfnisse derer, die sich als Menschen definieren. Daß es Jahrtausende gedauert hat, bis diese Wortmächtigkeit allein den Mannmenschen gehörte, ist bekannt. Patriarchen siegen nicht von heute auf morgen.

Ein Rest bleibt dennoch. Sah ein Maori auf Neuseeland eine Eidechse, glaubte er eine Unglücksbotin vor sich zu haben, ihm von einem Feind entgegengeschickt, um seinen Mut zu lähmen. Also fing er die Echse und schlug sie — und seine Angst — tot. Doch wenn er das schlimme Vorzeichen wirksam durchkreuzen wollte, mußte er eine Frau beischaffen, die über die tote Echse hinwegschritt. Dann erst war seine Angst magisch besiegt.

Wenn Frauen aber endlich nichts mehr sagen dürfen und schließlich ganz verstummen, können die Männer in ihren Diskursen den Minderbesitz der Frauen noch weiter ausschlachten. Sie tun es mit auffälliger Begeisterung. Die Zahl der einschlägigen Stellen ist Legion. Immer gehen sie davon aus, daß Mann zu sein keine Besonderheit darstellt, Frau zu sein aber eigens erklärt werden muß, und wie.

Die Frau ist »definitionsgemäß passiv, außer sie ist ein Ungeheuer«[13]. Das Angstwort werden wir noch oft hören. Ich nenne ein paar Beispiele für die Zurichtung der Hälfte der Menschheit zu Weibchen, die angemacht und genommen werden können. Und ich erinnere daran, daß gerade der Ausdruck Weibchen eine immense Angst in sich schließt. Weibchen gibt es bei den Tieren, und gerade da finden sich wieder weibliche Tiere, die den Männchen — ausgerechnet bei der Begattung — den Garaus machen. Die von Männern erfundene Weibchen-Theorie ist also höchst ambivalent. Zum einen drückt sie die Frauen zu den Tieren hinab, zum anderen argwöhnt sie, diese Unterdrückung mache die Unterdrücker nicht frei.

Pythagoras, der Männer-Mathematiker:

»Es gibt ein gutes Prinzip, das die Ordnung, das Licht und den Mann, und ein schlechtes Prinzip, das das Chaos, die Finsternis und die Frau geschaffen hat.«[14]

Von daher gesehen ist die biblische Schöpfungsgeschichte nochmals ziemlich eindeutig zu verstehen: Am Anfang war das Chaos, die Finsternis, und der Vatergott, den sich die Männer ausgedacht haben, schafft Ordnung, Licht, Männer. Aristoteles, nur einer unter vielen Männer-Philosophen, die bis heute als Philosophen des Menschen gefeiert werden, obgleich auch er nur der Ruhmredner einer Epoche gewesen ist, die aufs Ganze der Entwicklung gesehen, einen winzigen Platz einnimmt:

»Die Frau ist Frau durch das Fehlen gewisser Eigenschaften. Wir müssen das Wesen der Frauen als etwas betrachten, was an einer natürlichen Unvollkommenheit leidet.«[15]

Ich wundere mich nicht, daß der ähnlich gefeierte Platon sich bei seinen Göttern dafür bedankt, daß er erstens frei geboren und kein Sklave ist. Und zweitens, daß er als Mann und nicht als Frau geboren wurde. Wer hat aber solches während seines/ihres Philosophiestudiums gehört? Wer ähnliches über den Muster-Pädagogen Rousseau? Gegenwärtig scheint es profitabler zu sein, die männlichen Seiten der Geistesheroen bedeckt zu halten. Ich frage mich immer wieder, wieviele Platons, Kants und so fort die Zukunft noch bereithält — und wieviele unter ihnen keine reduzierten Männer mehr zu sein brauchen.

Dennoch gibt es ein ganz starkes Wir-Gefühl unter Männern. Die Bande hält zusammen, wenn es darum geht, sich mit den Äußerungen des Paulus, Pythagoras, Aristoteles, Platon und so fort zu identifizieren. Selbst der mickrigste Mannmensch wird stolz, wenn er hört, wie Menschen, mit denen er nur den Penis gemeinsam hat, Geist versprüht haben. Auf Kosten der Frauen. Thomas von Aquino, noch immer der päpstlich empfohlene Hauptlehrer der römischen Kirche, doziert, die Frau sei »ein verfehlter Mann«, ein eher »zufälliges Wesen«[16]. Immer wieder dasselbe — von Angst vor dem Mehrbesitz getriebene — Minderurteil über die Frau:

»Der Körper des Mannes hat Sinn durch sich selbst, auch wenn er von dem der Frau absieht, während dieser letztere keinen Sinn aufweist, sofern man nicht an den Körper des Mannes dabei denkt... Der Mann denkt sich ohne die Frau. Sie denkt sich nicht ohne den Mann.«[17]

Sofern man nicht denkt...

Immer wieder: Der sogenannte weibliche Charakter und das

89

Ideal der Weiblichkeit, nach dem er modelliert ist, sind ebenso Produkte des patriarchalen Herrenwillens, wie der Körper der Fraumenschen das Übungsgelände mannmenschlicher Definitionsgewalt darstellen muß. Immer dasselbe: Fraumenschen sind bloße Matrizen (schon die Bezeichnung verrät alles), also Abdrücke des (mannmenschlichen) Positivs der Herrschaft (Patrize).

Pervertierte Praxis

Ein einziges weiteres Beispiel: Die »Scham«-Sprache der Männer. Der Mehrbesitz und dessen Pendant, der Minderbesitz, mußten auch sprachlich (definitorisch) festgelegt werden. Daher mußten die sogenannten äußeren Geschlechtsteile der Frauen eine eng umschriebene Funktion im Patriarchat übernehmen. Der Schoß wird unter dem schamlosen Oberbegriff Scham nach unten gedrückt. So weiß die Frau und Mutter genau, was ihre Tugend (Tauglichkeit) ist und wo diese geortet werden kann. Hat eine Frau ihre Scham verloren, hat sie nichts mehr zu verbergen. Und die Männermedizin ist sich ihrer Definitionsgewalt sicher, wenn sie von Schamhügeln und von Schamlippen spricht.

Der spezifisch weiblichen Schamhaftigkeit, wie sie die Wertemänner sich zugerichtet haben, um ihre Angst vor diesem Unten nochmals zu unterdrücken, entspricht jene Auffassung von Schande und Ehrlosigkeit, die dieselben Männergruppen für alle Frauen reserviert haben. Jede Frau im Geltungsbereich des Patriarchats mußte schon früh lernen, daß ihre eigene Ehre nicht wie die der Männer an Kraft, Duell, Sieg gebunden ist, sondern ausschließlich an den genannten Schambereich.

Nur die Frau ist geschändet, wenn ihre Schamteile von einem Mann, der kein Besitzrecht an ihnen beanspruchen kann, mißbraucht worden sind. Ist eine Frau, verdinglicht wie die Genußmittel Alkohol und Nikotin, in diesem Sinn mißbraucht, gilt

sie als entehrt. Und nicht etwa ihr Schänder. In der patriarchalen Klassifikation kommt sie sogar noch unter einem Genußmittel wie dem Alkohol zu stehen, das selbst durch Mißbrauch
nicht an Wert in der Männergesellschaft verliert.

Diese Differenz in der verbreiteten Wertung erlaubt einen
Rückschluß auf Besitzverhältnisse. Alkohol, Nikotin und andere Drogen gibt es genug. Sie sind frei konvertierbar und gehören
jedem, der sie sich nehmen kann. Frauen gehören regelgemäß
einem einzigen Mann. Dem eigenen Vater oder demjenigen, der
mit ihrer Hilfe selbst zum Vater werden will.

Besitzansprüche werden dadurch angezeigt, daß frauliche Sexualität angstbelegt abgedrängt wird ins Blumige. Nur der Penis
oder seine Ersatzstücke können deflorieren. Und auch die noch
bis vor kurzem übliche Rede von der Jungfräulichkeit weist in
diese Richtung. Die anatomische Besonderheit des Jungfern-
häutchens paßt derart ins männliche System, daß sie als natürlich ausgegeben werden muß. An dieser Stelle, und nur hier, unterscheidet sich das behauptete aktive Prinzip »natürlicherweise« vom hinnehmenden.

Hat sich der anatomische Unterschied zwischen den an sich
gleichen Menschen nicht aus Definitionen entwickelt? Jedenfalls kommt dieser Unterschied der männlichen Logik wie geru-
fen. Nicht nur, daß der Mannmensch seine Mannheit sich selbst
und dem Substrat Frau durch aktive Penetration beweisen
kann, kommt ihm höchst gelegen. Auch die Tatsache, daß der
durch Penetration erzeugte Effekt in der Regel so schlüssig beweisbar ist, daß er jeden Rückschluß auf die Ehre des Besitzers,
d.h. auf die Jungfräulichkeit seiner Frau zuläßt.

Ich halte es nicht für hilfreich, wenn darauf hingewiesen wird,
daß sich das Problem der sogenannten Unberührtheit heute
nicht mehr so dringend stellt wie noch vor einigen Jahrzehnten.
Auf weiteste Landstriche hin hat das uralte Mannesprinzip, nur
eine jungfräuliche Braut zu penetrieren, noch im 20. Jahrhundert seine inhumane Geltung. Daß deutsche Frauen ihm selte-
ner unterliegen als bisher, entschuldigt die Verhältnisse in ande-

ren Teilen des Kontinents oder der Welt nicht.

Mannmenschen haben als Ventil für ihre Angst im übrigen nicht nur reale Frauen zu Jungfrauen umgestaltet, sondern sich auch bestimmte Maschinenwesen geschaffen, die das Jungfrauen-Ideal (das Angstfreiheit verheißt) stützen sollen. Diese künstlichen fresh girls erscheinen echter, wahrhafter, wirklicher, identischer als die realen Frauen. Die lebendigen Frauen sind — verglichen mit den Maschinen-Jungfrauen — eigentlich falsch, sagt die Männertheorie. Weder ihr Geist noch ihr Körper entsprechen dem Ideal des Mannes. Man möchte schließlich eine körperlich schöne und intellektuell verständnisvolle, aber nicht widersprechende Frau haben, wenn man sich schon auf derlei einläßt. Die Automatinnen erfüllen genau diesen Angst-Wunsch.

Ich fasse schon hier einmal zusammen, was mannmenschliche Angst dem fraumenschlichen Körper angetan hat. Die nicht zufällig eingetretene, sondern geplante Perversion mache ich wieder an einem der frühesten Texte des Patriarchats fest:

»Zur Frau sprach der Herr Gott: Vermehren will ich deine Schmerzen bei deiner Schwangerschaft. Unter Leid sollst du Kinder gebären, und doch geht deine Brunst hin auf deinen Mann, obgleich (oder: gerade weil) der über dich herrscht.« (1 Mose 3, 16)

Das charakteristisch-verräterische Wort aus dem Mund eines Herren-Gottes, der dazu herhalten muß, die Brunst dem Weibchen zuzuschreiben — und den Sachverhalt umzudrehen. Wer ist denn in Wirklichkeit brünstig? Und die Story mit dem »über die Frau herrschen« ist bei der Gelegenheit auch gleich — als sogenanntes Gotteswort — untergebracht und legitimiert. Ebenso die Geschichte mit dem Leid des Kinderkriegens. Wenn dieser Männer-Gott spricht, weiß Eva immer, woran sie ist.

Die inzwischen eingetretene, besser: die planvoll herbeigeführte Maschinisierung der Fortpflanzung zeigt der heutigen Eva genau dasselbe. Die weibliche Produktivität soll endlich den Frauen genommen werden, um in Männerköpfe und -hände überzugehen. Ich nenne nur die neuesten Stichworte: Gentechnik,

Vermehrungstechnologien, Leihmütter, Samenbanken. Kinder werden, wie Geburtsanzeigen anzeigen, nicht mehr vom lieben Gott geschenkt. Diese patriarchale Konstruktion ist einer besser funktionierenden gewichen: Kinder werden jetzt gemacht, geplant, produziert. »Von wegen Gott, da muß ich lachen, man muß die Sache selber machen.«

Die Patriarchen haben es geschafft, seit den Zeiten der Bibel eine fugenlose Tradition aufrechtzuerhalten. Der Vatikan, einer der letzten Hochsitze des Patriarchats, hat sich noch am 15. August 1988 über »Würde und Berufung der Frau« geäußert. Daß von Berufung gesprochen wird, zeigt an, daß man sich zu Gottes Sprachrohr macht. Und dabei, in bezug auf die Bibel, vom »grundlegenden Erbe der ganzen Menschheit«[18] spricht, alle Menschen aller Zeiten und Zonen damit ungefragt einbezieht und der eigenen Doktrin unterwirft. Insoweit man dabei ererbtes patriarchales Denken meint, hat man nicht einmal unrecht. Der Text, vom Papst selbst autorisiert und — in dieser Reihenfolge — an die »verehrten Mitbrüder (Bischöfe), geliebten Söhne und Töchter« gerichtet, nennt die Berufung der Frau schon im ersten Satz ein »ständiges Thema menschlicher und christlicher Reflexion«. Damit hat er recht. Mit dem winzigen Unterschied, daß es sich stets um eine männliche Reflexion gehandelt hat. Und auch die Lösung des Ganzen, die bereits im ersten Abschnitt offenbart wird, ist ausschließlich männlicher Logik entlehnt: »Die vom Geist des Evangeliums erleuchteten Frauen« sollen »tatkräftig dabei helfen«, daß die »Menschheit nicht in Verfall gerät«.

Dic Angst der Männer, durch den »tiefgreifenden Wandel der Menschheit« ihre Mannheit zu verlieren und ganz und gar zu verfallen. Die Angst, die Frauen-Gehilfinnen könnten es ablehnen, den Verfall der Mannheit aufzuhalten.

Daher werden die gleichberechtigten, aber andersartigen Frauen gedrillt, charakterlich gepanzert wie ihre Vorbilder. Daher ist ununterbrochen die Rede von ihren sogenannten — anatomischen und psychischen — Eigenheiten. Und das leuchtende

Vorbild bleibt die unnahbar selige jungfräuliche Gottesmutter Maria. Ohne die geht es nicht, denn Gottes Sohn ist nun einmal »von einer Frau geboren« (Gal 4, 4). Ärgerlich, aber doch noch auszugleichen, indem man aus der natürlichen Tatsache die gewohnten definitorischen Schlüsse zieht.

Gott hat, wenn er etwas Wesentliches zu sagen hatte, nur »zu den Vätern« (Heb 1, 1) gesprochen, damit freilich »alle Menschen Zugang haben zum Vater«. Er hat seinen Sohn gesandt, und jene eine Frau, die sich gehorsam dem Vaterwunsch öffnete, ist Mutter geworden. Ihr Gehorsam als Frau und Mutter gegen den Willen des Vaters ist das, »was das typisch Frauliche ist«. Daß sie sich mit dem — durchweg als übergehorsam gezeichneten — Sohn solidarisiert und nicht mit diesem gegen den Vater rebelliert, ist in patriarchaler Logik »Höhepunkt und Urbild der personalen Würde der Frau«.

So haben es alle Väter gern: Wer sich ihnen ausliefert, bekommt »die königliche Würde des Dienens« bescheinigt. Einer der durch Jahrtausende hindurch als verbindlich verteidigten Appelle des Patriarchats an sich selbst lautet:

4. Gebot
Du sollst dafür sorgen, daß die wahre Bestimmung der Frauen nicht in ihrer Selbstbestimmung liegt!

Wer nicht dienen, sondern eigenbestimmt sein oder werden will, der sündigt gegen Gottvaters Willen. Kein Wunder, daß der Papst sich auf den Apostel beruft, kein Wunder, daß er dabei einen abwertenden Satz verwendet:

»Eine Frau soll stillschweigend zuhören und sich ganz unterordnen. Ich gestatte es keiner Frau, zu lehren und sich über den Mann zu erheben. Zuerst wurde ja Adam erschaffen, danach Eva. Doch nicht Adam wurde verführt, sondern die Frau ließ sich verführen.

Aber ihre Rettung besteht in der Erfüllung ihrer Mutterpflichten,
wenn sie sie sorgsam in Glauben, Liebe und Gehorsam versieht.«
(1 Tim 2, 11-15)

Wehe aber der Frau, die — wie Eva — ungehorsam ist: Schmerzen, Schwangerschaft, Brunst sind ihr Los. So rächt sich ein »beleidigter Vater-Gott« (der Papst wörtlich!) schon auf Erden, und drüben wird es noch schlimmer enden. Der Tod, auch der eine Folge des biblisch festgehaltenen weiblichen Ungehorsams, öffnet alle Türen zum Letzten Gericht des lieben Vaters.

Da ist es schon besser für die Frau, meint der Papst, sich — vor allem, ja ausschließlich in der Ehe — mit den gewohnten männlich bestimmten Ausdrucksformen zufrieden zu geben, die ihr den Mutterdienst schmackhaft machen. Immerhin »ist der Ausruf des ersten Menschen beim Anblick der soeben geschaffenen Frau ein Ausdruck der Bewunderung und der Verzauberung, wie er die ganze Geschichte des Menschen auf Erden durchzieht«.

Eine Frau als Gegenstand männlicher Bewunderung, eine Frau als Ursache männlicher Verzauberung wirkt ungleich anziehender auf den Papstmann als der Wunsch der Frauen, nun ihrerseits zu herrschen (wie das die Männer von Anfang an getan haben). Und wieder einmal ist die Angst besiegt. Frauen gelten künftig als »Hüterinnen der evangelischen Botschaft«. Welche Botschaft aber evangelisch ist, dürfte klar geworden sein. Ich lasse es dabei. Auch ein Papst sagt unfehlbar nur das, was die Patriarchen ihn sagen lassen.

Im übrigen hat der Papst, als er über die Würde der Frau gesprochen hat, kein Wort über die eigene Praxis verloren: Nach wie vor schreibt sein eigenes Kirchenrecht vor, daß Frauen auf ihre körperliche Unversehrtheit untersucht werden, wenn es um den sogenannten geschlechtlichen Nichtvollzug einer Ehe geht. Gelingt der gynäkologische Beweis, löst der Papst eine Ehe auf. Das Wort von der Doppelmoral hört er freilich nicht gern.

Dabei trifft es ihn nicht viel weniger als jene Männer, die — unter dem Vorurteil, naturwissenschaftlich geforscht zu haben, die Frauen seit eh und je den Männern nach-definiert haben. Männer können offenbar gar nicht mehr anders, seien sie nun professionelle Theologen oder Biologen oder Mediziner oder Juristen. Alle miteinander sind sie zunächst einmal nur eines: Männer. Womit und wofür sie dann Geld verdienen, ist vergleichsweise sekundär.

Beispiele für biologistische Definitionen der Frauen nach unten, die freilich im Lauf der Zeit immer spekulativer und unbeholfener wirken, obwohl und weil sie ein und denselben Zweck verfolgen: Hippokrates, der noch nicht viel weiß, nimmt einen männlichen und einen weiblichen Samen an, den einen als kräftigen, den zweiten als schwächlichen. Auf dieser gesicherten Grundlage konnte die Männerwissenschaft getrost sehr viele Jahrhunderte leben.

Als schließlich (erst 1827!) die Eizelle entdeckt werden durfte und man auch ihr, wenn auch widerstrebend, eine aktive Rolle bei der Fortpflanzung zuschreiben mußte, fand man einen Ausweg: Im Vergleich mit den höchst beweglichen Spermien, die von Männern produziert wurden, galt das Ei als besonders träg. Nach wie vor versuchte man das traditionelle Prinzip hochzuhalten: Das Ei, Symbol des Weiblichen, wartet unbeweglich und schläfrig, während das hüpfende (wenn auch sehr winzige) Spermatozoon Sinnbild für die Ungeduld und Unruhe menschlicher Existenz sein durfte. Winzig sein und herumhüpfen, das wäre doch eher ein Bild fürs Männliche, oder nicht?

Der Grundsatz scheint unüberwindlich festzustehen: Was gerade und von Fall zu Fall als natürlich definiert ist, muß auch psychosoziale Konsequenzen haben. Die allein sind gesellschaftlich wichtig. Dabei stimmt diese Folgerung ins Soziale hinein nicht, und das macht auch die Naturwissenschaften der Verwertung von Männerinteressen höchst verdächtig. Auch wenn es millionenfach so wäre, wie die jeweilige Naturwissenschaft es mit ihren Mitteln gerade erforscht zu haben glaubt, trennt doch immer noch ein Abgrund dieses Forschungsergebnis vom Sein des Menschen.

Natur ist als solche von Systemkranken und Ordnungsirren passend zurechtdefiniert und profitabel verwertet. Sie entläßt daher keine irgendwelchen psychischen oder sozialen Folgerungen aus sich, die nicht vorher in sie — und in ihre Definition — hineinverlegt worden wären. Aber ein so einfaches Prinzip anzunehmen, verlangt von den Mannmenschen jene Selbstüberwindung, zu der sie nicht fähig sein wollen. Es ist nicht ganz abwegig, auch diese Art Impotenz mit der viel tiefer liegenden Angst vor den Frauen zu erklären.

Schon wenn in einer normalen Männerrunde die Vokabel Weibchen kreist, bricht unter der Oberfläche grinsender Gesichter nackte Angst aus. Da braucht noch nicht einmal der Kastrationskomplex beschworen zu werden. Nicht nur die Scheide nimmt den Penis in sich auf — und läßt ihn vielleicht einmal nicht mehr los. Nicht nur der Geschlechtskampf findet, genau besehen, mit ungleichen Waffen statt, wie die Männer argwöhnen. Schon viel weniger genügt: Ein riesiges Ei schlingt das Beste, was richtige Mann-Menschen mit sich herumtragen, gefräßig in sich hinein — und es macht die Spermien zugleich wehrunfähig.

Wehrlose Männer? Auch ihr Blick auf gewisse Praktiken der Tiere befreit sie nicht gerade: Bienenköniginnen, Termitenköniginnen, Gottesanbeterinnen, alle miteinander räumen sie mit den Drohnen auf, die soeben ihre Pflicht getan haben.

Es folgt aus der Überlebensangst derer da oben, wenn weibliche Lebewesen nach unten definiert werden. Vervollständigt wird diese Unterwerfung der Fraumenschen noch durch die Niederlage der Kinder. Diese Niederlage ist ein typisch patriarchaler Sieg mit den am weitesten in die Zukunft reichenden Konsequenzen. Hier kommen dann auch die Juristen zu ihrem Männer-Recht.

Männer (Väter) greifen zu und nehmen die Nachkommenschaft, deren bloße Existenz ihnen gefährlich werden könnte und ihnen daher Angst macht, in ihren definitorisch-rechtlichen Besitz. Denn was der Mutterschoß beliebig produziert und was den Nichtproduzenten Angst macht, soll erst durch die interessengelenkte Kopf-Arbeit der Väter zum Kind, zum legitimen (und erbberechtigten) Sohn (religiös: Kind Gottes) werden.

Da eine solche Adoption auch verweigert werden kann (und das ist eine der erschütterndsten historischen Tatsachen des Patriarchats, auch in seiner religiösen Form), hat die Mannmenschen-Potenz die mütterlichen und die kindlichen Potenzen erst recht eingeholt. Feminismus und Infantismus wollen die Wende.

Geopferte Gehilfin

Wer anderes Leben völlig beherrscht, macht dieses zum bloßen Objekt, zu seinem Privateigentum. Und der Beherrschende, Besitzende selbst wird infolge gehorsam gedrehten Denkens schließlich zum Ideal des beherrschten Lebens. So pervers es klingt — es ist pervers —, Opfer und Täter brauchen sich notwendig. Das Oben verlangt nach einem Unten, um sein Oben zu bestätigen und — in den vielen Unterwerfungsakten des Alltags — zu stabilisieren. Und auch das zugerichtete Unten verlangt schließlich ein Oben, zu dem es aufblicken und dem es seinen schuldigen Gehorsam entgegenbringen kann.

Nicht wenige der sogenannten geglückten Ehen und Familien sind genau nach diesem System eingerichtet. Ob es nicht doch alle sind?

Da der Herr nur herrschen kann, solange sein Opfer am Leben ist, muß er alles daran setzen, dessen realen Tod zu vermeiden. Das Leben des Opfers aber als todesähnliche Existenz zu gestalten, bleibt ihm unbenommen. Auf dieses ambivalente Verhältnis zwischen Täter und Opfer trifft wohl der von Theodor Reik eingeführte Begriff der »suspense«[19] zu: Der Herrenwille pendelt (unschlüssig strategisch) hin und her zwischen zwei Polen. Seine Hängematte ist aufgehängt an zwei Haken: Einmal an der Angst, das geopferte Objekt könne so verletzt werden (und sterben), daß es nicht mehr innerhalb der Beziehung zwischen Herr und Magd als das unterlegene funktioniert. Und zum zweiten an der Lust, eben diese Grenze zwischen Leben und Tod auszureizen, das heißt oft und gerne auszuprobieren, wie weit man gehen kann, bis frau aufgibt.

Solange der Herrenwille gut damit fährt, das Frauenleben als Dasein eines Opfers darzustellen, kann gefahrlos das nächste Gebot des Patriarchats definiert werden:

5. Gebot
Du sollst dir immer die leichteste
Beute nehmen, die dir zur Verfügung steht:
die Frau!

Zur Verfügung stehen bedeutet sich zur Verfügung halten. Frauenleben soll in mannmenschlicher Definition Opferleben sein, Beutedasein. Frauenarbeit ist bloß lebenserhaltende und damit schon herrenferne, machtfreie, entmachtete Tätigkeit. Frauliche Produktion liefert ausschließlich Stoff für neue Herren. Sie bewahrt das Leben als Materie für den formenden Geist, dessen Unsterblichkeit eigens thematisiert wird. Ich komme auf die Details dieses System-Denkens nach Herrenart noch zurück.

»Ob Frauen weben oder spinnen, ob sie Getreide mahlen oder Kinder gebären, immer haftet ihrer Produktivität schon etwas an, was sie gegenüber der männlichen als deren Rohstoff erscheinen läßt und herabstuft, ohne darin benannt werden zu müssen«.[20]

Das sprachlos Nach-unten-definiert-Sein fasse ich unter den Begriff der geopferten Gehilfin. Daß diese Bezeichnung auch die ähnlich geopferten Gehilfen Kinder umfaßt, führe ich an dieser Stelle nicht aus, aber ich erwähne es nicht nur beiläufig. Feminismus ohne Infantismus ist eine Halbwahrheit und stützt als solche nur wieder das patriarchale Wahrheits-System.

Geopferte Gehilfin? Spätestens seit der Eva-Story wissen die Mannmenschen, daß es ihnen nicht einmal im Paradies ihres Gottes gefällt, wenn sie allein bleiben. Herr, schaffe mir ein Ding, das meinen Namen und meinen Samen zu tragen würdig ist, haben sie gefleht. Der Herr hat zugehört — und ihnen, nach etlichen Fehlversuchen (davon später) ihre Eva gegeben.

So weit, so gut, haben sie gedacht. Aber lange haben sie es nicht mit der Frau ausgehalten. Zufrieden erschienen sie erst, nachdem diese Frau versucht worden war. Nachdem sie gefallen — und ihnen selbst zum Stein des Anstoßes geworden war. Seither haben sie ein richtig befriedigtes Gewissen. Jetzt ist — vor Gott und der Welt — klargestellt, wer zwar Gehilfin sein darf, wer aber sogar als Gehilfin nichts taugt. Wer also nach unten getreten werden muß. Wer den natürlichen Platz eines Opfers einzunehmen hat.

Keine der patriarchalen Gesellschaftsformen hat je darauf verzichten können, geopferte Gehilfinnen zu definieren und diese als solche zu beschäftigen. Die Frauen werden durchweg in der patriarchalen Definition (Platzanweisung, Ortszuschreibung) zu bloßen Geburtsorten herabgedrückt, zu Lokalitäten des Ausstoßens. Opfer zu sein bedeutet Objekt zu werden, »zum Funktionieren entsinnlicht«[21] zu sein.

Der ursprüngliche Kampf der Werteväter stellt stets seinen Mut zum Inhumanen unter Beweis. Er benutzt primär seine klassenschaffende Definitionsmacht und sekundär seine ökonomischen Kriegs-Verhältnisse und -mittel. Er braucht notwendig Opfer- und Beutemenschen, um seinen Herrenwillen zu stabilisieren. Trägt der patriarchale Boden jedoch solche Früchte, ist er unfruchtbar. Jedes Opfer eines solchen Humus ist eines zuviel.

Eine Moral, die sich Opfer um Opfer schafft, ist niemals gut. Weder ihre Mittel noch ihre Zwecke haben das mögliche Humanum für sich. Das Patriarchat gründet auf schäbigen Voraussetzungen, es lebt von unmöglichen Bedingungen und zielt auf die Fortsetzung der ihm eigenen Unmenschlichkeiten.

Weil sie lebendige Tote schafft, gilt solche Moral weithin als normal. Der »Schrei nach 'Ruhe und Ordnung' ist ein Schrei nach dem Tod«.[22] Gewalt-Worte, Klassen-Leistungen und Liebes-Lügen gehören notwendig zum System der Friedhofsruhe.

Tugend (Tüchtigkeit, Tauglichkeit) ist definiert als profitable Leistung des Oben gegen das Unten. Als solche Leistung ist sie ein Prinzip der Platzanweisung. Sie legitimiert die gesellschaftlichen Unterschiede zwischen Mann und Frau als Wesens-Differenzen.

Der Mannmensch (Vatermensch) hat »*die Neigung, wo immer er der Aufsicht durch die Außenwelt entzogen ist, wo immer er im erweiterten Umkreis des eigenen Ichs zu Hause sich fühlt, rücksichtslos und brutal aufzutreten. An denen, die ihm nahe sind, rächt er sich für alle Disziplin und allen Verzicht auf die unmittelbare Äußerung der Aggression, den die Fernen ihm auferlegen. Er verhält sich nach außen, gegen die objektiven Feinde höflich und freundlich, in Freundesland aber kalt und feindselig.*«[23]

Das ist die typische Lage der Ehe und Familie. Hier gibt es Aufpasser und Vollstrecker — und die vielen Opfer.

Und die sogenannte Arbeitswelt? Daß Fraumenschen wegen ihrer »Neigung zum Bluten« (O-Ton Mann) aus dem mannmenschlich maschinisierten Arbeitsprozeß ausgeschlossen oder möglichst weitgehend von ihm ferngehalten werden müssen, ist eine logische Konsequenz des Herrendenkens. Die Gleichlaufschwankungen im weiblichen Kräftehaushalt, ein Dauerthema mannmenschlicher Vergeltungsängste, lassen es eben nicht zu, sagen die Herren, daß Frauen in der industriellen Produktion beschäftigt werden. Frauen bluten, sie menstruieren, gebären und stillen und kommen in die Wechseljahre, und daher haben sie im reinen Maschinen-Betrieb mannmenschlicher Provenienz eigentlich nichts bis gar nichts zu suchen. Die Arbeit der geopferten Gehilfinnen ist unproduktiv.

Was man ihnen zuweisen kann, ohne den Lauf der Maschine zu gefährden, sind zum einen diejenigen Tätigkeiten, die ohnehin mit ihrem Blut zusammenhängen, also alles Kindbett-, Kinder-zimmer-, Toilettenartige. Zum anderen schafft man tunlichst auch draußen bestimmte Nischen, in denen sich die zugerichte-ten Tauglichkeiten dieser Gehilfinnen bewähren können: Sanftmut, Opferbereitschaft, Anpassungsfähigkeit.

Da Fraumenschen nun mal natürlicherweise bluten, sagen Männer, werden sie wenigstens was vom Blut verstehen. Also dürfen sie, unter anderem, Krankenpflegedienste versehen. Das kommt ihrem Opferstatus entgegen. Und als Nebenprodukt fällt auch noch was fürs patriarchale System der Apparatemedi-zin ab: Frauen schaffen, wenn überhaupt, einen gewissen emo-tionalen »Ausgleich zur technologischen Kühle«[24], der den Krankenanstalten neuerdings anhaftet.

Den Fraumenschen bestimmte Berufsrollen förmlich auf den Leib zu schneidern, hat System. Wäre es nicht schon geschehen, müßte man es noch heute erfinden. Frauen nützen nicht viel, meinen Männer, aber auf diese Weise schaden sie wenigstens nicht. Und zudem schmückt's ungemein das System.

Aber mannmenschliche Angst ist noch nicht zufrieden. Die Opfer müssen, zu ihrem eigenen Vorteil, noch weiter systema-tisiert werden. Platz für Zufälligkeiten bleibt nicht. Efficiency wird Synonym für die neue Arbeitsmoral. Nicht nur, was die Männer-Arbeit da draußen betrifft, sondern auch in bezug auf den sogenannten Hausfrauenbereich (Household Engineering). Auch hierfür gibt es jetzt Arbeitsplatzanalysen und Reforman-sätze: Die ergonomische Küche läßt die Rückenschmerzen der Hausfrau vergessen — und die Seelenschmerzen der an den Herd Verbannten obendrein.

Praktisch ist die gesamte Erfindertätigkeit Sache der Männer. Mannmenschen wollen stets Schöpfer sein. Ihre Angst bleibt kreativ. Sie erfinden für sich jene Haushaltsmaschinen, die sie als Erfindungen für ihre Opfer ausgeben. Maschinen zum Wa-schen, Bügeln, Nähen, Spülen, Kochen, Heizen, Reinigen. Frauen bedienen diese Erfindungen — und schweigen still. Die Angst der Männer liebt schweigsam beschäftigte Frauen. Und die Herrschaft vererbt sich durch die Beherrschten hindurch. Gleichen die geopferten Gehilfinnen schließlich ihren eigenen Haushaltsmaschinen, so ist Angst zu einem weiteren Erfolg gelangt. Die stark angstbesetzte Vorstellung von der bösen, vergeltenden Frau (ich spreche noch davon) kann man nun eher abschütteln, nachdem man aus den Frauen auch noch Erziehungs- und Liebesmaschinen gefertigt hat.

Ehe und Familie werden daher zunehmend ergonomisch gestylt. Die neuzeitliche Hausarbeit umfaßt die Produktion und die Wartung der Rohstoffe, auf deren Verarbeitung die mannmenschliche Maschine abzielt. Fraumenschen produzieren und warten die Kinder, sie warten aber auch den hart schaffenden Gatten, wenn der aus dem feindlichen Leben ins traute Heim zurückfindet. Ich bespreche weitere Details unter dem hierzu passenden Stichwort Liebe (das Wort sticht wirklich) zum Schluß dieses Buches.

Was seit einiger Zeit von angestellten ForschHerren als Funktionsverlust der Familie gehandelt wird, hat mich nicht überzeugt. Von Nuancierungen abgesehen, die ich mit veränderten Strategien des Patriarchats gleichsetze, hat keine einzige Familie ihre herkömmlichen Funktionen verloren. Sie hat sie allenfalls neu interpretieren müssen. Oder sie hat sie, nach Art einer innerbetrieblichen Umverteilung, an andere Defensivinstitutionen ein und desselben Patriarchats abgegeben. Für wie lange, steht noch gar nicht fest. Die Institutionen, die das Mängelwesen Mannmensch sich hält, jonglieren mit Legitimationen und Kompetenzen wie mit Ping-Pong-Bällen. Sie achten dabei peinlich darauf, daß kein Ball nach unten — in die Hände der Frauen — fällt.

Geopferte Gehilfinnen bleiben, was sie waren: Frauen sind Maschinen gleichgestellt. Sie tun, was ihre Erfinder sie tun heißen, und sie tun es auf die leiseste Berührung der Bedienungsknöpfe hin. Wenn ein Mannmensch es von seiner Frau verlangt, spielt sie ihm nach Belieben auch die Hure vor oder die Hexe, also Rollen, an denen er seine Ängste aufs neue besiegen kann. Es ist das Wesen der Besiegten, im Blick der Sieger als unwesentlich, lächerlich, bagatellenhaft zu erscheinen.

Besiegen? Endsiege erringen? Frauen verweigern zunehmend ihren bisherigen Beitrag zur Beziehungsarbeit zwischen Männern, Maschinen und sich selbst. Sie weigern sich mehr und mehr, ihre Gatten oder Geliebten regelmäßig und regelgemäß so instandzusetzen, wie deren Physis und/oder Psyche es ihnen abverlangt. Offensichtlich ist der uralte Mechanismus der Herrschaft, die Erkenntnis des Leidens zu verbieten, das sie produziert, zu einem ersten Stillstand gekommen.

Ich gebe mich nicht der geringsten Illusion hin, daß das in Jahrtausenden angelernte Muster von Herrschen und Dienen in kurzer Zeit wieder aus den Köpfen und Herzen beseitigt werden könnte. Daß irgendeine alternative Kultur es leicht haben werde, die uralten Kategorien durch lebensgerechte zu ersetzen. Aber ich denke doch daran.

Was Frauen im Lauf eines sehr langen geschichtlichen Prozesses haben erlernen müssen, weil Männer es von ihnen gefordert haben, können sie — einmal aufgewacht oder aufgeweckt — unschwer auch gegen die Erfinder wenden. Solange das, was Männer als Liebe definiert haben, sich zugunsten der Definierer verwerten läßt, ist man's zufrieden. Was aber wird geschehen, wenn die — von Frauen unter den Bedingungen des Patriarchats notwendig entwickelten — Opfer-Strukturen umgedreht werden? Wenn Liebe (Opferbereitschaft und so fort) sich nicht mehr auf die Männer richtet, sondern auf andere? Auf Kinder beispielsweise, auf Söhne, auf andere Frauen? Dann kommt eine Männerwelt sehr schnell aus dem Lot.

Mannmenschen haben es sich schenken dürfen, bestimmte Interaktionsmuster überhaupt zu erlernen. Sie haben diese als weiblich definiert und damit abgeschoben. Daß in den emotionalen Fähigkeiten der Frauen eine ungeahnt explosive Kraft steckt, wissen Patriarchen noch nicht genau. Sie ahnen es nur. Und das macht ihnen neue Angst vor den Frauen.

Sollten die Frauen etwa über Ressourcen verfügen, die den

Männern weitgehend unbekannt geblieben sind oder die sie, von oben herab, einfach nicht haben wahrnehmen wollen? Bahnt sich eine Wende in der Ressourcen-Strategie an? Machen die geopferten Gehilfinnen endlich diejenigen, die sie geopfert haben, selbst zu Opfern?

Meine früheste Überlegung zum Thema war vor 25 Jahren die, in einer Mischung von Angst und Zustimmung zu argwöhnen, daß die jahrtausendalte Einübung der Frauen ins Leiden als Chance eben der Frauen begriffen werden könne. Ich hielt diese Chance für eine ungeheure Herausforderung. Für einen innermenschlichen Zündstoff mit nicht absehbaren Konsequenzen. Wenn Not am Mann ist und wenn Mannmenschen alles andere als schmerzunempfindlich sind, haben Frauen einen unerreichbaren Vorzug des Humanen auf ihrer Seite. Und die Zukunft fest in ihren Händen.

Denn das, was Mannmenschen als ihre Tätigkeiten ausgeben, das sogenannt Aktive (Tätige, Schöpferische, Politische, Wirtschaftliche) können Frauen entweder schon sowieso oder aber sie erlernen es schnell. Männer das sogenannt Passive (Emotionale, Opfernde, Liebende) zu lehren fällt ungleich schwerer. Genau das, was als typisch weiblich definiert ist, das Gewährenlassen, das Zuhören, das Mitempfinden, erlernt sich nicht von heute auf morgen. Wer so schizophren geworden ist, daß er sich als vereinsamt, situationskonform, angstbesetzt, freudlos, empfindungsschwach sieht und darüber Genugtuung empfindet, kann sich zwar als diszipliniert definieren. Aber ein auch nur möglicher Mensch ist er nicht.

Männer erleiden nicht nur »im extrem männlichen Prinzip der Hure«[25], das sie zur Abarbeitung ihrer Ängste brauchen, sondern auch in der eigens geschaffenen Figur der Frau und Mutter ihre Vergeltungsängste stets aufs neue. Die Gestalten der Angst sollen im Konstrukt der geopferten Gehilfin bekämpft und unterworfen werden. Dieses Konstrukt wird vom Mannmenschen in der der Frau zugeschriebenen Funktion benötigt, damit er Wünsche, Bedürfnisse, Schuldgefühle abarbeiten kann.

Aber dies gelingt niemals. Und eine solche Dauer-Frustration windet sich wie die Schlange. Sie braucht immer neue Gewalt. Gegen die Frauen — und gegen sich selbst. Das aber soll ein Leben sein? Das soll Auswege bieten?

Nein, das opfert nur und zerstört. Auch von daher gesehen ist mir angst und bange, wenn ich an etwas denke, das auch nur entfernt mit Emanzipation des Mannes umschrieben und in absehbarer Zeit in Aussicht gestellt wird.

Um sein Überleben zu sichern, hat das patriarchale System von Anfang an seine konstituierenden Momente in bestimmte Formen gegossen. Ich stelle sie in den nächsten Kapiteln dar als Elemente kreativer Angst, als Formen und Interaktionsmuster, die auf abstrakter Maschinen-Logik gründen. Der Logos, eine machtbetonte Umschreibung des Herrenwillens, hat versucht, seine Resultate zu materialisieren und damit zu perpetuieren. Auf diese Weise ist es ihm gelungen, das mögliche Leben ebenso vergessen zu machen wie die lebendigen Personen, die ihm dienen.

Angst bringt mit sich, daß ihre BedienerInnen jederzeit ersetzbar und abschaffbar erscheinen. Auf Funktionen reduziert, wird jeder Mensch ersetzlich. Was aber im patriarchalen Logos nur für Frauen gelten sollte, deren Produktivität geopfert werden sollte, kehrt sich schon längst gegen die Erfinder selbst.

Daß derselbe Logos an einer möglichst sauberen Zurichtung des Menschen zu einem geschlechtsneutralen Wesen interessiert war, daß er den Mannmenschen zum Menschen selbst hochdefiniert hat und daß er deswegen alle Fraumenschen — nicht nur im Sprachsystem — zu Menschen niederen Ranges herabstufen mußte, ist konsequent. Aber folgerichtig ist auch, daß ihm all seine Anstrengungen nichts genutzt haben.

Ob Mannmenschen dies sehen? Wer Interessen zu verfolgen und Pläne zu verwirklichen hat, wer darin sein Lebensgesetz sieht, dem verwandeln sich die Menschen, mit denen er — beruflich oder privat — zu tun bekommt, in Feind oder Freund. Seine Wahrnehmung (der berüchtigte Herren-Blick) reduziert sie von vornherein zu Objekten: die einen kann man brauchen, die anderen entsprechen den durchschnittlichen Anforderungen nicht. Je nachdem er sie daraufhin ansieht, ob und wie sie sich seinen Absichten einfügen, gelten sie ihm als Menschen oder nicht. Ist er schon zu besonderer Dreistigkeit erzogen, so beurteilt er seine Herren-Schau aufs Insektengewimmel als Menschenkenntnis.

Der Wissenschaftsbetrieb der ForschHerren ist im Begriff, auch die Reste der Wirklichkeit seinem Logos zu unterjochen. Sie gelten ihm nur noch als wehrlose Trümmerstätten der (weiblichen) Natur, als Steinbrüche, aus denen er die Bausteine seiner eigenen Lebenswelt abholt bis zur bitteren Neige. Doch die Produktion und die Nutzung einer künstlichen Lebenswelt erfordert — wegen ihrer Maschinenstruktur — anankastisch deren Be-herr-schung. Eben diese Beherrschung verlangt von den Herren jedoch die Selbstbeherrschung. Und die ist wieder vom möglichen Leben so weit als nur möglich entfernt. Maschinen verlangen von den sie Bedienenden bestimmte Bewegungen und (Charakter-)Haltungen, die schon »das Gewaltsame, Zuschlagende, stoßweis Unaufhörliche«[26] in sich tragen, welches die Zurichtung zum Opfer fordert.

Die Not des Mannmenschen, wie sie heute sich überall zeigt, kommt nicht von ungefähr. Sie ist systemkonform. Mannmenschen müssen notwendig in Not sein. Sie haben ihre Ängste vor den Frauen auf diejenigen abgeladen, die ihnen als die leichteste Beute erschienen, auf die Frauen. Und nun stehen sie da und sehen, wie sehr sie selbst Beute sind. Kein Jäger und Sammler wird je etwas anderes sein als das Opfer seiner eigenen Opfer.

Der Sieg der Jahrtausende: Verglichen mit der fraumenschlichen Potenz »Passivum« ist das mannmenschliche Reservat »Aktivum« eine Winzigkeit. Der in den Jahrtausenden mannmenschlicher Wühltätigkeit erstellte Bau steht auf sehr schwacher Basis. Der dominant erscheinende Mann des Draußen ist, das weiß er nicht selten selbst gut genug, stets der nicht nur im Drinnen Unterlegene.

Der Haustyrann läßt sich von seiner Gattin bedienen. Eifrig besorgt sie die kleinen ehelichen Liebesdienste. Sie hilft ihm aufs Fahrrad, sie hilft ihm auf ihren Körper, sie wäscht seine Unterhosen, sie steckt ihm seine Lieblingsbissen zu.

Und sie begleitet all das mit einem Blick, der sagt: Was soll ich machen, ich lasse ihm die kleine Freude, so ist er eben, er ist ein Mann. »Unterhalb der verlogenen Ideologie, welche den Mann als Überlegenen hinstellt, liegt eine geheime, nicht minder unwahr, die ihn zum Inferioren, zum Opfer von Manipulation, Manövern, Betrug herabsetzt. Der Pantoffelheld ist ein Schatten dessen, der hinaus muß ins feindliche Leben... Kaum eine länger Verheiratete, die nicht durch Tuscheln über kleine Schwächen den Gemahl desavouierte... der Patriarch braucht nur als solcher zu erscheinen, um Karikatur zu sein.«[27]

Fragt sich, wie lange es noch gehen wird, bis man sich gar nicht mehr auf die Frauen verlassen kann. Daß Fraumenschen prinzipiell untreu und unzuverlässig (im mannmenschlichen Sinn) sind, hat man bereits erkannt. Die Angst, nicht völlig gesiegt zu haben, ja überhaupt nie ganz oben bleiben zu können, ist dem Macht-Menschentyp geblieben. Ableitungen und Erscheinungsformen dieser intensiven Angst untersuche ich in den folgenden beiden Kapiteln.

Oberhaupt und Unterleib

Weshalb mit dem Kopf gedacht wird und mit nichts anderem

Idealer Haß

»Das Weib ist unser Feind — wer so als Mann zu Männern spricht, aus dem redet der ungebändigte Trieb, der nicht nur sich selber, sondern auch seine Mittel haßt.«[1]
Manchmal sieht es heute danach aus, als sei Friedrich Nietzsche, von dem dieser Hinweis stammt, nicht mehr gar so ernst zu nehmen. Die alte Angst hat sich verfeinert, von Trieben zu sprechen verbietet sich ohnedies in den besseren Kreisen, und auch Haß ist nicht unbedingt ein gesellschaftlich genehmes Wort. Zumindest nicht in einer Öffentlichkeit, durch die zur Zeit eine Welle der Friedensliebe fließt und deren richtige Männer noch zu schwach sind, Dämme gegen diese Flut zu errichten.
Der Schein trügt. Ich kann keinen Grund dafür erkennen, daß die Urangst der Männer gegenwärtig auch nur gemildert wäre. Der Prozeß, das Verhaßte nochmals und immer wieder häßlich zu machen, ist unter uns nicht abgebrochen. Sich auf frühere Jahrhunderte oder Jahrzehnte, etwa auf das 19. Jahrhundert oder auf die präfaschistische Periode im Deutschland der zwanziger Jahre zurückzuziehen und dort den alten Feind ausmachen zu wollen, ist ein Rückzug aus der als gefährlich empfundenen Gegenwart.
Mögen sich ein paar Vokabeln als austauschbar erwiesen haben, ihre gemeinsame Basis ist geblieben: Hinter dem Feindbild Frau steht heute die ganz tiefe Angst der Männer, in Frauen Freundinnen, das heißt partnerschaftlich ausgewiesene Menschen, se-

hen zu wollen — und dieser Freundschaft nicht gewachsen zu sein.

Frauen zu hassen und Frauen zu idealisieren bleiben die beiden Erscheinungsformen ein und derselben Frauenangst. Von Zeit zu Zeit senkt sich die eine Waagschale (wie heute die des Frauenhasses), und die andere hebt sich (Frauenidealisierung). Die Waage aber, die Männer sich halten, bleibt stets dieselbe.

Rainer Langhans zur idealen Gefährtin Uschi Obermeier: »Eine Revolution für eine schöne Frau zu verraten, ist immer gerechtfertigt — oder es ist keine Revolution.«[2]

Unverhüllter Haß springt freilich stärker in die Augen als verschämte Verehrung. Es ist daher auch nicht besonders schwierig, Beispiele für einen solchen Haß aufzutischen. Ich bleibe bei einem, dem des August Strindberg, der in seinem autobiographischen »Plädoyer eines Irren« seinen Leidensgenossen den Weg weist:

»... ich möchte den Herren Gesetzgebern einschärfen, sorgfältig die Konsequenzen zu überdenken, die es mit sich bringt, wenn man Halbaffen, niederen Lebewesen, kranken Kindern, die zur Zeit der Menstruation dreizehnmal im Jahr krank und verrückt, während der Schwangerschaft vollkommen wahnsinnig und für den Rest ihres Lebens für ihr Tun nicht verantwortlich sind, wenn man solchen unbewußten Verbrechern, Kriminellen aus Instinkt, solch unwissentlich bösen Tieren die vollen Bürgerrechte zugesteht!«[3]

Das ist ein Leitwort. Frauen sind Halbaffen, niedere Lebewesen, Kranke, Kriminelle aus Instinkt, unwissentlich böse Tiere. Und warum? Dieser Mann, dessen Stücke zur sogenannten Weltliteratur zählen, bemüht sich keineswegs um Argumente, wie das seinesgleichen sonst zu tun pflegt. Nein, er verzichtet, und das macht ihn ungleich ehrlicher als seine Kameraden, auf jede prostitutive Argumentation. Er verhüllt den Haß erst gar nicht. Er sagt, wie man empfindet.

Frauen sind niedrige Lebewesen und Halbmenschen (die andere Hälfte ihres Lebens ist den Affen zugehörig), weil sie menstruieren und schwanger werden. Das Blut drückt sie nach unten, der

Unterleib (Instinkt, Unwissenheit, Tierleben) ist in ihrem Fall beherrschend.

»Tota mulier in utero«, hieß das, als man noch lateinisch sprechen konnte. Das Weib ist ganz und gar von seiner Gebärmutter her definiert. Ein Mehr gibt es nicht. Konsequent, daß man solchen Unterleibstierchen keine Vollrechte des freien Bürgers »zugesteht«. Den Grund, warum man sich nicht mit der Frau gemein machen soll, nennt Strindberg, genauester Beobachter seiner selbst und der Seinen, auch: Die Frau zieht den Mann zu sich hinab, um ihn da unten, wo die Erniedrigte überlegen ist, endgültig zu beherrschen.

Was in der Urtat der Männer an den Frauen als abgeschafft definiert worden ist, das da unten, Brust und Schoß, erweist sich als Ort ständiger Attraktion und Fixierung. Männer können noch so abwertend davon sprechen. Je häufiger und je verbissener sie dies tun, desto offener liegt ihre Abhängigkeit.

Reine Angst ums Überleben, wenn Männer so gern und so häufig von ihrer Kopfarbeit sprechen. Da, wo sie ihre Logik angesiedelt haben, ist geistige Helle. Da sind Köpfe. Da ist oben. Hier wird gedacht, unten sitzen die Triebe, die einen mit der Frau verbinden — und ihr womöglich gleich machen. Hirn zu haben hilft den Hoden.

Der Kopf ist zu einer patriarchal geschulten Instanz geworden, zu einem Wahrnehmungsapparat, der zugleich aggressiv zu rationalisieren und Verantwortung für das Rationalisierte abzuschieben vermag.

Denken im geläufig manntypischen Sinn kann seit langem identifiziert werden mit Denken in den Kategorien Schwarz und Weiß. Freund-Feind-Verhältnisse zu schaffen, die Welt entsprechend zu reduzieren und zu klassifizieren ist eine seiner Lieblingsbeschäftigungen. Es muß so handeln. Es gehört zum Grundbestand der Herrschaft, jeden und jede, der/die sich nicht mit ihr identifiziert, »um der bloßen Differenz willen ins Lager der Feinde zu verweisen«[4].

Männer wollen notwendig die ganze Welt ganz und restlos erklären. Sie müssen an restlosen Lösungen interessiert sein. Daß es unerklärliche Reste gibt, daß sich nicht alles widerstandlos klären läßt, paßt nicht ins Systemdenken.

Patriarchen lieben ein markiges Vokabular. Nur zu gern deuten sie dieses als Ausdruck ihres geistigen Ernstes, als Frucht ihres redlichen Bemühens, ihrer bescheidenen Sachlichkeit. Man tut, als ringe man ständig mit sich selbst, als führe man einen permanenten Kampf um die Wahrheit, als lebe man von Entscheidungen, die den ganzen Einsatz der Person verlangen. Die Sprache ist voller Ausdrücke, die »von Krieg, leibhafter Gefahr, wirklicher Vernichtung entlehnt«[5] sind. Das macht mich sehr mißtrauisch. Denn, welches Glück, sie fallen immer wieder auf die Füße. Und hätten richtige Denker am Abgrund des Seins gestanden, hineingefallen wären sie nie.

Ich habe auch erst ganz wenige Denk-Rebellen fallen sehen. Die Mehrzahl unter den Ketzern, die im Patriarchat zugelassen sind, erfüllt die Nachfrage der Männergesellschaft nach prächtig unabhängigen Mannsbildern. Auf diese Weise stützen sie jenes System, dem sie sich so trotzig entgegenwerfen. Ich habe Frauen erleben dürfen, die mich hinter die Fassade solch mediengerechter Rebellion haben schauen lassen. Allein wäre ich den Unwahren nicht auf die Sprünge gekommen.

Patriarchen denken als Krieger oder gar nicht: Die Sammlung der Guten, der heilige Rest, der Anspruch auf Universalität, Katholizität, Totalität hier, das Feld-Lager der Feinde dort. Und Frauen, die sich nicht gehorsam den Guten unterordnen — und damit selbst das Prädikat gut (= demütig) erwerben —, gelten der Männerangst als doppelt feindliches Gegen.

Männliches Denken, das menschlichem gleichgesetzt wird: Das Subjekt geht von sich selbst aus und richtet sich auf ein anderes, um von diesem aus sich selbst zu denken. Das Selbst und das Andere, der Bezug auf sich und das Sich-gegen-das-andere-Abheben. Das Sich-Abheben und das vom anderen Gebannt-Sein. Der Versuch, dieses Gebannt-Sein durch das eigene Denken zu bannen, das andere als Objekt in den Bann zu tun.

Das Subjekt Mann setzt sich als das Wesentliche; es sieht in seiner Perspektive, während das andere, hier die fesselnde Frau, notwendig zum gebannten Objekt wird. Ein mögliches Zusammen, eine Gemeinsamkeit, eine Bindung an das andere ist dem mannmenschlichen Denken so fremd, daß solches schon von vornherein unter die Rubrik weibliche Logik fällt.

Die endlos erscheinenden Männerwitze über die Frauen und deren Denken müssen sein. In ihnen wirkt die Angst vor dem Unterlegensein.

Kopfarbeit schafft noch innerhalb der Männerkaste Klassen: Gegen das Handwerk bleibt sie als das feinere abgegrenzt. Ärzte, Lehrer, Pastoren und so fort sind berufen. Andere haben nur einen Job, und Frauen auch davon nur einen halben. Ich lerne: Wohl dem, der soviel Köpfchen hat, daß er davon leben kann. Der kleine zivilisatorische Unterschied auch hier. Kopfarbeiter sitzen auf Stühlen. Schließlich ist Sitzen ein Privileg. Wer kopfarbeitet, steht nicht auf Baustellen herum. Früher durften ohnedies nur die wirklich feinen Leute (Ober-Männer) in der Öffentlichkeit sitzen. Kaiser, Könige, Päpste zum Beispiel — und diejenigen, denen diese Vor-Sitzenden es genehmigt hatten. Throne, Lehrstühle, Bischofssitze heißt das noch heute, worauf die Patriarchen Platz nehmen. Verglichen mit der Sitzgelegenheit Stuhl ist die lange Bank ein demokratisches Möbelstück. Viele Mägde und Knechte nehmen auf ihr Platz.

In der Männerwelt gilt seit jener Urtat der Kopf als eigentliches Sinnesorgan. Fühlen kann jeder/jede, denken nicht, sagen die Experten. Also greift Selektion nur beim Denken. Hier, im Kopf, unterscheidet sich Sein und Nichtsein. Das Denken-Können, das Sich-in-ein-Denksystem-Einbringen macht den Menschen aus. Nichts sonst.

Ich lerne aus dieser Selektion: An diesem Punkt kommt die Unterscheidung zwischen Mann und Mensch zu ihrem Recht. Wenn Mannmenschen Kopfarbeiter sein wollen, um sich zu definieren, dann sollen sie es sein. Aber sie sollen es bleiben lassen, sich auch noch die Menschen zu heißen.

Die von Männern an die Wirklichkeit angelegte Meßlatte ist außerordentlich einfach. Sie kennt nur ein Oben und ein Unten. Und beide Einheiten sind am Geschlecht ausgerichtet. Ähnliches gilt auch für weitere in dieser Denk-Kultur gültige Maßstäbe: Sie lebt von ständigen Vergleichen nach oben wie nach unten; sie kann nicht mit dem unverglichenen Zustand zufrieden sein. Die Frage nach dem, was länger, größer, stärker ist, sehe ich als männlich an. Niemand wundert sich, daß diese Krankheit des Komparativs als normale Basis für die Urteile des Alltags gilt.

»Schneller, stärker, höher« heißt die Devise der Olympiaden. Alles Größere, Stärkere, Längere und so fort scheint einen natürlichen Vorrang zu besitzen — und aus diesem seine Privilegien ableiten zu dürfen. Noch ist eine Gesellschaft, die nicht an der komparativischen Krankheit (Komparatismus) litte, in ihren Konsequenzen nicht einmal durchdacht. Ihre radikale Klassenlosigkeit würde weder Mehrheiten noch Minderheiten, weder Zwerge noch Riesen, weder Oberhäupter noch Untermenschen kennen. Sie wäre die reinste aller Gesellschafts-Utopien. Daher muß sie die am unmöglichsten zu realisierende bleiben. Also verharrt alles Eigentliche, wie es von denen geschaffen worden ist, die ein profitables Interesse am Bestehenden haben. Die gefälligen Reden von Gleichberechtigung und Gleichem sind mir nicht wahrhaftig genug. Wer in den Kategorien von Oben und Unten denkt, muß früher oder später auch ein Gleich einführen. Aber er tut es nicht aus Überzeugung. Sein Gleich ist niemals denkerische und soziale Basis; es bleibt in einer vom Komparativ beherrschten Gesellschaft abgeleitet.

Nochmals Rom, das Vorbild: »*Von dem Moment an, wo die Frauen euch Männern gleichgestellt sind, werden sie euch überlegen sein.*«[6] Das ist eine Handlungsaufforderung voll tiefster Angst.

Das hergebracht mannmenschliche Denken liebt kein Gleich, nur dessen Schein; es mag die Norm, und es braucht die Abweichung von dieser, um — mit Gründen! — in seine gewohnte Kategorie des Oben und des Unten, des Wahr und des Falsch, des Guten und des Bösen zurückfallen zu können. Die Vordenker des Patriarchats benötigen die von ihrer Normalität Abweichenden und die Arbeit an deren Rehabilitation (hin zum Normalen), um selbst mit der Abweichung kokettieren und sich der eigenen Normalität versichern zu können. Theologen kokettieren mit den Sündigen, Psychoanalytiker mit den Devianten, Juristen mit den Verbrechern. Immer handeln sie dabei, um das Gegen in sich selbst auf ein Gegenüber zu projizieren.

Ich schlage meine Utopie vor: Wechselt endlich das Paradigma, steigt herab von eurem Oben, lebt eine Philosophie des In und des Mit, gebt die des Über auf, die immer ein Denken des Gegen sein muß! Mit den anderen leben lernen statt gegen sie zu denken, in der Welt leben lernen statt sie zu Tode zu forschen, das wäre der Einstieg in das Leben.

Dann wäre ich bereit, von Menschen zu sprechen. Was ich bisher als bestimmende Form des Menschseins antreffe, ist nicht mehr als der homo sapiens, nur eine Vorform des Menschseins, nur ein Mannmensch, ein Zwischenglied zwischen den affigen Vorfahren und dem Menschen (homo humanus, humana). Vielleicht werden spätere Jahrtausende diese mannmenschlich bestimmte Zwischenform (homo hominis) ähnlich belustigt betrachten wie heutige ForschHerren den Neandertaler. Meine letzte Hoffnung: Daß aus Männern Menschen werden.

Wir sind noch lange nicht so weit. Ich lasse mich nicht auf Prophezeiungen ein, wieviel hundert oder tausend Jahre wir noch brauchen werden. Vielleicht ist die Chance, daß wir überhaupt noch eine Zukunft haben, bereits mit den nächsten Atom-Kraft-Schlägen (ein herr-liches Manneswort!) dahin.

Ich kehre zum Ist-Zustand zurück: Oben sind Köpfe, Ober-Häupter, Rationalitäten, Ordnungen, Regeln, Rechte, Werte, Ideale, Helle und Licht, Standfestigkeit (Felsen), Disziplin, Führungskraft und -wille, Erwählung, Sieg, Väter, Herren, Götter. Unten sind niedrige Wesen, Fremdbestimmtsein, Unterleiber, Irrationalitäten, Passivitäten, Dunkelheiten (Bedrohungen),

Massen und Unordnungen, Schwächen, Fügsamkeiten, Führungsbedürfnisse, Materien, Gehorsamsleistungen, Niederlagen, Unterwelten.

Ein untrügliches Kennzeichen der Männerwelt: Das Oben ringt stets mit dem Unten. Kämpfen, Angst haben, kämpfen. Das Fremde, das andere darf nicht siegen. Die Frauen nieder. Nach unten, wo sie hingehören. Gewalt über sie. Vergewaltigung eines fremden Willens und eines fremden Körpers. Höchster Mannesmut. Niedrigste Angst.

Frei, aber einsam, lautet die Devise im 19. Jahrhundert. Der einsame Wolf zieht durch die Winternacht. Und die Frauen hocken derweil am Herd.

In einer Welt, in der Männer keine Angst haben dürfen, solange sie als Männer gelten wollen, haben Männer — wie die Leitfigur Hemingway — sich als ausgesprochen männliche Repräsentanten ihrer eigenen Welt aufzuführen. Sie bewähren sich dem selbstgewählten Abenteuer gegenüber in den Mannesritualen »Großwild«-Jagd, »Tiefsee«-Fischerei, Stierkampf, Krieg. Und sie bewähren sich, in einer an sich als sinnlos erkannten Welt, ständig gegenüber den Normen, die sie sich selbst gesetzt haben.

Daher reiten die Westernhelden so rituell durchs Filmgelände, stets schußbereit, immer gestählt, ihre Wunden tragend, fallweise sich an Frauen verlierend, die entweder heldenhafte Gattinnen oder Damen des Saloons darzustellen haben. In solch simpler Welt ist Gut und Böse eindeutig definiert: Wenn auch die Schurken schießen können müssen (Männer schlagen sich nur mit ihresgleichen), trifft sie doch der finale Rettungsschuß, und die Welt ist — für Darsteller und Zuschauer — wieder in Ordnung.

Doch die Angst, nicht oder nur mit größter Mühe oben bleiben und als Mannmensch überleben zu können, ist nicht zu überwinden. Und wenn man es hundertmal probiert — oder zu probieren vorgibt —, Frauen bleiben stärker. Gerade da, wo ihr eigentlicher Mehrbesitz zum Tragen kommt. Daß der Unterleib des Fraumenschen den Mannmenschen zugleich lockt und (in seiner Reproduktionsfunktion) immer wieder besiegt, verzeiht dieser auf Kampf für das Oben getrimmte Panzermensch nicht. Mögen Männer sich auch emotional verbarrikadieren, mögen sie sich in Peer-groups zurückziehen, um den Frauen zu entkommen, mögen sie sich auf ihre Ideologien versteifen, in deren Halbwelt sie sich angeblich wohlfühlen: Sie entkommen ihrem Urproblem nicht. Die Klügeren unter ihnen wissen das genau. Die Frauen ohnehin. Und wenn sich Männer von heute intensiver als zu manchen früheren Zeiten damit befassen, Frauen entgegenzukommen, ist die gleiche Vorsicht wie früher geboten. Sie tun es nicht uneigennützig.

Liebeslügen sind längst gesellschaftsfähig statt asozial. Sie stabilisieren die Gesellschaft, der sie sich verdanken. Bei den liebenden Männern zum Beispiel folgen die Phasen des Prozesses der Liebeslüge rasch aufeinander: Der Wunsch der Aneignung (sie machen sich wenig Skrupel über den Wert der Geliebten), flotte Eroberung, Freude am Besitz, Abstoßen des durch- und abgeliebten Objekts.

Das uralte Feindbild und seine psychische Dynamik: Die Frau bindet den Mann an sich, heißt es Liebe und will Herrschaft. Erst die Zerstörung des Mannes, so Strindberg, gibt der Frau die Freiheit zurück — und damit das Gefühl wirklicher Überlegenheit. Erst wenn der Mann ganz nach unten gedrückt ist, hat sich der frühere Mehrbesitz der Frau rehabilitiert.

Ich halte die Meinung mancher Männer-Theoretiker für eine Schutzbehauptung, die Bedingungen psychischer Ausbeutung müßten in einem »grundsätzlicheren Kontext analysiert werden, als es der ist, der sich aus der Polarität der Geschlechter ergibt«[7]. Einen grundsätzlicheren Kontext als den der Polarität zwischen Mann und Frau gibt es nicht. Nicht die Angst vor Menschen und nicht die Angst vor unmenschlichen Verhältnissen verstecken sich hinter der Angst der Männer vor den Frauen, sondern umgekehrt.

Es findet sich keine archaischer begründete und individuell wie sozial intensiver nachwirkende Angst unter den Menschen als die Angst der Männer vor den Frauen.

Triebfreie Vernunft

Einer der einflußreichsten Unheils-Propheten dieser Angst war Otto Weininger (1880-1903), dessen kurz nach seinem Freitod erschienenes Werk »Geschlecht und Charakter. Eine prinzipielle Untersuchung« Dutzende von Auflagen erlebt hat. Weininger ist der Prototyp für die männergerechte Behandlung des Problems. Kopf-Mann oben, Trieb-Weib unten.

In immer neuen Anläufen sucht der Autor sich von seiner Urangst zu befreien, indem er geradezu verzweifelt an die Männer-Vernunft glaubt (die er traditionsgetreu als Menschen-Vernunft ausgibt). Vernunft kommt aus dem Kopf, sitzt im Kopf. Dort hat sie ihren angestammten Platz, mit dem Unterleib denkt man nicht. Im eigenen wie im fremden Leib hausen die Triebe, die Sünden, die Teufel. Gegen sie helfen kann dem schwachen und verängstigten Mannmenschen nur die Aufklärung, jene geistige Disziplin, die die Disziplin des Körpers nach sich zieht.

Rationalität hat von allem Trieb frei zu sein. Rationalität muß gereinigt werden, damit sie den Mann-Menschen vor dem Irrationalen, Phantastischen und Dunklen rette. Vor dem Weib, das unten sitzt, vor dem Bedrohenden, Dämonischen, Triebhaften. Nur durch Vernunft können diese Gespenster, wenn schon nicht besiegt, so doch verjagt werden.

Das ist unter Männer-Philosophen eine geregelte Annahme seit alters her. Sokrates, dem Männer-Anekdoten eine Xanthippe als Ehefrau zugedacht haben, vor der er sich in die Philosophie flüchtete, hatte die Vernünftigkeit als Retterin erraten:

»Der Fanatismus, mit dem sich das ganze griechische Nachdenken auf die Vernünftigkeit wirft, verrät eine Notlage: man war in Gefahr, man hatte nur eine Wahl: entweder zugrunde zu gehn oder

— absurd-vernünftig zu sein. Der Moralismus der griechischen Phi-
losophen von Plato ab ist pathologisch bedingt: ebenso ihre Schät-
zung der Dialektik. Vernunft = Tugend = Glück heißt bloß: man
muß es dem Sokrates nachmachen und gegen die dunklen Begeh-
rungen ein Tageslicht in Permanenz herstellen — das Tageslicht der
Vernunft. Man muß klug, klar, hell um jeden Preis sein: jedes Nach-
geben an die Instinkte, ans Unbewußte führt hinab«.[8]

Man sagt, man muß. Man darf nicht nach unten gezogen werden. Man reserviert sich das Tageslicht (der männermythische
Gott hat es gegen das Chaos geschaffen). Nur damit man überleben darf. Man spricht sich selbst Mut zu. Man pfeift im Wald.
Und nennt alles Philosophie. Denn *»das tyrannische Gehirn er-*
greift mit starker Hand die Zügel der Regierung; vernichtet ist die
schnöde Herrschaft des Bauches und die gefährlichere des Her-
zens«[9].

Herz und Hoden sind vom Hirn beherrscht, und Philosophie
erscheint als eine Not-Wendigkeit des Männerlebens.

Annegret Stopczyk hat zusammengefaßt, was Männer, die sich
Philosophen nennen, über Frauen denken, die keine Philosophinnen sein dürfen. Ihr Buch hortet all jene Männerängste und
-ideale, deren Kenntnis erahnen läßt, was diese Männer am liebsten von sich und von den Frauen denken, die hinter ihnen stehen. Ich brauche keine weiteren Beispiele aus der Philosophie-
Geschichte anzuführen. Aber ich lerne daraus: Nach wie vor ist
keine Kritik der mannmenschlichen Vernunft geschrieben.
Warum nicht? Sie muß verhindert werden, weil sie einer Psy-
chopathologie des Geistes gleichkäme.

6. Gebot
Du sollst dich gegen jede Aufklärung sperren, die nicht von deinesgleichen kommt!

Ich bleibe beim Gewohnten, bei der Retterin Vernunft, wie Weininger sie aus blanker Angst vor dem Abgrund preist. Vernunft gut, aber wo ist der Abgrund? In letzter Konsequenz kämpft Weininger nicht gegen die Frau, sondern gegen das Etwas in sich selbst, das er für weiblich ausgibt. Von ihm her fühlt dieser Mann-Mensch sich bedroht, gegen dieses Etwas heißt er sich einen Damm errichten.

Weininger geht von einer Überlegung (und Erfahrung) aus, die zumindest die klügeren unter seinesgleichen sich leisten, wenn sie auch verschiedene Folgerungen aus ihrer Annahme ziehen: Menschen sind nicht einfach Männer oder Frauen, sondern sie sind prinzipiell zweigeschlechtlich angelegt. Zwar gehen die meisten Männer, wie gesagt, schon der Diskussion über eine solche Bisexualität aus dem Weg, weil sie sich bereits von der Möglichkeit bedroht fühlen, keine ganzen Männer zu sein. Doch können solche Leugnungen die Existenz des Geleugneten bestätigen.

Nimmt man eine Theorie der psychischen Bisexualität an, und nicht viel spricht dagegen, so hat das schwerwiegende Folgen für das Mann-Sein: Wenn jeder Mann Anteile des fraulichen Geschlechts in sich trägt, dann kann die Frau keinem Mann ein ganz und gar anderes Wesen bedeuten. Dann ist die Angst vor der Frau nicht einfach ein von außen an einen Mann herangetragenes Fremdes. Dann gehört diese Angst zum Mann selbst. Dann ist sie auch Erinnerung an jene Urtat, in der sich die Mann-Menschen ihren sogenannten Mehrbesitz profitabel gegen die Frau-Menschen definiert haben.

Eine solche Erinnerung an die Urtat der Macht-Menschen gegen die Menschen, denen das Leben genügte, ist — wenigstens nach dem, was wir bis heute wissen — aufgehoben in den archaischen Mythen, die sich die Männerwelt gehalten hat. Mögen diese Mythen nun ausdrücklich Schöpfungsgeschichte heißen oder nicht, gemeinsam sind ihnen ein Begriff von alter Untat und Begriffe von einer möglichen Befreiung aus dieser Urschuld.

Gemeinsam ist ihnen auch eine, wenn auch meist sehr dunkle Erinnerung an jene in Körper und Psyche aufgehobene menschliche Befindlichkeit, die wir — seit wenigen Jahrhunderten — Sexualität nennen. Ob sich diese nun als Trieb deutet oder nicht, gemeinsam ist ihr — im Urteil der Definitoren — eine besondere Macht über den Menschen — und in ihm.

Nicht selten wird diese Macht der Sexualität als beglückend erlebt. Doch ungleich häufiger und intensiver sind die Erfahrungen des Dämonischen. Gerade solche Erfahrungen mit dem Dämon Geschlecht scheinen mann-menschliche Erfahrungen (geworden) zu sein. Selbst hinter der aufwendigsten Protzerei mit dem eigenen Sex verbirgt sich die Angst, eben diesem Sex nicht (oder nicht mehr) gewachsen zu sein.

Phallus-Kulte, ob sie sich nun als Verehrung tarnen oder als Vermeidung (von Kastration u.ä.) sind, von daher gesehen, Rituale der Angst. Je höher der Phallus nach oben gereckt wird, desto tiefer ist sein Fall.

Männer sind hin und wieder so ehrlich, sich von den Ritualen des eigenen Geschlechts zu distanzieren. Manche gehen noch weiter: Sie beneiden die Frauen, die sich mit derlei nicht herumzuplagen haben. Und schon wieder ist Angst im Spiel. Diese Angst wird in aller Regel nach zwei Seiten hin bedient.

Zum einen sind Männer seit jeher damit beschäftigt, Regeln in das zu bringen, was sie seit etwa zweihundert Jahren Sexualität heißen. Wenn eine Welt (nach Männer-Meinung) durchdrungen ist von Sexualität, wenn sich menschliche Beziehungen nicht mehr ohne Sexualität denken und praktizieren lassen, wenn Sexualität (oder das, was Männer darunter verstehen) alle Körper im Griff hat, dann muß man sich bemühen, in dieses sexuelle Universum Ordnung zu bringen. Dann müssen Strukturen her, dann sind Grenzen zu ziehen.

Ließen sich aus der Kultur- und Religionsgeschichte der Mannheit alle Anteile abziehen, die mit der Sexualität und deren Normierung (Vergesetzlichung, Idealisierung, Ersatzleistung) zu tun haben, bliebe nur noch ein kümmerlicher Rest.

Ich fühle mich bei diesen Erkenntnissen wie ein Desperado, der — mannmenschlich gesprochen — im Forst wildert und auf Platzhirsche zielt. Ob Frauen diese Grenzziehungen nicht nur mit sehr gemischten Gefühlen betrachten können? Ob sie nicht über all das lachen? Verlacht zu werden im heiligsten Tun des Mannes, das ist eine weitere Angst. Grenzziehungen sind daher nur die eine Seite der Medaille.

Zum andern müssen Männer daran arbeiten, alles Sexuelle, unter dem sie so offensichtlich leiden, auf andere abzuwälzen, denen Sexualität auf eine (den Männern) unerklärliche Weise weniger Last bedeutet: auf die Frauen. Was die Renommierdenker auf diesem Gebiet der Entlastungsarbeit geleistet haben, ist in der Tat beachtlich. Diese Mühe hat eine ganze Welt durcheinandergebracht und verrückt gemacht.

Denn jetzt, nach dem sozialen Sieg patriarchalen Denkens, ist ein Doppeltes erreicht: Einerseits kann alles als negativ Definierte (Sexuelle, Triebhafte) den Frauen zugeschoben werden, und andererseits sind eben diese Frauen (und die ihnen zugeschobene Sexualität, was immer die sei) künftig jeder Normierung durch die professionellen Definierer unterworfen.

Also darf patriarchale Sprache nichts von den wirklichen Frauen wissen — und alles über die rekonstruierten. An Belegen für das Bemühen fehlt es nicht, mit Hilfe mannzentrierter Sprachregelung frauliche Realität zu usurpieren und umzuwandeln.

Immer geht mannmenschliches Denken davon aus, daß die Frau grundsätzlich ein Triebtier sei — und daß emanzipierte (sexuell initiative) Frauen sich unsozial verhielten. Unsozial bedeutet in mannmenschlicher Logik die patriarchale Ordnung störend. Und Störung ist Verhängnis, weil eine Ordnung, die Störungen duldet, sich selbst aufgibt.

Keine Frau sollte sich, unter diesen Umständen, darüber wundern, daß und wie ihre geschlechtliche Selbstbestimmung beschnitten wird. Daß sie diese Kastration hinnehmen solle, wie ihr das die Patriarchen aller Zeiten abfordern, ist damit nicht gesagt. Widerstand gegen mannmenschliche Ansprüche auf Definitionsmacht, Befreiungsschübe von Frauen haben ihre selbständige Tradition in der Mannheitsgeschichte. Zuzulassen, daß man sie abdrängt und an den unpolitischen Rand schiebt, ist Ergebung ins sogenannt Unvermeidliche, Zugeständnis an die mannmenschliche Doktrin, aktive Frauen seien eine Zumutung für den Zustand.

Zugemutet und unvermeidlich ist in Wirklichkeit gar nichts; der Begriff und seine Inhalte existieren nur im patriarchalen Denken und in dessen Ausschließungsregeln. Da Selektion die typische Folge patriarchaler Logik sein muß, sollte sich jedes nicht-patriarchale Denken dagegen verwahren, Wahrheit an ein exkommuniziertes Außen verweisen zu lassen oder selbst zu verweisen.

Entgrenzungsvorgänge, historisch zu belegende Prozesse, in denen Menschen sich den gewohnten Definitionsmächten entzogen und neue Grenzen errichtet haben, hat es immer gegeben. Manche von ihnen — Sappho auf Lesbos, die Römerin Sulpicia und ihre Frauen-Literatur, die Emanzipationsbewegung in Rom, die in der altisländischen Edda versteckten Resterinnerungen, die Bauernkriege, die Ketzerbewegungen, die Legitimationskrisen der Kirche — sind noch heute greifbar, auch wenn die damals doch noch siegreich Gebliebenen alles getan haben, um das Gedächtnis in den Menschen neu zu formulieren.

Die damnatio memoriae, die Auslöschung und negative Sanktionierung bestimmter Erinnerungen, hat ihre Geschichte. Patriarchen haben zu allen Zeiten daran gearbeitet, unliebsam gefährliches Denken, Fühlen und Schreiben von Frauen zu verbannen sowie deren Verhütungs-Kulturen und Genuß-Sexualitäten zu vernichten. Sappho und ihre wilde, zügellose, fleischliche, sündige Liebe mußten der um so höher gelobten unbefleckten, keuschen der Madonna weichen. Maria empfängt vom Geist und gebiert dem Gottvater einen Sohn. Sie sichert die Reproduktion, ohne je vom Baum der Lüste und der Erkenntnisse gegessen zu haben. Sie, die Magd des Herrn, gefährdet nicht nur nicht das Patriarchat, sie stützt und schmückt es ungemein.

Daß man mit Maria in jeden Religionskrieg (Sinnkrieg) ziehen kann, ist eine bewiesene Tatsache. Maria wird zum »Schlachtruf der Christen«[10], sei es auf den Kreuzzügen der Ritter-Herren, sei es auf den Ketzerjagden der Mönchs-Herren, sei es in den Türkenkriegen der Abendlands-Herren, sei es im Kampf der Guten um ihre heiligsten Güter gegen die gottlosen Untermenschen der letzten Jahrzehnte, die Bolschewisten. An geschichtlichen Belegen fehlt es zu keiner Zeit: Immer ist die Jungfrau mit den Kriegern gezogen, diese Siegerin in allen Schlachten Gottes. Und »ein Diener Mariens geht niemals verloren«.

Es ist mehr als einfach fatal, wenn sich Menschen der patriarchalen Sprachregelung unterwerfen. Es ist ein selbständiges und selbstverantwortliches Vergehen gegen die eigene Geschichte, wenn Menschen noch immer glauben, die Angst der Männer vor den Frauen sei irgendeine ahistorisch zu begründende Erscheinung. Die Urtat und ihre vielfältigen Auslegungen sind eben nicht ungeschichtlich. Sie sind historische Konsequenzen aus den konkreten Erfahrungen, die Mannmenschen mit Frauen — und mit deren Mehrbesitz und mit deren Widerstand gegen die Definition als Minderbesitz — gemacht haben. Diese Erfahrungen der Männerangst haben denn auch — historisch faßbare, wenn auch noch nicht detailliert erforschte — qualitative Veränderungen durchgemacht.

Ich nenne ein inzwischen aufgedecktes Beispiel: Tausende von Hexen sind verbrannt worden, ihre Asche wurde weggeworfen, nichts sollte an sie erinnern. Ihre Mörder haben zum Teil noch heute Erinnerungsstätten; Straßen und Plätze sind nach ihnen benannt. Die Namen der Opfer sind ausgelöscht. Und doch hat sich eine Erinnerung gehalten, die unter uns immer stärker wird. Aus dem vergessen Gemachten wird das politisch Erinnerte.

Die Vernichtungsprozesse sind nicht das letzte Wort der Geschichte geblieben. Die Antriebe jener Männer, die Hexenpogrome brauchten, werden offengelegt. Männer, deren soziale Herkunft (Mönche, Stadtbürger) mit ihrer vorherrschenden

Motivation wechseln mochte, wollten entweder das Christentum gegen das sogenannt heidnische Naturverhältnis durchsetzen oder die — auch ökonomisch bedrohliche — Frauenkonkurrenz ausschalten oder das Geheimwissen von Frauen über Geburtenkontrolle und Abtreibung niederhalten oder denen Tod bringen, die durch Besprechen Verfügungsgewalt über die mannmenschlichen Potenzen erlangt hatten.

Der Hexenhammer von 1487 sagt das, was alle Patriarchen denken, auf seine christlich verpackte Weise:

»Also schlecht ist das Weib von Natur, da es schneller am Glauben zweifelt, auch schneller dem Glauben ableugnet, was die Grundlage für Hexerei ist.«[11]

Die Frau, das Weib, will offenbar nichts mit der patriarchalen Denklüge zu schaffen haben, die sich als Gottes Offenbarung ausgibt. Die Hexenverfolger wissen das genau: Ihre Angst vor jener Rache der Frauen, die sich in den durchaus konkreten, wenn auch sorgsam verhüllten Emanzipations- und Widerstandsbewegungen der Epoche ankündigt, schlägt regelgemäß in Haß um, in Verleumdung des fremden Lebens, das sich nicht in den Glauben ans Patriarchat zwingen lassen will. Femina, das Weib, ist ein Wesen, sagen die Theologen der Zeit, das schon etymologisch vom Minder-Glauben herkommt: Fe, auf spanisch der Glaube, und minus, weniger. Beides zusammen ergibt das böse Weib, die Hexe. So simpel ist es, wenn man sich ans Deuten macht.

Und so genau paßt auch jener Gott, auf den mannmenschlicher Angstglaube sich richtet, ins patriarchale Bild. Sein Stellvertreter auf Erden, der römische Papst, hat nicht ohne Grund den mörderischen Hexenhammer abgesegnet. Die Verbindung von Vergeltungsangst und Schuldgefühl, welche Mannmenschen nach vorne zum Töten treibt, braucht eine Erlösung. Diese Erlösung muß wieder systemimmanent sein, also in einer patriarchal bestimmten Vater-Religion aufgehoben werden.

Von Theodizee (Rechtfertigung Gottes) zu sprechen, wie das über Jahrhunderte geschah, ist unwahr. Androdizee (Legitimation des Mannes) müßte es heißen. Die Frage ist nicht, warum Gott Leiden zuläßt. Das Problem ist, daß Männer Leiden machen müssen.

Ihre eigene Religion hilft den Mannmenschen, die Verantwortung für mannmenschliche Untaten seit Anbeginn abzuschieben auf die Opfer dieser Untaten. Daß die bösen Weiber entweder — als Hexen — gefoltert und getötet oder aber, als Ehefrauen und Hausfrauen, domestiziert werden können, verlangt nach Vergebung. Vergebung kommt leicht zustande, wenn man sich einredet, man handle in höherem Auftrag, für eine höherwertige Sache. Die Patriarchen-Religion bietet diese höheren Sachen feil. Sie schafft Erlösung zuhauf. Wider die alltäglichen Kriege der Männer gegen die Frauen kann nicht an die Instanz Moral oder Religion appelliert werden. Die Instanz gehört selbst zum Regelkreis des Patriarchats.

Es ist patriarchatstypisch, daß dem realen fraulichen Widerstand und der Angst vor potentiellen weiteren Aufständen zuerst die Definition nach unten folgt — und auf diese Minderbewertung die offene Gewalt. Der Logos geht immer dem Schwert voran. Die gerade zur Zeit der Hexenpogrome wieder einmal stattfindende Rollenzuweisung an die Frauen löst eine Flut von Bildpropaganda aus: die Frau als Verführerin, Hure, zänkisches Eheweib. Das Material fürs Feuer wird auf diese Weise gesammelt, bereitgestellt und geordnet geschichtet. Die Scheiterhaufen werden den Rest verbrennen.

In jedem Fall der Hexenpogrome ging es um spezifisch patriarchale Antriebe, um jenen Herrenwillen, der schon in der Urtat die Fraumenschen individuell und sozial ihres Mehrbesitzes beraubt hatte. Immer handelte die kreativ-mörderische Angst der Männer vor den Frauen. Die Denunziation der eigenwilligen, der begehrenden Frau hat ihre Männer-Geschichte. Was als begehrendes Weib interpretiert — und ausgerottet — wird, ist Projektion des eigenen Begehrens und des Selbsthasses auf die Frau. In allen noch heute geschichtlich zugänglichen Fällen wird dies bestätigt. Die vom Christentum und/oder vom Bürgertum und/oder vom Faschismus ausgehenden Triebfeindlichkeiten sind nicht als solche Gründe für eine sexuelle Reglementierung menschlichen Wollens. Hinter ihnen steckt ebenso wie hinter dem von Norbert Hatebur entmystifizierten Goldenen Zeitalter Roms (unter Kaiser Augustus, um Christi Geburt) und seinem Triebreglement das eine geschichtliche Prinzip: Patriarchen unterdrücken notwendig immer dann die Angst vor der Frau auch politisch mit allen Mitteln, wenn man sie als gesellschaftlich zu gefährlich geworden definiert hat.

Dann werden einmal mehr Bauen und Herrschen eins. Noch wenig erforscht ist in diesem Zusammenhang der Baudrang der Patriarchen: Bibliotheken, Theater, Arenen, Foren baut man in Rom, um der Wiedergeburt des Patriarchats auch eine äußere, kulturelle Geltung zu verschaffen. Später errichtet man Schulen, Universitäten, Kirchen.

Defensiv-Institutionen haben ihre eigene Architektur. Ihre Bauten erzeugen mit die erwünschte Öffentlichkeit. Seht her, so stark sind wir, heißt die Devise. Wir errichten euch Hoch-Bauten, die unsere Kultur bezeugen, und wir legen das Land in Straßen nieder, damit ihr schneller in unsere Städte kommt, um euch sattzusehen an Großem.

Wenn die Gefahr, die von den Frauen ausgeht, übermächtig zu werden droht, werden Handlungsaufforderungen an die bedrohte Männlichkeit neu begründet, erlassen und durchgesetzt. Dann muß die Desorientierung mannmenschlicher Sicherheit beendet werden, die weibliche Ansprüche mit sich gebracht haben. Dann braucht es wieder stabile Orientierungs- und Handlungsmuster. Dann muß der Logos, dem angstbesiegende Kraft zugeschrieben ist, in den Männerkopf zurück. Dann darf er sich mörderisch entfalten. Bis hin in seine Sinn-Kriege.

Die antike Rede, die mittelalterliche Predigt fühlen sich auf Areopagen und Foren und in Hallenkirchen richtig wohl. Sie richten sich — wie die sie verstärkenden Bauten — in erster Linie an Männer. Auch wenn sich, im Fall der Mönchspredigt, vornehmlich Frauen um den Wundermann drängen.

Daß den Hexen magische Kräfte des Wortes zugeschrieben worden sind, zeigt wichtige Projektions-Mechanismen auf. Ein Glaube an Dämonen (SprachverwirrerInnen) mußte eigens geschaffen und durchgesetzt werden. In einer Gesellschaft, die den Männern das soziale Sagen, Geist-Auslegen, Wissen reserviert hat, konnte das Wort (der Logos) keiner Frau angehören. Frauen, die nicht schweigen, sondern »besprechen«, müssen zum Verstummen gebracht werden. Ob man sie Hexen heißt oder Philosophinnen und Naturwissenschaftlerinnen, tut nichts zur Sache.

Augustinus, ein heiliggesprochener Kirchen-Vater und damit ein höchst wirksamer Vordenker des Patriarchats, hat dem Logos ein Systemschlupfloch geschaffen. Die Dämonologie dieses Schreibtischtäters, eine widerwärtige Gedankenleistung mit der Konsequenz vieler Opfer, geht von einem (sexuell bestimmten) Teufelspakt aus. Dieser ermöglicht es, daß alle Mittel, Manipulationen, Worte und Gebärden ein — der mannmenschlichen Hoch-Sprache vergleichbares — Zeichensystem ausbilden, mit dessen Hilfe Dämonen und Hexen korrespondieren können. Männer sind folglich gezwungen, ihr eigenes Sprachsystem und ihren eigenen Logos gegen die zauberische Alternative zu verteidigen. Das gewohnt Mannmenschliche erträgt keine Alternative zu sich selbst. Tod den Alternativen.

Hexen sind in der Männer-Definition besonders engagierte, aktive Frauen gewesen. Es gibt förmliche Beschreibungen der Tätigkeitsmerkmale einer Hexe: Kindesraub, Tierverwandlung, Vampirismus, Kräutersammeln, Giftmischen, Wettermachen, Luftfliegen, Besenreiten. Sie zusammenzufassen heißt das Gegenbild männlicher Ängste vor der unspezifischen Aktivität der Frau in der Natur zu rekonstruieren. Wird das, was als unweiblich definiert worden ist, dennoch von einer Frau praktiziert, ist der Straftatbestand erfüllt, und Männer-Justiz wie Männer-Theologie werfen ihre Maschinen an.

Von einem Hexen-Wahn zu sprechen, wirkt auf mich bewußt verhüllend. Hier ist historisch eben kein Wahn am Werk gewesen, sondern eine überlegte Strategie des Patriarchats. Patriarchen haben alle Medien der Epoche gewandt benutzt, alle Maschinen eingesetzt, alle Methoden durchgearbeitet. So hatte der gerade rechtzeitig erfundene Buchdruck die Funktion, die Hexen-Matrize tausendfach zu vervielfältigen und als Doktrin unters Volk zu bringen. Hätte es sich um einen Wahn im heutigen Wortsinn gehandelt, wären seine Opfer einem irrationalen (womöglich noch als weiblich definierten?) Ausbruch zuzuschreiben gewesen. Dann böte sich schnell, allzu schnell eine Entschuldigung an, und das Wahn-Wort hätte seine Entlastungsfunktion erfüllt.

Hexenpogrome sind freilich nur ein einzelner Höhepunkt der Mannheitsgeschichte gewesen. Die Errichtung von faschistischen Nationalstaaten ist ein anderer. Und wer nach früheren fragt, der/die sei auf das Goldene Zeitalter des römischen Patriarchats verwiesen, das selbst seinen Namen von früheren matriarchalen Gesellschaften gestohlen hat. Die Definition des »Goldenen« ist, wie so vieles, was mannmenschliche Kultur ausmacht, eine bloße »Umdefinition«[12] gewesen, eine Absorption und Deformation fraumenschlicher Symbolmuster. Ein Mehr zu erbringen hat der mannmenschliche Geist nicht geschafft.

Aber auch der Widerstand hat seine Geschichte, Gegenwart und Zukunft. Heute gibt es bewußt neue Hexen. Ihre Namensgebung kommt von ihnen selbst. Sie ist nicht mehr von den Männern oktroyiert. Die alten neuen Namen zeigen, daß auch die gegenwärtig (wieder einmal, immer noch) virulenten Auseinandersetzungen um den § 218, um Vergewaltigung, Inzest, Pornographie nicht einfach nur aktuell sind.

Sie haben einen archaischen Hintergrund, und das macht sie so gefährlich erregend. Daß da ganze Weltanschauungssysteme gegeneinander streiten, läßt alle Probleme zu einem wesentlichen Stück Kampf zwischen Mannmenschen und Fraumenschen werden. Kein Wunder, daß sich fast selbstverständlich alle patriarchal verfaßten Institutionen auf die eine Seite, alle nicht (mehr) patriarchal denkenden und fühlenden Menschen auf die andere schlagen. Sie setzen, auf beiden Seiten, den uralten Kampf fort, indem sie dessen neuere Erscheinungsformen bearbeiten.

Was freilich heute noch von den ehemals sehr lebendigen und vielfältigen Wissensständen der Frauen über Geburtenkontrolle übriggeblieben ist, kann nicht mehr als ein Rest sein. Nachdem sich Frauen gerade auf diesem Gebiet dem mannmenschlichen Kultur-Prozeß haben unterwerfen müssen, ist ein patriarchales Ziel fast vollständig erreicht. Geburtenkontrolle ist, in Form der von Männern zu gesundheitlichen Lasten der Frau angebotenen Pille, gegenwärtig nicht so frei, wie sie sich selbst anpreist.

Hinter dem nur scheinbar errungenen Sieg der Frauen über die mannmenschliche Reproduktionskontrolle lebt nach wie vor der mannmenschliche Diskurs über die Reproduktion als solche. Dieser Diskurs stärkt sich selbst durch immerwährende Hinweise auf die Notwendigkeit des Kinderkriegens und -erziehens. Was die Römer durch Gesetze zu erreichen gesucht hatten, die von der Frau »vier Jungen und eine Tochter«[13] verlangten, was die römische Kirche den Gewissen der Gläubigen auferlegt hat, um das Geschlechterverhältnis auf Fortpflanzung zu begrenzen, spricht der neuere Diskurs noch immer aus: Wir, die Patriarchen, brauchen Kinder (vier echte Söhne, ein Töchterchen), um die Väterreihe fortzusetzen. Solange wir dafür auf Frauen angewiesen bleiben, müssen die Frauen ran. Ihre Männer haben dafür zu sorgen, daß sie sich nicht verweigern.

Die Grundprinzipien des Patriarchats ändern sich nicht, und manche Theologen und Metaphysiker würden sich wundern, wenn sie einmal wagten nachzulesen, woher sie ihr dogmatisches Wissen über die Natur bezogen haben. Die beflissenen Reden über natürliche Empfängniskontrolle, unnatürliches Sexualleben und so fort sind in mannmenschlichen Definitionsversuchen begründet, in eigenen Grenzziehungen der Patriarchen, in angstbesetzten Schöpfungen der Werteväter — und nirgends sonst. Die Angst der Männer vor den Frauen wird es noch lange zu verhindern wissen, daß dieses Wissen auch die letzte Frau erreicht.

In diesem Zusammenhang weise ich auf eine der probatesten Methoden hin, die sich patriarchale Angst gegriffen hat: Verschleierung durch Überhöhung. Je stärker man das eine Faktum vernebeln muß, desto wichtiger muß man das andere nehmen — und es entsprechend hochjubeln. Je weniger man über Atomkraft (männliche »Kraft«?) reden will, desto mehr muß man für das ungeborene Leben demonstrieren lassen. Der Toxikologe Otmar Wassermann nennt ein anderes alltägliches Beispiel, das meine These von der Überhöhung belegen könnte: *»Die Belastung menschlicher Ei- und Samenzellen mit Gemischen toxischer Fremdstoffe ist... kritisch. Solange der Staat das sanktioniert, ist seine Behauptung unglaubwürdig, er wolle das ungeborene Leben schützen. Der Paragraph 218 ist daher sofort zu streichen.«*[14]

Mythisches Helldunkel

Gewiß, mit dem Begriff Mythos verbindet sich die Vorstellung von Dunkelheit, von Unerforschlichkeit. Das ist das Ergebnis einer interessengelenkten Definition. Offensichtlich sind Mannmenschen daran interessiert gewesen, alles Mythische in irgendeinem dunklen Schoß der Vorzeit aufgehoben zu sehen. Aufgehoben soll dann erledigt bedeuten. Nicht aufbewahrt.
Dieser Interpretation widerspreche ich. Je genauer die Mythen erforscht werden, desto klarer wird werden, daß es vor allem die Männer gewesen sind, denen eine Erinnerung an die Ur-Verbrechen ihrer Gattung nicht genehm sein konnte. Um so einleuchtender muß sein, daß endlich Licht (das berüchtigte Licht des Verstandes?) ins sogenannte Dunkel gebracht wird. Dann wird plötzlich, was dunkel erschien, hell, und das sogenannt Helle verdunkelt sich.
Mythen sind keine Einbahnstraßen der Welterklärung. Ihre

Akzente verschieben sich häufig. Sie umfassen ein enormes Spektrum von Themen, Stilen und Empfindungen. Sie sind nicht nur außerordentlich lebendig, sondern — inzwischen — auch organisiert, in vielerlei Hinsicht rational. Sie sind nicht, wie angenommen worden ist, auf meteorologische Ereignisse zurückzuführen, die gleichsam über den Betroffenen schwebten und unbeeinflußbar blieben. Ich lehne diese Meinung ab, weil sie geschichtliches Handeln (und dessen Erforschung) von vornherein verdeckt.

Ich wage trotz der nicht zu bestreitenden Komplexität und Multifunktionalität der zugänglich gemachten Mythen eine Art Universaltheorie. Ich führe die wesentlichen Mythen auf (mann-)menschliche Taten und »patriarchalisch konstruierte Visionen«[15] zurück, auf Ängste wie Wünsche, soweit diese aktiviert worden sind.

Mythen stellen ein Entschuldungs- und Umschuldungsunternehmen größten Ausmaßes dar. Sie umhüllen und verkleiden die Urtaten der Mannmenschen mit einer speziellen Aura (des Heiligen?) — und stellen sie zugleich in der gewünschten Perspektive dar, auch wenn diesen Zweck zu verfolgen nicht jedem von ihnen in gleichem Maße gelungen ist. Ob sie damit eine Art primitiver Wissenschaft sind? Den Mythos vom Mythos aufzubrechen wäre eine lohnende Aufgabe.

Da ich nicht alle Mythen aller Völker darstellen kann (sie sind auch noch nicht alle aufgedeckt), beschränke ich mich auf einige von ihnen, die als klassische eine engere Beziehung zu unserem Kulturkreis haben. Aber immer wieder: Gerade auf diesem Gebiet ist so viel in den dunklen Schoß der Vorzeit abgedrängt worden, daß zur Zeit noch die bloßen Annahmen überwiegen.

Diese Feststellung gilt vor allem für eine der erregendsten Suchleistungen überhaupt: Für die Annahme oder Nicht-Annahme der den Patriarchaten vorausgegangenen matriarchalen Gesellschaften. Das letzte Wort ist noch nicht gesprochen, falls es je gesprochen werden kann. Ob es Matriarchate gegeben hat oder nicht, ist allerdings für die Beurteilung des Jetztstands so wichtig nicht. Ich kann abwarten. Vorerst entscheide ich mich als Ausgangspunkt für eine Hypothese, die von Robert von Ranke-Graves vorgetragen und nach dem bisherigen archäologischen und anthropologischen Forschungsstand verifiziert worden ist:

»Das vorgeschichtliche Europa kannte keine männlichen Götter. Die 'Große Göttin' allein wurde als unsterblich, unveränderlich und allmächtig betrachtet; der Begriff Vaterschaft war noch nicht in die religiöse Gedankenwelt aufgenommen worden. Die 'Große Göttin' hatte zwar Liebhaber, aber nur zu ihrem Vergnügen, nicht, um ihren Kindern einen Vater zu geben. Die Menschen fürchteten die Stammesmutter, beteten sie an und gehorchten ihr; der Herd, den sie in einer Hütte oder einer Höhle hütete, war das Zentrum frühesten gesellschaftlichen Lebens. Das Urmysterium war die Mutterschaft.«[16]

Ranke-Graves sieht die Männer erst gesellschaftlich aufsteigen, nachdem ein Zusammenhang zwischen Koitus und Schwangerschaft offiziell zugegeben worden war. Vorher gab es verschiedene Theorien über das Schwangerwerden. Eine frühe, der Pelasgische Schöpfungsmythos, nennt als Beispiel den Nordwind als Schwängerer: »Dies ist der Grund, warum Stuten oft ihr Hinterteil dem Winde entgegenhalten und trächtig werden ohne Hilfe eines Hengstes«[17].

Ich akzeptiere diese Konsequenz von Ranke-Graves über das Aufsteigen der Männer-Väter nicht im selben Maß, da ich zum einen keine so frühe Kenntnis der biologischen Vaterschaft annehme und zum anderen der soziale Gehalt und der Einfluß des mannmenschlichen Machtwillens in dieser Hypothese vernachlässigt sind.

Um so lieber folge ich Ranke-Graves in seiner Annahme, die (Stammes-)Mütter hätten aus ihrem Gefolge junger Männer den Liebhaber für ein Jahr ausgewählt, um ihn dann, bei Jahresende, aufzuopfern und sein Blut in die Natur zu versprengen. Frauen als herrschendes Geschlecht, Männer ihr angsterfülltes Opfer.

Ich nenne diese Annahme Drohnen-Hypothese. Ließe sich bestätigen (und Ranke-Graves gründet sie auf die frühgriechische Mythologie), gäbe sie eine weitere tragfähige Basis für die Angst der Männer vor den Frauen ab.

Dasselbe gilt für die Meinung, die Mütter des frühen griechischen Mythos hätten sich als Symbol den Mond gewählt. Jedenfalls pflegten thessalische Zauberinnen im Namen des Mondes der Sonne, dem aufsteigenden Symbol des Männlichen (sol invictus, unbesiegter Sonnengott), mit dem Untergang in ewiger Nacht zu drohen. Männer im ewigen Dunkel versunken? Eine Urangst vor der (weiblichen) Höhle wird virulent.

Diese Angst schafft sich mit (Definitions-)Gewalt zunehmend sozialen Respekt. Das Endstadium bei den Völkern in einem sprechenden Bild: Wo anfangs Königinnen sich ihre Liebhaber gehalten hatten, enden Frauen im Harem der Könige. Das bildet die soziale Wendung eindrücklich ab.

Gegen Ende des zweiten Jahrtausends vor unserer Zeitrechnung war im griechischen Raum alles Wesentliche geschehen. Die Patriarchen sitzen fest im Sattel. Wenn immer sie kommen, dann kommen sie als Reiter und Krieger, die Land und Frauen als Beutestücke nehmen. Sie überrennen die alten Kultstätten, tauschen ihre Götter gegen die vorgefundenen Göttinnen und ihre Bilder, heben die alten (Mond-)Kalender auf, schaffen interessenbestimmte neue Tabus und definieren Zeit und Raum einfach um. Diese Perversionen sind ihre Leistungen.

Diese Kriegskultur hält sich eine Schöpfungsgeschichte, in der sie ihre Weltmaßstäbe unterbringt, die Ordnungen des Oben und des Unten:

»Andere wieder sagen, daß der Gott aller Dinge — wer immer er auch gewesen sein mag, denn manche nennen ihn Natur — plötzlich im Chaos erschien und die Erde vom Himmel, das Wasser von der Erde und die obere Luft von der unteren trennte. Nachdem er die Elemente entwirrt hatte, gab er ihnen die heute noch gültige Ordnung... Und zuletzt erschuf er den Menschen, der allein unter den Lebewesen sein Antlitz zum Himmel erhebt...«[18]

Der oberste Herr heißt sich schließlich Zeus, Vater aller Götter und Menschen, Herr der Göttinnen. Er garantiert, auch wenn er nicht von allen ernstgenommen wird, das inzwischen geschaffene olympische System. Er sitzt oben, auf dem Olymp. Er schleudert Blitze, er hält seine rauflustige Götterfamilie in Schranken (wen er schlägt, den liebt er), er schafft Gesetze, ordnet die Himmelskörper, erzwingt Gehorsam für seine Ordnungen. Manchen erscheint er als verrückter Despot, als einer, der paranoide Gewalttätigkeit um sich verbreitet. Seine Gewalt rührt aus seiner Angst, einer Mutter-Sohn-Verschwörung zum Opfer zu fallen.

Die Nacht, vor der starke Männer Angst haben, wird jetzt einem Männergott untergeordnet, damit die Frauen nicht mehr mit ihrem eigenen Dunkel drohen können. Die Paradiese (Fruchtgärten) dieser Mann-Menschen, in denen anfangs Göttinnen geherrscht haben, sind jetzt Ruhe-Inseln nachgebildet, in denen Frauen Äpfel an Helden verschenken — um diese zur Erkenntnis ihrer selbst zu verführen und damit zu töten. Lohn und Strafe passen von Anfang an in dieses Bild.

Wesentliches Merkmal der Kriegsmänner-Kultur ist ihre Angst vor der Wiederkehr der Besiegten. Diese (Todes-)Angst hat ihre Folgen. Frauen werden als Göttinnen der Männerkultur selbst festgeschrieben und gebannt: Athene, die zur Tochter des Zeus und zur Kopfgeburt heruntergeschrieben werden mußte, die — als Parthenos (Jungfrau) — nichts mit Sexualität im Sinn hat, ist nur ein Beispiel. Hera, die Gattin des Zeus, die einst die Mutter Erde, die Große Göttin gewesen war, ein anderes.

Ähnlich schlimm ergeht es jenen Frauen, die im Mythos zur zentralen Erscheinung des Bösen gemacht werden müssen, weil sie, wie die Amazone, in den Geschlechterkrieg verwickelt waren. Die Horror-Visionen, die sich mit männermordenden Weibern verknüpfen, die zu Hyänen geworden sind, sitzen wie Gespenster in der männlichen Brust. Ängste und Obsessionen der Kriegs-Herren.

Seit Eva dem Adam zum Sündenfall geworden ist, glauben die

Männer, die den Mythos befestigt haben, sie dürften gefahrlos die Frauen für ihr ganzes Unglück verantwortlich machen, sie für sich arbeiten lassen — und ihr Urteil in bezug auf geistig-moralische Probleme zurückweisen.

Ob sie nun Eva heißen oder Amazone, immer sind solche Frauen personifizierte Männerängste. Die Amazonen sollen in ihrer Gesellschaft normiert haben, daß Männer die Hausarbeiten auszuführen hatten, während die Frauen regierten und kämpften. Ein Männermythos, der Erinnerungen aufbewahrt und zugleich aufzuheben trachtet, sagt: »Deshalb wurden die Arme und Beine der kleinen Knaben gebrochen, um sie für Krieg und Reise untauglich zu machen. Diese unnatürlichen Frauen... besaßen keine Achtung vor Gerechtigkeit und Anstand«.[19]

Griechische Soldaten raten nach einer anderen Erzählung dem siegreichen Achilleus, die sterbende Kriegerin Penthesileia »zur Strafe dafür, daß sie die Grenzen der Weiblichkeit überschritt«,[20] den Hunden vorzuwerfen.

Amazonen waren nach einer Deutung Frauen, die sich eine Brust abgeschnitten hatten, um ihre Bögen im Kampf besser handhaben zu können. Nach einer anderen Etymologie sind sie Mondfrauen gewesen. Beide Interpretationen lassen Schlüsse auf mannmenschliche Ängste zu. Ein griechischer Mythos löst das Problem, indem er einen seiner Heroen die Amazonenkönigin als Beute nehmen — und die Genommene in Brunst über den Räuber geraten läßt.

Falsch, die Amazonen im Mythos verschwinden zu lassen. Daß von ihnen mythisch erzählt wird, ist nicht — wie manch eine Psychoanalyse verkürzt — das Ergebnis einer permanent wirkenden Spannung zwischen den Geschlechtern, kein Resultat von etwas Natürlichem, vor aller Zeit Liegendem. Im Gegenteil. Der Mythos hat die Erinnerung an konkrete Manifestationen fraulichen Widerstands aufbewahrt: einen »historisch festzumachenden Geschlechterkonflikt«[21].

Zeus, der Vater aller, der große Ordner, der alles im Griff hat, ist ständig von Rebellion bedroht. Immer wieder wird er ausgelacht, immer wieder glauben seine Untertanen, gerade in der eigenen Familie, nicht an seine Potenz. Was die alten Sagen wiedergeben, bleibt sich in diesem Fall gleich: Zeus und Hera streiten sich unaufhörlich. Die treue Gattin, der Zeus selbst stets untreu ist (weil er seinen Trieb nicht diszipliniert und sich mit allen Frauen paart, sie zur Beute nimmt), findet immer neue Möglichkeiten zu List und Tücke. Und Zeus tobt.

Seine Frauen schweigen jedoch nicht. Sie lassen sich nicht zum Verstummen bringen. Immer wieder wächst die vielköpfige Schlange nach, der die Männer Kopf um Kopf abgehauen haben. Die Krieger haben die — für sie selbst — notwendige Produktivität der Frauen nie und nimmer im Griff. Daher haben sie auch keine Stabilität des eigenen Systems erreicht.

Je mehr der Patriarch lärmt, desto unsicherer ist sein Stand. Auch in diesen Legenden ist eine archaische Erfahrung der Mannmenschen niedergelegt und überliefert. Zu allen Zeiten hat es Versuche gegeben, die Herren und Väter abzulösen und zu ermorden. Griechen kennen einen Begriff für diese Wünsche: Patroktonie. Die römische Antike ist ein straff durchorganisierter Gegenentwurf zur matriarchalen Vorgeschichte; die Römer, denen bis heute eine sprichwörtliche Lust am Regeln zugeschrieben wird, versuchen stets (mit wechselndem Glück) der drohenden Patroktonie zu entgehen, indem sie ein starr patriarchales System gegen die noch materiell und/oder immateriell präsenten Reste der Mutter-Kulturen durchboxen.

Die Mütter sind noch immer die größte Gefahr für das Vaterreich, denn »... in steigendem Maße ist ein wahrer Kult der 'Mutter', des mütterlichen Grundes, des Irrationalen, Gefühlshaften und 'Natürlichen' im Abendland ausgebrochen«[22]. Dagegen hilft nur eins: zurück zum Vatermann. Den kann man am besten im alten Rom kennenlernen.

Ich hatte mich immer gefragt, woher die auffällige Vorliebe der Theologie und der Metaphysik für das ewige Rom kommt. Jetzt ist mir klar: Die Patriarchen von heute erkennen sich in denen von damals wieder. Was geschichtlich und bewährt ist, muß auch für die Gegenwart gelten und der zukünftigen Praxis suggestiv zur Nachahmung empfohlen werden, sagen die Theoretiker, die das alte Rom empfehlen. Auf diese Weise bildet sich eine Väterreihe.

Rom ist Vorbild, weil es den paterfamilias (Oberhaupt der Familie mit priesterlichen Funktionen und dem Recht über Leben und Tod seiner Familiaren) erfunden und als zeitlos gültig installiert hat. Rom ist bis heute eine Handlungsaufforderung.

Da aber eine Kriegskultur sich ihrer selbst nie ganz so sicher ist, wie lautstark sie sich feiert, ja da sie sich ihrer selbst schämt, müssen die Reste der Erinnerung an ihre Untaten ins Mythische abgedrängt und/oder umgeschrieben und umgedeutet werden. Der gewollte Mythos läßt nicht mehr scharf zwischen Hell und Dunkel unterscheiden. Und schließlich, in unserer Zeit, endet er in den Behandlungszimmern der Psychoanalytiker — und wird auf diese Weise gesellschaftlich abstrakt und ungefährlich. Das ist gelenkt: Wenn nur noch Individuen von ihren mythischen Zuständen geheilt werden, kann die gesellschaftliche Krankheit gefahrlos gesund bleiben.

Gebremstes Denken

Die Angst des Otto Weininger, der für die Seinen spricht und das artikuliert, was nicht alle sagen können oder dürfen, lebt auf diesem alten Humus. Gerade wenn er davon spricht, daß Männer den Frauen die Emanzipation verstellen.

Emanzipation heißt für ihn (und für viele seiner Epigonen) immer Verzicht auf Sexualität. Emanzipation der Frauen bedeutet ihm konsequenterweise, daß die — eigentlich an ihr Geschlecht verlorenen — Fraumenschen endlich ihren Körper disziplinieren und besiegen. Wie sie das bei den Mannmenschen, die Weininger meint, sehen können.

Die Frau, die triebverhaftet ist und sich ein Beispiel nehmen muß an dem Mann, der — nach eigenem Wunschdenken — seine Triebe im Griff hat. Das ist nicht eben ein leuchtendes Exempel für Emanzipation. Vielleicht hat Weininger das selbst bemerkt.

Es verrät ihn, wie schnell er wieder zu seinen gewohnten Vorstellungen zurückfindet. Diese lehren ihn, daß die normale Frau pansexuell, ein Triebtierchen, ist und bleibt. Unter solchen ist kein Wille zur Disziplin, zur Emanzipation zu finden oder gar durchzuhalten. Das Weib fällt immer wieder ins Unten zurück.

Dort soll sie sich wohlfühlen. Ihr ganzes Wesen ist sexuell durchwirkt, der Koitus ist nur der besonders auffällige Sonderfall der fraulichen Existenz, der Körper der Frau ein einziges erogenes Gelände.

Wer hier wen — unter dem Vorwand, Objektivität zu beweisen — schildert, leuchtet ein. Die Angst vor dem Trieb im Mann, den der Mann nicht überwinden kann, ist projiziert auf das Gegenüber, auf die Frau, die alle sogenannten schlechten (=schwachen) Charaktermerkmale aufzuweisen hat. Damit der Mann sich wieder sicher fühlt. Was außerhalb des männlichen Körpers angesiedelt ist, gilt nicht mehr als Bedrohung. Wo die mannmenschliche Domäne verteidigt wird, der Geist, hat die körperbetonte Frau ohnedies nichts zu suchen. Sie braucht ein Oberhaupt, dessen Uterus-Neid ihr und ihrem Körper sagt, was zu tun und was zu lassen ist.

Ober-Haupt, eine typische Angst-Vokabel. Mannmenschen haben sich prinzipiell das Oben reserviert und dieses im Kopf (Haupt) lokalisiert. Von da aus wollen sie nach unten herrschen. Aber da dies offenbar nicht immer klappt wie erwartet, muß schon die Vokabel doppelt besetzt sein, die Herrschaft von oben her aussagen soll: Haupt und Oben, Oberhaupt. Solche Kapriolen schlägt die mannmenschliche Angst vor der Niederlage. Von Logik, sonst ein gern gebrauchtes Wort für mannmenschliche Leistung, ist nichts mehr zu spüren, wo Angst das Denken dirigiert.

Doch so weit denken richtige Männer nicht. Sie lehren, daß

Frauen vergleichsweise überhaupt nicht denken, weil sie diese Kunst nicht beherrschen.

Denken als mannmenschliche Anstrengung? Gar als »die« mannmenschliche Wirklichkeit? Weininger spricht nur dem Mann ein hinter schnurgerade gezogenen und diszipliniert eingehaltenen Grenzen verharrendes Ich zu. Diesem Ich eignet Sittlichkeit. Und die macht wieder einsam.

Man hat sich festgelegt. Man lebt in seiner Sittlichkeit wie auf dem Mond. Da fühlt man sich wohl — und vor allem sicher. Aber wie immer, wenn hehre Vokabeln gebraucht werden, guckt die Angst hinter jeder Ecke hervor. Abgrenzung, Eingrenzung, Begrenzung können nur existieren, wenn es etwas gibt, ein Anderes, von dem, gegen das man sich abgrenzen und auf sein eigenes Ich begrenzen kann.

Ich mag es schon gar nicht mehr hören oder sagen: Dieses Andere ist die Frau. Das absolute Weib hat nach Weininger »kein Ich«[23]. Das weibliche Wesen, das nur in der Angst der Selbstdefinierer existiert, ist ich-los, unstrukturiert, undiszipliniert, nicht-abgegrenzt. Es ist ganz Natur, Chaos, ungerodete Wildnis, Grenzenlosigkeit.

Das Chaos, in Schöpfungsgeschichten auch als Urelement und Urbefindlichkeit dargestellt, das ein Obervater ordnet: die Frau. Das Chaos, keineswegs eine anthropomorphe (dem Menschen nachgebildete) Vorstellung, sondern eine andromorphe (dem Mann angepaßte). Der Logos (wörtlich: das geordnete Ebenmaß), keineswegs ein anthropomorphes Modell von Weltbeherrschung, sondern ein andromorphes, ein den Männern — gegen die Frauen — von Männern auf den Leib geschriebenes.

Mit dieser Bestimmung hat die männliche Angst sich wieder im eigenen Netz gefangen. Es wird deutlich, daß alle Versuche, Angst in Ab-Wertung des anderen aufzulösen, in die Irre führen. Sicherheit gewinnen zu wollen gegen die eigene Schwäche, indem man die Frauen als noch schwächer definiert, kann niemals zu einer Lösung, zu einem Ende führen. Wer sein Ich stärken will, indem er das andere Ich negativ besetzt, entkommt den eigenen Fallstricken nicht.

Die Frau als unbegrenzte Wildnis vorzuführen, die männlicher Rodung bedarf, ihr Geschlechtsorgan als Furche zu verstehen, das vom männlichen Organ gepflügt (das meint: kultiviert) wird, reicht nicht hin, um die vielen Ängste zu besiegen: Die Angst vor dem Versagen des Pfluges, die vor dem Verschwinden des Pfluges in der Muttererde, die vor der Sehnsucht nach Wildnis im Herzen der Pflüger.

Die männliche Angst-Welt wappnet und bewaffnet sich gegen diese Wünsche, gegen den süßen Schauder der Unermeßlichkeit. Theodor Lessing, der sich Weiningers Sprachrohr-Philosophie vorgenommen hat:

»War es nicht natürlich, daß sich das Leben in seine Schalen- und Schneckenhäuser, hinter Panzer und Damm rettete? Und sollten nicht gerade die Hingerissenen, Ekstatischen, Urlebendigen (diese am leichtesten aus sich Herauszulockenden) am bängsten ausgespäht haben nach Tor und Dach? Nach Schutz vor Verfluten und Verflackern? Und sei es Turm oder Gefängnis!... Auf dem Felsen 'Geist' hat sich die Menschheit ihr Schloß Logos erbaut.«[24]

Daß die Mannheit sich Schritt um Schritt einen eigenen Logos entwickelt hat, hinter den heute niemand mehr zurückfallen darf, ohne dem Verdikt zu verfallen, weiblich-unlogisch zu denken oder zu handeln, ist eine reine Not-Wendigkeit gewesen. Den Prozeß nachzuvollziehen, der von einer von Mythen geprägten Kultur (in sogenannter vorgeschichtlicher Zeit) zur Philosophie des Logos geführt hat, ist freilich noch nicht gelungen. Die erwähnte Kritik der mannmenschlichen Vernunft fände im Helldunkel zwischen Mythos und Logos ein lohnendes Forschungsfeld. Bruno Snell in seiner »Entdeckung des Geistes«: »... auch im mythischen Denken ist Raum für mancherlei Logisches und umgekehrt, und der Übergang von einem zum anderen vollzieht sich langsam und allmählich — ja, dieser Prozeß kann nie zu einem wirklichen Abschluß kommen.«[25]

Erklärungen der Ursachen von bestimmten Erscheinungen haben beide zu bieten, der Mythos und der Logos. Ich vermute, daß die ätiologischen (Ursache-suchenden) Formen von Sprache, die stets so auffällig um Ursachenfindung bemüht sind, sich der Ur-Sache bewußt geblieben sind: einer Ur-Tat von Männern gegen Frauen, die keine Un-Tat mehr sein darf. Daß Suchen immer gleich Finden ist, nenne ich auch eine Gleichung des ForschHerren-Wahns.

Fels, Geist, Burg, Licht, Logos. Nicht nur die Bücher des Neuen Testaments (vor allem die dem Kollektiv-Evangelisten Johannes zugeschriebenen) sind voll von solchen Substanzvokabeln, wie sie das patriarchale Angstdenken sich zum Festhalten geschaffen hat. Nicht nur sie beweisen damit von neuem ihre eigentliche Herkunft. Auch die nicht religiös gesicherte Philosophie, falls es eine solche gibt, liebt eifersüchtig solche Vorstellungen. Nur ganz selten ist sie ihnen entkommen.

Das Patriarchat ist dadurch erbaut und gesichert worden, daß es eine bestimmte Sprachordnung installiert hat. Diese ist in Texten konkretisiert, die mehr und mehr zu unangreifbar gültigen, heiligen Formeln stilisiert wurden. Diese Entwicklung ist interessengelenkt. Ewige Wahrheiten, in unantastbaren Büchern verfestigt, sollen das System der Setzung von Väterwerten (»Patronomie«) unangreifbarer, intensiver, subtiler machen.

Wahrheiten — und ihre Bücher — haben es an sich, daß sie notwendig eine eigene Experten-Klasse aus sich entlassen. Wenn Texte als heilige feststehen, muß es Mannmenschen geben, die sie hüten — und authentisch, unfehlbar auslegen. Am besten faßt man schließlich solche Experten in förmlichen Heiligen Büros zusammen und regelt diese nach dem Muster von Wahrheits-Kasernen. Dann sind diese disziplinierten Vor-Denker und Vor-Gläubigen am ehesten imstande, sich und ihre Welt gegen alle Widerstände zu verteidigen. Am häufigsten mit Hilfe von Gesetzen, die alle »schmutzige Gier im Zaum«[26] halten, am wirksamsten in Sinn-Kriegen.

Der Mannheit fällt es sehr schwer, ohne Werteväter zu leben, ohne Väter, »die unsere gesamten Lebensgeschäfte für uns ordnen sollen und das 'Meta' dazu«[27]. Das Wertevater-System regelt eine ganze Welt. Nicht nur Militärs sind als Sekretäre der Wahrheit gefragt, nicht nur Fachmänner für Philosophie oder Theologie. Auch Poeten haben ihren Platz im uferlos frauenfeindlichen (Bücherschreiber-) System. Dichter üben im Vers eine spezifische Gewalt aus, ähnlich der der Zauberformel. Des Hofdichters Worte werden emphatisch vorgetragen, sie sind rhythmisch eindringlich, sie haben nicht selten eine dunkle Bedeutung, sie appellieren an die Emotion. Selten machen sie die Warum-Frage öffentlich. Dafür rezitieren sie ihr Bekanntes immer wieder, wiederholen das wichtig Scheinende. Das verbindet sie mit vielen Fernseh-Beiträgen der Gegenwart.

Inwieweit Frauen im allgemeinen und lustvolle (Frauen-)Sexualität im besonderen aus dem normalen TV-Programm, das man ihnen zumutet, ausgesondert bleiben, ist noch genauer zu erforschen. Freilich rächen sich die öffentlichen Verdrängungen auf die heimlichste Weise: Wo Sexuelles nicht offenbart werden darf, muß es sich verschwiegen äußern. Sexualität versteckt sich heute in Alltäglichkeiten; je mehr sie ausgetrieben wird, desto lieber hält sie sich an allen Orten auf. Der Bürohengst streichelt seine Akten, der Geldmann zählt fließend seine Scheinchen, der ForschHerr ist in seine Bücher verliebt. Ich mache meine stillen Beobachtungen.

Ein Verschweigenszusammenhang bindet Literaturwissenschaftler und Hofdichter noch immer aneinander. Ein frühes Patriarchat setzt seine Dichter bewußt für seine Ziele ein. Poeten organisieren mit die öffentliche Meinung. Sie haben, wie seinerzeit Ovid (im Goldenen Zeitalter), die Aufgabe, in sogenannten »Wiederauferstehungsversen«[28] die Doktrin der Herrenmenschen effizient an den Mann zu bringen. Oder Horaz: Er muß in patronomer Symbolsprache sagen, worauf es ankommt. Er besingt die (weiblichen) Fluten, welche die Schiffs-Mannschaft in Todesgefahr bringen. Falls es dieser nicht gelingt, den rettenden Hafen anzusteuern.

Katastrophe ist etymologisch ein Femininum. Taifune oder

Hurricans tragen noch heute weibliche Namen. Naturkatastrophen kann man denen zuschieben, die Mütter, Frauen, Weiber, Huren sind. Sie zu bezwingen und zu besiegen gilt als stark patriarchale Leistung. Weiblich ist dagegen die Niederlage (und ihre Ursache). Seneca dichtet: »Wir schweben und wogen unstet, stürzen übereinander und erleiden hier und dort Schiffbruch; immerfort sind wir in Furcht.«[29]

Auch wenn es gar nicht abenteuerlich klingt: Ich meine, die Marine sei eine Männer-Notwendigkeit. Navigare necesse est, Schiffahrt tut not, hieß das lange Zeit. Was war gemeint? Zum einen der sogenannte Drang, fremde Meere zu befahren, sich ihren Gefahren zu stellen, den Kampf gegen die Fluten aufzunehmen und zu bestehen. Zum anderen die Chance, fremde Länder und Frauen zu entdecken, sie niederzuwerfen und zu nehmen. Die Mission der Marine, die Marine der Mission.

Fluten, Felsen, Hafen, Rettung. Sicherheit durch den Gegenkurs, den Mannmenschen gegen die Frauen an-steuern. Das Steuer fest in die Hand nehmen, sich zügeln, sich nicht von Trieben treiben lassen, allen Versuchungen widerstehen, Bauwerke errichten, am besten solche, die abgeschlossen sind wie eine Kugel, ohne Türen, Fenster, Eingänge, Zugänge. Das bietet totale Sicherheit. Sich zu Hause fühlen, behausen, beheimaten, Vaterhäuser bauen, bedecken, umhüllen, verhüllen, sich verkriechen in die Panzerung. Der letzte Hafen ist der Tod.

So werden Wahrheit, Gültigkeit, Ewigkeit erzeugt. All diese Begriffe sind einem stabilen Herrscher-Ich verpflichtet, das sich durch Härte und Standfestigkeit gegenüber allen fraumenschlichen Ansprüchen auszeichnet. Der Herrscher ist der Große Vater, der Große Bruder, der Kaiser, der Papst. Und noch mehr: Das Errettungs-Bedürfnis der Patriarchen ist erst zu seinem Ende gekommen, wenn es sich bis zu einem Über-Vater hinaufgedacht hat, der solche Begriffe endgültig garantieren soll. Er ist Herr schließlich auch über den Männer-Tod, er bietet den noch sichereren rettenden Hafen. Das Männer-Paradies, in dem man seinen Ängsten endlich entkommen ist.

Ich plädiere für das genaue Gegenteil. Ich bin der Meinung, daß nicht nur das Fühlen, sondern auch das Denken ebenso anarchisch ist wie die sexuelle Anlage des Menschen. Freilich halte ich diese Art Anarchie nicht für einen Ausfluß des modischen »ozeanischen Gefühls des Narzißmus«[30]. Wenn narzißtische Mannmenschen sich plötzlich in den (als weiblich definierten) Ozean verlieren, melde ich Bedenken an. Solche Verluste verkraftet das Patriarchat seit eh und je.

Deswegen bin ich auch nicht der simpel gegenaufklärerischen Ansicht, wie sie aus Kreisen der gegenwärtigen französischen Philosophie verlautet, Wissen sei Macht und schon deshalb böse. Fühlen zu propagieren, rettet die Frauen nicht vor den Systemen der mannmenschlichen Vernunft. Vorsicht ist geboten und Verteidigung der geschichtlichen Verfaßtheit des Menschen, wenn eine Bohème von Männer-Philosophen heute dazu rät, »in sich selber zu fluten«[31], vorbehaltlos authentisch zu sein, selbstvergessen, selbstausgelöscht, zurückgekehrt zur Erdwärme. Bloßer Überdruß am bisherigen Männer-Denken bildet keine andere Welt als eine nur modisch zweifelnde. Freiheit für Menschen bereitet sich darin nicht vor.

Allerdings übersehe ich nicht, daß schon die Erinnerung an Freiheit, hier einmal an so etwas wie die freie Liebe bei den meisten Menschen, zugerichtet wie sie sind, Ängste aufsteigen läßt. Liebe darf nicht frei sein, das wissen inzwischen alle. Liebe ist geordnet, in das Bett der Ehe und der Kindererzeugung verlegt, wo Männer das Sagen zu haben glauben. Oder sie ist, als Prostitution, Ventilsitte eben dieser Männer.

Liebe als ungeordnetes Wesen, das selbst würdige Patriarchen vom Kriegsberuf abhält? Und erst ein anarchisches Denken? Die Geschichte mannmenschlicher Denkarbeit ist vom Gegenteil bestimmt: Das gesellschaftlich prämierte Denken ist bis in seine Details hinein geordnet. Als geordnetes wird es verteidigt. Denken ist ein ausgezeichnetes Mittel der Grenzsicherung. Die sogenannte Logik zum Beispiel gleicht einem gerodeten Gärtchen, in dem schnurgerade Pfade verlaufen und hart aufgerichtete Wegweiser auch noch den unwilligsten BesucherInnen den einzigen Weg zur Wahrheit zeigen.

Oder in einem anderen Bild: Logik (auf mannmenschliche Art) erinnert mich an Einrichtungen der Männer-Justiz: an Zellen, in denen Einzelhäftlinge hocken, an Gerichtspersonal, das Urteile fällt und vollstreckt, an Guillotinen, die den irrig Urteilenden den logischen Garaus macht. Kopf ab, das ist das logische Urteil über Menschen, die in heiligen Hallen anarchische Wünsche zu äußern wagen.

Was Wunder, daß die Phantasie nicht mit dem Gehorsam verwandt sein kann. Kein Wunder, daß sie als weiblich gewertet ist. Der mangelnden begrifflichen Bestimmtheit entspricht bei den Frauen das, was die Männer für eine »erhöhte Sensitivität«[32] halten. Logische Axiome, Bausteine der Begrifflichkeit, werden den Frauen kurzerhand abgesprochen.

Wollen Frauen logisch denken, müssen sie sich vermännlichen lassen. Dann erst, in mannmenschlicher Haltung, denken sie normal, und erst als normal Denkende entgehen sie vorübergehend dem Verdacht, nur niedrige Lebewesen zu sein. Was denken kann, ist ein Mensch. Was gedacht werden kann, ist wirklich. Und gleichzeitig kann man sich — im Denken — das mögliche Leben vom Hals schaffen. Nochmals: Der männliche Mann denkt (und erschafft) sich als einsamen Krieger, als Monade in seiner Welt, als Fels in den Fluten des umgetriebenen Chaos. Er existiert als sein eigenes Ideal.

7. Gebot
Du sollst ein Vorbild als »männlicher Mann« sein und so den einzig möglichen Weg zur Emanzipation der Frau zeigen!

Viele (Karriere-)Frauen haben sich diese Devise zueigen gemacht. Sie reagieren, unter dem Stichwort ihrer Emanzipation, haargenau so, wie männliche Aktion es ihnen gesellschaftlich abverlangt. Damit bestätigen sie nicht sich selbst, sondern — als geopferte Gehilfinnen — die Gesellschaft, die ihresgleichen als Substrat ihrer Angst braucht.

Gertrud Höhler, die Frau mit dem gestylt harten Gesicht, wäre fast Familienministerin Helmut Kohls geworden, wäre da nicht der Widerstand von Frauen ihrer Partei gewesen. Ich zitiere sie für viele: »Zu Einzelheiten nehme ich öffentlich nicht Stellung. Das verbietet mir meine Disziplin... Aber es ist schon eigenartig, mit welcher Pünktlichkeit Frauen gegen Frauen aufstehen, wenn es um Ämter geht.«[33]

Disziplin und Pünktlichkeit: Nur zwei der vielen Sekundärtugenden einer Männergesellschaft. Und als sei es noch nicht genug mit dieser Entlarvung, diese Frau rühmt es als ungeheuren Fortschritt, daß die Wirtschaft »eine Frau zur Beratung heranzieht, denn Männer haben ein tiefverwurzeltes Mißtrauen gegen weibliche Intelligenz«. Ob der zu ihren eigenen Gunsten angenommene Fortschritt wirklich so ungeheuer ist? Gertrud Höhler kommt ihren Männern detailgenau entgegen, indem sie die weibliche Intelligenz so kaschiert, daß die Männer ihre eigene darin wiedererkennen können:

»Wir Frauen können viel Befreiendes auch in Entscheidungsprozesse bringen, indem wir uns mit uneingeschränkter Legitimität engagieren. Nicht dadurch, daß wir unscharf denken oder gefühlsbetont durch die Gegend laufen.«

Jenes diszipliniert geordnete und durch ständig neue Leistung der Männerwelt gehorsam vorgeführte Denken, das die Literaturwissenschaftlerin Gertrud Höhler, die »man« sagt, wenn sie von ihrem Ich spricht, zur Beraterin der Deutschen Bank tauglich gemacht hat, wäre den Männern bei vielen Frauen willkommen. Darin könnten sie sich wiederfinden. Leider, sagen sie, sind nicht alle Frauen bereit, sich unserer Option zu beugen — und, wie unsere Frau Höhler, das Wetter in Deutschland als »das größte Unglück für mich« zu bezeichnen.

Sie wissen, weshalb sie sich so ärgern und warum sie so lamentieren. Die Weigerung, sich nach Männerlaune emanzipieren zu lassen, greift das patriarchale Denken an der Wurzel an. Sie ist ein radikaler Eingriff in jene aktuellen politischen Debatten, zu denen ich nochmals die potentielle Familienministerin Höhler zitiere.

Sie bezeugt sich auch hierin als brauchbar systemkonforme Denkerin, die »für das Erklären ausgebildet« ist und »härteste Beweisführung« verlangt, »unerbittlich klar gedacht«: »Wir haben auch in der jungen Generation viele Menschen, die wollen mit Kindern leben, und zwar nicht mit Kinderkrippen, Krabbelstuben, Frühkindergärten, Ganztagsschulen. Sie wollen Kinder prägen, ihnen ihre Vorstellungen vom Leben mitgeben... In der Jugend ist eine Sehnsucht nach Familie, nach Wärme...«

So lieben es die auf einfache Botschaften spezialisierten PatriarchInnen: Kinder prägen, die — doch wohl zeitlos gültigen — Vorgaben der Väterreihe unbefragt gegen jeden »aufgeklärten Zeitgeistgehorsam« fortsetzen, das Vaterhaus als alleinigen Ort der Wärme vermitteln, die Sehnsucht nach der Familie als einer Agentur dieser Vermittlungsleistungen stützen.

Es sei schade, streuen sie, daß es so aussehe, als breche die Tradition ab, als sterbe »das Gefühl, daß sich diese Kultur fortzuentwickeln lohnt«. In den USA verlassen Jahr für Jahr fast zwei Millionen Kinder und Jugendliche das Vaterhaus und verschwinden. Ob sie im trauten (Puppen-)Heim der Väter das Grauen kennengelernt haben, das von der dort ausgestrahlten Wärme ausgeht?

Daß die Weigerung, sich mit den patriarchalen Vorgaben auch künftig zu identifizieren, Willen zur Selbstbestimmung bedeutet, darf den Patriarchen nicht klarwerden. Die Angst der idealen Männer vor der Frau bezeugt sich auch darin, daß den Frauen immer wieder bescheinigt wird, sie hätten weder Wille noch Kraft, diesen emanzipatorischen Weg einzuschlagen oder gar bis zum bitteren Ende zu gehen. Diese Angst ist in einem Subjekt- und Objektangst. Angst vor (abweichender) eigener

Erfahrung und Angst vor den Gegen-Ständen eben dieser Erfahrrung.

Aber die Distanz zum Wirklichen macht Mannmenschen schöpferisch. Sie liefert den Stoff (die Materie, das mütterliche Mater-ial), aus dem die Vorstellungen von der Frau geformt werden, ja die Frau selbst. Jetzt fangen die Vordenker des Männlichen an, vom Mythos des Weiblichen, vom Geheimnis der Frau, von der absoluten Frau zu sprechen. Und da sie nichts Genaues über den Gegenstand ihres Denkens wissen (können), sind ihre Theorien sehr dehnbar.

Mut zur Lücke

Wie sehr Angst schöpferisch macht

Gelehrte Angst

Nochmals, immer wieder: Der eingeimpfte Begriff von Angst
lehrt uns bewußt, nur die schlechtere Hälfte der Angst-Wirk-
lichkeit wahrzunehmen. Diese Hälfte bedeutet: Angst soll zit-
ternde Wesen produzieren, die sich vor der Welt verstecken.
Wer unter Angst nur so wenig versteht, hat gar nichts verstanden. Daß es noch keine Theorie der kreativen Angst gibt,
spricht deutlich für sich. Dabei macht Angst so erfinderisch wie
Not (die aus Lückenangst entsteht). Ich bin sogar der Ansicht,
die Angst der Männer vor den Frauen hat es geschafft, sich eine
ganze Welt mit allem, was dazugehört, zu erschaffen. Ich mache
diese Theorie an verschiedenen Beispielen fest: am Begriff des
immer als männliches Prinzip gedachten Schöpfers (Schöpfe-
rinnen gibt es heute gar nicht mehr, auch keine Göttinnen), der
sich die Materie unterwirft, und am Begriff der Maschine, die
den Männern helfen soll, sich von der Produktivität der Frauen
zu befreien.
Am eindrücklichsten sehe ich diese Schöpfungstaten im Begriff
der »Patronomie« zusammengefaßt. Patronomie ist ein altgrie-
chisches Wort, das inzwischen — zugunsten des eingeführten
»Patriarchats« — völlig vergessen ist. Ich bedaure dieses Vergessen, denn »Patronomie« sagt sehr deutlich, worauf die Herrschaft der Patriarchen gründet: Auf der individuell und gesellschaftlich wirksamen Definitions- und Gesetzmächtigkeit der
Werteväter, die sich eine Welt (und einen Gott) der Väterwerte
geschaffen haben.

Daß sich all diese angstbesetzten Schöpfungen zu Lasten der Frauen ausgewirkt haben, ja daß sie sich genau so auswirken mußten, ist schon keines eigenen Hinweises mehr wert. Wer mir bis hierher gefolgt ist, weiß warum. Ich setze daher schon an diese Stelle ein weiteres Gebot des Patriarchats:

8. Gebot
Du sollst dir eine Welt und einen Gott schaffen, die dich die Angst vor dem Leben der Frau ertragen lassen!

Nicht nur die sprichwörtliche Not lehrt beten. Auch die Angst, die als Not-Wendigkeit kreativ sein muß, lehrt beten. Und denken. Das neue Sprichwort heißt daher: Angst lehrt denken. Und erfinden und erschaffen. Daß Angst freilich immer auch einen spezifischen Mut zur Lücke beweisen muß, weil sie niemals alle ihr begegnenden Wirklichkeiten in den Griff bekommen kann, ist eine andere Sache.

Angst zeigt charakteristische Symptome: Immer wieder ist von einem »Muß« die Rede. Angstgetriebene Sprache ist eingeschlossen in ein System der Pflicht: dürfen, können — und vor allem müssen. Im Neuen Testament geht das so weit, daß von einem »göttlichen Muß« gesprochen wird. Der patriarchale Gott entkommt seiner Pflicht-Ethik so wenig wie seine Mannmenschen dies können. Immer hat man den Eindruck, man müsse so, wie es die Pflicht gebiete. Siehe, sagten die Spartaner in ihrem berühmtesten Spruch auf tote Helden, hier liegen wir, wie das Gesetz es befahl.

Um von den eigenen Unzulänglichkeiten abzulenken, muß man ein schauriges Feindbild schaffen, verteidigen und — bei Bedarf — übermalen. Da heute aber mit bloßen Feindbildern kaum mehr Gewinn gemacht werden kann, muß man sich tarnen. Feindbilder zu schaffen bedeutet Schutz garantieren.

Schutz vor allem vor dem herbeigeredeten Chaos. Ich oder das Chaos! Laß dich unfrei machen und zwischen dieser Nicht-Alternative wählen!

Das Chaos. Ich beginne nochmals bei Otto Weiningers prototypischen Ängsten vor der Frau. Angst lehrt denken, aber was für ein Denken? Selten werden dessen Antriebe und Konsequenzen in so extremer Form vorgetragen wie hier. Meist, und das macht es eigentlich gefährlich, versteckt sich dieses Denken hinter ungleich normaleren und alltäglicheren Erscheinungsformen. Mit Extremen allein läßt sich keine Welt auf Dauer halten. Systeme wollen, um überleben zu können, nicht extrem sein, sondern als Normalität des Denkens und Fühlens und Handelns gelten. Doch erhellen ihre Phänomene blitzartig die Situation.

Das Wort vom Geheimnis der Frau ist ein solches extrem normales Exempel. In der Männerwelt, wie sie sich in ihrer Literatur erschließt, existieren eigentlich nur zwei wirkliche Geheimnisse: das Mysterium Frau und das Mysterium des Bösen. Von deren Gegenteil, vom Mysterium des Mannes oder von dem des Guten, ist weit und breit keine Rede. Männer, lerne ich, müssen als solche nicht erklärt werden, sie sprechen klar für sich. Und auch das sogenannte Gute bedarf kaum einer eigenen Theorie. Es legt sich selbst aus. Geheimnisvoll ist es nicht.

Freilich existiert auch das »Geheimnis der Frau« nicht, es sei denn im Denken der Männer. Das Mysterium besteht gerade darin, daß es nicht — d.h. nirgendwo anders als im Kopf der Männer — ist. So schaffen angstbesetzte Männer sich ihre eigene Welt, so inszenieren sie das Dasein und das Sosein der Frau. Weiblichkeit wird durch patronome Konstruktionen ersetzt. Und das auf anankastische Weise. Männer können nicht anders; ihre Angst läßt nichts anderes zu. Als Beispiel die »Waffen der Frau«: Körper, Körper, Körper. Kein bißchen Geist.

Das Dogma, das Männer sich über das Problem der Frauen-Existenz halten, steht fest: Die Frau ist nur aus einem einzigen Grund überlebenswert. Weil sie — noch immer, aber wie lange noch? — biologisch nicht zu entbehren ist.

Die Überfülle an Abhandlungen, die von Männern (Philoso-phen, Poeten, Politiker) zum Thema Frau geschrieben worden sind, bezeugt diese Angst — und den Willen, sie sich aus dem Kopf zu schaffen, indem man sie ins Wort bannt. Mit Worten siegen, das glauben die Männer gelernt zu haben.

Ihr Vokabel-Sieg kann darin bestehen, daß das Verhältnis zwischen Mann und Frau zu einer Art heiligem Kunstwerk hochge-schrieben wird. Eigene Defensiv-Instanzen des Patriarchats wie die Kirche Roms haben es sich zur Aufgabe gemacht, an einer solchen Verklärung mitzuwirken. Wenn man möglichst schön und ehrfürchtig vom Mysterium des Geschlechts spricht und schreibt, ist die Urtat nackter Gewalt, die Mannmenschen ge-gen Fraumenschen verübt haben, leichter zu vergessen. Aus der Sünde wächst dann Erlösung. Glückliche Schuld, die eine sol-che Befreiung zuläßt, wispern die Erwählten. So geheiligt strahlt das Geschlechterverhältnis einen milden Schein von Wahrheit aus. Dann ist keine Erinnerung an schlimmste ge-schichtliche Fakten mehr möglich. Denken die Patriarchen.

Bücher zum Thema sind nicht so harmlos, wie sie sich geben. Sie sind Ventile der Angst und zugleich starke Appelle an die Le-ser, sich den Autoren und deren Bewältigung von Angst anzu-schließen. Schreibt ein Mann für alle, so wirkt er suggestiv auf alle. Seine Leser machen sich vor, sie erhielten von einem richti-gen Mann eine Bestätigung dessen, was sie selbst schon wissen. Und sie halten das für einen Zuwachs an Wissen, für einen Ge-winn.

Die Frau und das Böse, die Schöne und das Tier. So sehen es Männer gerne beisammen. Weininger spricht von einer »tieri-schen Zärtlichkeit« der Frauen. Alles weibliche Mitleid äußere sich in »körperlicher Annäherung an das bemitleidete Wesen... es muß streicheln und trösten. Wieder nur ein Beweis für das Fehlen jenes harten Striches, der zwischen Persönlichkeit und Persönlichkeit gezogen ist!«[1]

Mit einer solchen Liebe, von der er sich mysteriös angezogen fühlt, kann der harte Mann nichts anfangen. Sie geht ihm gegen den Strich. Daher schickt er, einmal männersprachlich gesagt, die Frau in seinem Denken und Handeln auf den Strich. Wenn Männer schon den Körper der Frau als Fläche für ihre eigenen Projektionen benutzen, dann peinlich richtig. Diese Richtigkeit ihres folgenschweren Urteils nennen sie ihr Geheimnis der Frau.

Die antiken Hetären vernichten den Mann nicht notwendig. Sie halten ihn fest und schenken ihm Glück. Er aber empfindet dieses Glück als Selbstaufgabe. Die Autonomie des Beglückten geht dahin. Das spürt der Mann, und er vermutet, daß Hetären eine ältere Form von Leben vermitteln. Das eigentliche Leben, von dem er sich sofort und notwendig abgrenzt, um bestehen zu können.

Der Römer, der seine Ehefrau nur »züchtig« bekleidet sehen will, sieht die Dirne als nackte Frau — und damit als unsexuelles Lebewesen, das ihm nicht gefährlich werden kann. Ihre Leidenschaftslosigkeit schafft ihm Schutz. Auf diese Weise bleibt er immer »Herr seiner Liebe«[2]. Eine Ehefrau aber, sagt Horaz, »fordert Tausende von dir, dann höhnt sie, weist dich aus dem Haus und überschüttet dich mit kaltem Wasser — und ruft dich bald zurück«[3].

Kaltes Wasser, Ertötung der Triebe, Lächerlichkeit des begossenen Pudels. Und dann ruft sie den Gatten zurück, die getriebene Frau, die nicht anders kann. Ob alle Frauen so sind, fragt der Mann.

»Es gibt kein Weib ohne alle Dirneninstinkte.«[4] Daher kann es — in der männlichen Inszenierung — auch keine absolute Mutter geben. Diese wäre nämlich treu, treu auf immer und ewig, eine Heimat voller Liebe, bei der ein Mann sich absolut gesichert fühlen könnte. Aber genau die kann es nicht geben.

Angst will Sicherheit, doch sie weiß auch, daß sie diese niemals haben kann — und will, ohne sich selbst aufgeben zu müssen. Wer aus Angst lebt, macht sich in eben der heimisch. Auch wenn er ununterbrochen von Nicht-Angst (Sicherheit) träumt und spricht, will er diese nicht auf Dauer, weil ihm seine eigene

Angst doch als die gütigere Mutter erscheint. Angst kennt er als seine langjährige Heimat. Er liebt sie. Er gibt sie nicht ab.

Die Gattung Mannmensch läßt sich ihre Heimatgefühle von der eigenen Urangst vermitteln: Werde ich je aufrichtig geliebt von einer Frau? Kann ich je der Treue einer geliebten Frau sicher sein? Jean-Jacques Rousseau fragt:

»Gibt es etwas Schrecklicheres auf Erden als einen unglücklichen Vater, der, weil er kein Vertrauen mehr in seine Frau hat, es nicht mehr wagt, sich seinen Gefühlen hinzugeben; der, wenn er seine Kinder küßt, daran zweifelt, ob er nicht das Kind eines anderen küßt, das Unterpfand seiner Entehrung, den Dieb des Gutes seiner eigenen Kinder?«[5]

Gibt es wirklich nichts Schrecklicheres auf Erden als unglückliche Männer, die an der Treue ihrer Frauen zweifeln und Angst davor haben, daß sie ein fremdes Kind küssen müssen oder daß irgendein unechtes Kind ihren Besitz erbt? Ich halte die Frage selbst für den Skandal. Aber in einer Männerwelt wirkt sie keineswegs skandalös. Sie drückt Urängste aus. Gäbe es die absolute Mutter, könnte der Rest dieser Welt getrost aus Dirnen bestehen: »Dann hätte man beides, Schutz und Sicherheit und gefahrlose Wollust«.[6]

Aber da sich die Wirklichkeit niemals so verhält, wie Männer sie sich wünschen und ausdenken, müssen alle Frauen Huren sein. Weininger weiß das genau, wenn er über Frauen spricht: *»Die eine nimmt jeden beliebigen Mann, der ihr zum Kinde dienlich ist, und bedarf keines weiteren Mannes, sobald sie das Kind hat: nur aus diesem Grunde ist sie 'monogam' zu nennen! Die andere gibt sich jedem beliebigen Mann, der ihr zum erotischen Genusse verhilft: dieser ist für sie Selbstzweck.«*[7]

Nichts ist »verderbter, als seine Gattin wie eine Ehebrecherin zu lieben«[8], sagt Seneca. Ein altrömisches Männer-Wort, das der mittelalterliche Klerus immer wieder kolportiert hat. Die als Schwäche der Frau gedeutete Triebhaftigkeit darf sich nicht auch noch in der Väter-Ehe breitmachen. Die Frau, die lustfähiger und begehrlicher sein soll, muß niedergehalten werden. Ihre

Macht wird vom demiurgischen (weltschöpferischen) Interesse des Mannes in Ohnmacht umdefiniert.

Sünde ist immer das, was sexuell unkontrollierbar bleibt, und unersättlich. Die sündige Frau ist stets bereit, auch den tugendhaftesten Mann (sprich: den tauglichsten Krieger) abzuhalten von seinem eigentlichen Lebensgesetz.

Eine aus nackter Angst in ihr genaues Gegenteil verdrehte Welt. Eine Welt, von der Strindberg behauptet, sie habe sich »mit der Ehebrecherin gegen den treuen Mann verschworen«[9]. Eine Welt, in der die Männer die Einehe geradezu erfinden mußten, um Stabilität in die latent unsicheren Verhältnisse zu bringen, die die »schweifende Sexualität« der Frauen in sich trägt. Die bürgerliche Ehe als Ordnungsfaktor einer Gesellschaft: Ordnung in das Geschlecht bringen, geordnete Ansprüche auf geregelten Geschlechtsverkehr haben, sich der Legitimität (und der Erbberechtigung) der Kinder gewiß sein.

Die betroffenen Frauen und Kinder versteckt halten, in die Eheform pressen, einkerkern. Söhne so erziehen, daß alles vermeintlich Weibliche ausgetrieben wird. Töchter nicht zu nahe an sich herankommen lassen. Die bloße Gegenwart von Frauen als bedrohlich empfinden, um sich nicht von irgendwelchen Affekten anstecken zu lassen. Und das alles als Liebe zu ihnen feiern.

Alles von dieser Norm abweichende Verhalten muß bestraft werden. Immer haben Männer Gesetze gefordert und geschaffen, die ihrem Strafbedürfnis entgegengekommen sind. Superväter (Kaiser, Päpste) müssen dafür sorgen, daß die Regeln des Geschlechterkampfes eingehalten werden. Die Männermoral fordert dies.

Moral? Noch ist so gut wie nicht untersucht, inwieweit Moral bloßer Ausfluß der Patronomie ist, Spielwiese des Machtwillens. Ist der sogenannte freie Mann das eigentliche Subjekt dieser Moral, dann sind Appelle an diese Moral Drehungen im Kreis. Gegen ein und dasselbe System kann nicht vorgegangen werden: Recht und Moral lassen sich nicht gegeneinander ausspielen. Sie gehören in denselben Regelkreis. Von Frauen als Subjekten ist keine Rede. Daß Patriarchen in Sachen Geburtenkontrolle und Abtreibung das Sagen behalten wollen, ist ihre Moral und ihre Religion.

Immer wieder schlägt der Machtwille durch. Das Sagen haben, bedeutet diejenigen, denen man etwas sagt, zu Opfern machen. Zwischen Tätern und Opfern (Frauen, Kindern) bestehen besondere Beziehungen. Täter brauchen immer ihre Opfer. Nur gegen sie können sie ihre Gewalt ausüben, während sie außerhalb ihrer Erziehungs-, Straf-, Liebesakte eher ohnmächtig und schlapp wirken. Gewaltausübung verwandelt Ohnmacht in ein vorübergehendes Erlebnis der Allmacht. Man braucht so was. Männer müssen ihre Bastionen verteidigen. Der Römer Musonius (1. Jahrhundert unserer Zeitrechnung) hat die Forderung erhoben, daß »man heiraten solle«[10]. Das war nicht nur ein Votum für den Heiratsentschluß von Männern, die sich in der Regel vor festen Bindungen drücken. Musonius geht, wie alle Werteväter, darüber hinaus: Eine Frau »heimführen« bedeutet, sie verhäuslichen, ans Vaterhaus binden, ihr die wichtigste Pflicht auferlegen, dem Mann zur Lust, den Kindern zur Aufzucht und Erziehung zu dienen. Alles unter dem Dach des Vaterhauses, das heißt nach patriarchalen Regeln. Selbst erziehen darf keine Gehilfin. Frauen sind nur partizipativ zum Erziehungsvorgang zugelassen. Sie führen Wert- und Disziplinierungsvorgaben aus, sie erfüllen einen fremden Willen.

Römische Gesetze sorgen dafür, daß Frauen im Alter zwischen 20 und 50 Jahren, Männer zwischen 25 und 60 verheiratet sind und mindestens ein Kind haben. Aber besser sind drei Kinder, in einer legalen Ehe gezeugt und geboren. Wer diese Vorschrift erfüllt, ist voll erbberechtigt. Aus dieser geistigen Ecke stammen viele der bis heute gültigen Vorstellungen über legale Ehen, legale Frauen und legitime Kinder.

Ein früher Christ (der etwas anrüchige Tertullian) verpflichtet schließlich die Frau, ihre Leibesfrucht unbedingt auch auszutragen, und der erste christliche Kaiser (Konstantin, der wegen seiner Morde unter den Verwandten unrühmlich bekannt ist, gleichwohl als Heiliger verehrt wird) macht aus diesem Appell ein Staatsgesetz gegen die Abtreibung. Ob alle, die fürs ungeborene Leben auf die Straße gehen, wissen, welcher Vorgabe sie folgen?

Strafgesetze folgen, ehebrechende Frauen werden besonders hart angefaßt, und Denunzianten haben freie Bahn. Staatliche und kirchliche Instanzen bemühen sich mehr und mehr ums Schlafzimmer. Die Ehe und die Mutterschaft gliedern die Frauen nach dem Machtwillen der Gatten aus dem gesellschaftlichen Produktionsprozeß aus. Diese Ausgrenzung ist total. Sie erfaßt ihr ganzes Leben. Selbst was ihnen noch als Phantasie bleiben könnte, ist mittlerweile als »Unzucht« deklariert. Die in der abendländischen Geschichte am besten funktionierende Hilfsideologie des Patriarchats, das Christentum, hat alles Geschlechtliche perfekt zu regeln verstanden. Lust um ihrer selbst willen ist strafbar, Ehe ist eine asketisch geregelte mindere Lebensform. Enthaltsamkeit allein ist siegreich, ist männlich hart. Das Patriarchat vergoldet den Gehorsamen ihren Verzicht, und spricht in aller Regel die ehelos unbefleckten Asketen heilig.

Lust ist im Empfinden der meisten noch heute eine etwas schmierige Vokabel. Also über Liebe ließe sich noch reden, aber Lust? Dazu als Frau? Sexuelle Norm verlangt anderes. Früher wurde dies andere von Seelenhirten überwacht, heute zunehmend von Seelenärzten. Ob Männer und Frauen sich noch wirklich begehren können? Oder ob sie eine Norm zu erfüllen und Sanktionen zu vermeiden begehren?

Millionen von sogenannten Gläubigen sind bis auf den heutigen Tag gezwungen, sich nach solchen und ähnlichen Vorstellungen zu richten. Ein vatikanischer »Moraltheologe« (was für ein Männerwort, ähnlich doppelt gefüllt wie Oberhaupt!) kann es sich noch 1989 leisten, Empfängnisverhütung als Mord zu denunzieren. Wer schon nicht mehr geglaubt hat, was religiöse Führung bedeutet, kann diesen neuesten Beweis des Herrenwillens bestaunen.

Was die Diskurse der Männer unter Mutterliebe verstehen, ist voll in diese Normierungen integriert. Mutterliebe hat den Vätern und den Kindern in einem zu dienen. Sie hat keinerlei Anspruch auf Selbstbestimmung. Ebensowenig wie eine Frau darüber bestimmen können soll, ob sie überhaupt Mutter werden will, hat sie es in der Hand, ob sie eine liebende Mutter sein darf oder nicht. Mutterliebe ist entweder ein patriarchal normiertes Phänomen oder gar keine. Die Männer haben schon wieder Angst. Diesmal vor einer Mutterliebe, die die Grenzen ihres Bildungskanons sprengt:

»Die Mutterliebe ist darum unmoralisch, weil sie kein Verhältnis zum fremden Ich ist, sondern eine Verwachsenheit von Anfang an darstellt; sie ist, wie alle Unsittlichkeit gegen andere, eine Grenzüberschreitung... Die Mutterliebe schaltet die Individualität aus, indem sie wahllos und zudringlich ist.«[11]

Da spricht der einsame, aber freie Mann. Denn seine Liebe, die Vaterliebe, lebt geradezu davon, daß sie selektiert — und Kinder nicht wahllos liebt, sondern nach ihrer Leistung beurteilt, das heißt danach, ob sie ihm, dem Mann-Vater möglichst angepaßt sind oder nicht. Da ich darüber ein eigenes Buch geschrieben habe, kann ich mir hier die Fülle von Beweisen für diese Annahme schenken.

Mutterliebe hat — so sieht man es — von sich aus nichts mit dieser hart wählenden und sich selbst disziplinierenden Vaterliebe gemeinsam. Mutterliebe ist so etwas wie Affenliebe, falls sie nicht — in der Ehe — nach vatermenschlichen Maßstäben zurechtgestutzt wird:

»Die Mutterliebe ist instinktiv und triebhaft: auch die Tiere kennen sie, nicht weniger als die Menschen. Damit allein aber wäre schon bewiesen, daß diese Art der Liebe keine echte Liebe, daß dieser Altruismus keine wahre Sittlichkeit sein kann; denn alle Moral stammt von jenem intelligiblen Charakter, dessen die gänzlich unfreien tierischen Geschöpfe entraten.«[12]

Wenn man aber schon bei der Definition der »wahren Liebe« ist, fragt man am besten noch (in diesem Zusammenhang!), wie es mit der Liebe aussieht, die die Prostituierten ihren Freiern schenken. Weininger ist im Zweifel, denn zum einen lockt das Weib, zum anderen lockt sie mit einem Geschlechtsorgan, das kein Mann »schön, vielmehr ein jeder häßlich findet«[13].

Umgekehrt soll der Phallus ein Ding sein, das auf die Frau »eine hypnotisierende, bannende, faszinierende Wirkung« ausübt. Er »ist ihr Schicksal, er ist das, wovon es für sie kein Entrinnen gibt.«[14]

Die »gemeine Sinnlichkeit« läßt sich daher unschwer den Frauen zuweisen, diesen niederen Lebewesen. Männerängste reden sich ein, sie brauchten solche Schweinereien nicht. In aller Öffentlichkeit zur Triebbefriedigung anzutreten, gehört sich nicht einmal für den Krieger. Bordelle müssen verschwiegen und schummrig beleuchtet sein. Besser ist es ohnedies, seine eigene Frau zu benutzen, wenn man überhaupt so etwas braucht. Der einsame Mann könnte, wenn er wollte, wie er könnte, denn auch ohne Frauen am freiesten sein. Frauen sind bloße Ersatzstücke:

»Ein Weib ist unter Umständen ein ganz brauchbares Surrogat für die Freuden der Selbstbefriedigung. Freilich gehört ein Übermaß an Phantasie dazu.«[15]

Phantasie als mannmenschliche Leistung? Ausgerechnet sie? Und dazu noch im Übermaß? Da läßt man es lieber bleiben. Aber das kann man auch wieder nicht. Der Geschlechtskampf braucht seine Opfer. Rousseau dazu: »Der Zweifel, ob die Schwäche der Kraft gewichen ist oder ob sich der Wille ergeben hat, ist das Süßeste am Sieg des Mannes. Die gewöhnliche List der Frauen ist, diesen Zweifel immer zwischen sich und ihm bestehen zu lassen. Der Geist der Frauen entspricht hierin völlig ihren Anlagen: statt sich ihrer Schwäche zu schämen, rühmen sie sich ihrer... sie bereiten von langer Hand Entschuldigungen vor und das Recht, im Notfall schwach zu sein.«[16]

Schwäche und Kraft. Frauen sind, so sagt es die Dauerangst der Männer, immer siegreich, immer oben. Die Hure gewinnt Macht über den Mann, indem sie an das Tier in ihm appelliert, das seine Triebe der Vernunft unterordnet. Und die mütterliche Frau bindet ihn an sich, unterwirft ihn, indem sie ihn zum Kind macht, indem sie seine Bedürfnisse nach Abhängigkeit manipuliert.

Frauen brauchen keine Weltreiche zu erobern; sie begnügen sich damit, Herzen zu besetzen, Herzen von Kindern — und von Männern. Die große Angst dieser »besetzten« Krieger erweist sich als Lehrmeisterin. Als der unermüdliche Antrieb, sich eine eigene Wirklichkeit zu schaffen, nur um dem als bedrohlich empfundenen Leben der Frauen gewachsen zu sein, nur um die fraulichen Möglichkeiten leichter ertragen zu können.

Diese geschaffene Wirklichkeit ist Inhalt des Männer-Traums vom Endsieg über die Frau. Endlich gesiegt zu haben, gesiegt zu haben über das »Geheimnis« der eigenen Angst, das hieße: Eine Frau zu besitzen, die sich völlig hingibt, opfert, gefahrlos ausbeuten läßt. »Die Überwindung der Weiblichkeit«, sagt Weininger, »ist das, worauf es ankommt«[17]. Ängste sind offensichtlich dadurch zu bewältigen, daß das von ihnen gewählte Objekt bis zur Unkenntlichkeit erniedrigt wird. Abwertungsstrategien verweisen eindrücklich auf diese Angst.

Sie basteln an ihrem Endsieg-Wahn herum, die Männer. Er schenkt ihnen eine positive und eine negative Utopie. Sie brauchen die nährende und päppelnde Mutter, um ihre eigene Identität als Kinder zu festigen. Sie brauchen aber auch das Feindbild der Hure, also der Frau, die verschlingt, alle Grenzen der Vernunft im Trieb auflöst, die Potenz des Mannes prüft und in Frage stellt. Da sie beides benötigen und doch nicht haben können, teilen sie die Frauen auf in Heilige und in Huren, dann setzen sie sie wieder zusammen und verlangen von der Hure mütterliches Verständnis für ihre unverstandene Lage, von der Gattin dirnenübliche Hingabe. Nur etwas erreichen sie noch immer nicht: auch nur eine Annäherung an die Wirklichkeit der Frau. Dasselbe gilt von ihrem eigenen Ich. Dieses gilt zum einen als hart und stark und dizipliniert. Zum anderen kann es offensichtlich schon vom Gedanken an die Frau (und, zum Beispiel, an deren sexuelle Möglichkeiten) erschüttert und empfindlich geschwächt werden. Sigmund Freud, der das »Leben der Wilden hierzulande«[18] beschreibt:

»Der Mann fürchtet, vom Weibe geschwächt, mit dessen Weiblichkeit angesteckt zu werden und sich dann untüchtig zu zeigen«.[19]

Untüchtigkeit ist Untauglichkeit, und diese ist Un-Tugend. Wofür ist man untauglich? Doch wohl für jene Welt, die man sich zuerst geschaffen und sorgfältig auf den Leib geschneidert hat, um für sie zu taugen — und nur für sie und sonst für gar nichts. Auch diese Inszenierung eines mannmenschlichen Ichs, so stark und folgenschwer sie gesellschaftlich daherkommt, ist schwächliches Theater. Der Traum trägt eben gerade nicht, die gedachte und die gemachte Welt könnten eines Jüngsten Tages doch mit einer realen, letzten Welt identisch sein.

Wenn Schmerz dem »Hereinbrechen übergroßer Quantitäten«[20] gleichkommt, dann leiden Männer nicht von ungefähr an ihren spezifischen Krankheiten. Schlimm genug, daß sie sich gleichzeitig als die eigenen Therapeuten verstehen. Und genau jene Mittel für ihre Heilung einsetzen, die Ursachen ihrer Krankheit gewesen sind: die sogenannten männlichen Tugenden.

Der starke, furchtlose, gesunde Mann, der sich nichts anmerken läßt, braucht als Matrize die schwache, ewig ängstliche Frau, die zu physischen und psychischen Krankheiten neigt. Von deren Gegen-Stand her gewinnt seine Schwäche Kraft. Die Frau ist es, die der Mann noch weiter nach unten definiert hat, als er selbst sich fühlt. Rousseau behandelt die »instinktive Furchtsamkeit« der Frauen, um den Männern Mut zu machen:

»Könnte die Frau heute Amme und morgen Krieger sein? Soll sie ihr Temperament und ihre Neigungen ändern wie ein Chamäleon die Farben? Soll sie sich plötzlich aus dem Schatten der Zurückgezogenheit und der häuslichen Sorgen heraus dem Wind und Wetter, den Beschwerden, Mühen und Gefahren des Krieges aussetzen?«[21]

Nein, dies nun doch nicht, suggeriert der Mann dem Heimchen

am Herd, das alles geschenkt erhalten hat, was es zu seiner Zufriedenheit braucht. Freilich ist auch diese Suggestion, die der sogenannt Starke der als schwach Definierten auflädt, nur eine systemimmanente Konsequenz. Mut zur Lücke zu beweisen bedeutet nicht zuletzt, sich über die Schwäche der eigenen Utopien klargeworden zu sein und diese als Stärke auszugeben.

Geschaffener Schöpfer

Wenn wir heute von »Schöpfer« sprechen, sind wir ganz dem inzwischen sozial anerkannten und prämierten Sprachgebrauch unterworfen. Schöpfer sind Erfinder, Künstler, in jedem Fall Vertreter des männlichen Prinzips, so etwas wie Gründer und Väter.

Das hat seinen sozialen Sinn: »*Der reine Mann ist das Ebenbild Gottes..., das Weib, auch das Weib im Manne, ist das Symbol des Nichts...*«[22]. Der Mann muß nicht nur seine Götter erschaffen, er muß vor allem und zuerst sich selbst als Mann erfinden und ausgestalten. Nach dem Bild, das tauglich ist für eine Welt, in der ihn ständig das Nichts ängstigt.

Das Nichts, die Nacht, das Chaos: kurz, die Frau. So erklärt sich die tiefste Angst im Mann als Angst vor der Sinnlosigkeit, als Furcht vor dem Abgrund des Nichts, das seine Welt und seine Existenz bedroht — und ihn zugleich unaufhörlich lockt. Die Angst der Männer auch in ihrer selbstgewählten Lage als Schöpfer läßt sich an den Horrorfilmen ablesen, die Männer sich geschaffen haben: Dracula, Frankenstein, Kingkong, Dr. Jekyll sind personifizierte Angstträume. Wer ist ein schrecklicherer Mannmensch, das Monster oder sein Schöpfer?

Männer empfinden eine ganz starke Sehnsucht, sich ein für allemal gehen zu lassen und endlich einzutauchen in das abgründig grenzenlose Leben, für das symbolisch die Frauen stehen. Gegen diese Sehnsucht erbauen sie sich ihre Dämme und Bollwerke und Festungen. Alle ihre Anstrengungen haben nur den einen Sinn, der lockenden Sinnlosigkeit zu entkommen. Ihr Schöpfertum existiert niemals für sich; stets lebt es im großen Gegen. In der subtilen oder gewalttätigen Abgrenzung von dem, was Frauen möglich machen.

Es ist konsequent, daß alle Agenten der Männermacht sich darum bemüht haben, dem realen Körper des Mannes — und noch intensiver dem der Frau — einen jeweils zugeschnittenen eigentlichen Leib (oder auch: die Seele) hinzuzuerfinden. Legte man alles Eigentliche, Wesentliche in den reinen Leib und in die Seele, die erst in einem Jenseits belohnt oder bestraft werden konnten, ließen sich die realen Körper auf Erden um so profitabler nutzen. Als Leistungs-Organe, als Territorien der Ausbeutung, als bloße Materie, die schließlich völlig gefahrlos ver-nichtet werden durften. Arbeitszwang, aber auch Folter und Tod haben hier ihren historischen Ort.

Männer müssen sich selbst erschaffen, immer wieder von neuem sich als ihre eigenen Schöpfer bestätigen. Daß sie in den vergangenen Jahrtausenden ihrer Herrschaft über die Angst eine eigene Art Religion geschaffen haben, ist historisch verständlich. Daß mittlerweile diese Vater-Religion durch besser zu funktionalisierende Gegenangst-Systeme abgelöst wird, nicht weniger.

Immer geht es um den einen Sinn des Männerlebens: Herrschaft auszuüben über alles, was als weiblich definiert ist. Herrschaft über die Natur, über die Materie, über die Frau selbst. Auch wenn Männer noch so aktiv erscheinen wollen, sind sie doch stets reaktiv Denkende, Fühlende und Handelnde. Sie müssen immer wieder eine Antwort zu geben versuchen auf eine Frage, die nicht von ihnen kommt.

Ich stelle an diesem Punkt meiner Überlegungen die traditionelle Antwort vor, die unter dem Namen Vaterreligion Millionen von Menschen bestimmt. Im nächsten Absatz gehe ich dann zu den neuzeitlicheren Experimenten des Mannseins über.

Da meine Grundthese von einer archaischen Angst der Männer vor den Frauen ausgeht, liegen mir archaische Argumente besonders nah. Wie der Grundstein gelegt worden ist, steht das Weltgebäude des Männerwahns noch immer. Auch die Zwecke des Baus sind dieselben geblieben.

Der Gott der Juden und der Christen ist, was alle wissen, ein einziger, universaler, allmächtiger, ewiger Gott. Die betroffenen Religionen haben aus der Tatsache, daß es ihnen gelungen ist, einen einzigen Gott anzuerkennen und durchzusetzen, den Anspruch abgeleitet, besonders exquisite und unvergleichliche Hoch-Religionen darzustellen.

Freilich bestätigt gerade dieses Beweisstück die Annahme, daß solche Hoch-Religionen pure Not-Wendigkeiten des Patriarchats gewesen sind. Das Prinzip der Herrschaft eines Schöpfer-Vaters auf die Spitze zu treiben, diesen als wahren Alleinherrscher zu etablieren, ihm wenigstens die Familienstreitigkeiten des Zeus zu ersparen, das bedeutet den Sieg eines typisch patriarchalen Denkens. Höher scheint es nimmer zu gehen.

Dabei hat dieser so hohe moralische Sieg, wie es im Patriarchat ebenso notwendig ist, eine Unmenge von Opfern gekostet. Wer herrschen will, wer ganz oben sein will, muß notgedrungen andere unter sich lassen. Dieser Grundsatz gilt immer und überall in der Männerwelt.

Selektion, wählendes Lieben und wertendes Handeln, ist das Prinzip der Patronomie. Selektives Tun ist immer ein wertendes — und damit aggressives — Handeln. Es handelt stets für sich selbst und nach den eigenen vordefinierten Maßstäben, die an alle als »andere« Definierten angelegt und gegen diese angewandt werden müssen. Wenn Konrad Lorenz Aggressionen für die Ur(an)triebe der Schöpfung hält, dann stimmt dies insoweit, als die Schöpfung im heute noch gebräuchlichen Sinn eine nach patronomen Prinzipien vollbrachte Tat ist und nicht mehr.

Daß diese Tat eine Untat gewesen ist, steht für mich außer Frage. Patronomie ist ein Bauelement des schönen Scheins. Hier ist, im Lauf vieler Jahrtausende, eine Welt gebastelt worden, die nicht nur Millionen Opfer »verwertet« hat, sondern die auch an allen Ecken und Enden andere Baufehler aufweist: vor allem den, sich stets wertend auf das beschränkt zu haben, was dem eigenen Machtinteresse am tunlichsten erschienen ist. Selektives Denken und Handeln kalkuliert immer jenen Mut zur Lücke ein, der Lebens-Opfer braucht.

Eine Weltschöpfung, die nur noch Definitionsmenschen (-männer, -frauen, -kinder) kennt, ist keine menschenwürdige Heimat. Nur eine genommene. Sie ist zugerichtet wie ihre BewohnerInnen.

Wer ständig zu selektieren gezwungen ist, zeigt Schwäche. Wer die lebendigen Menschen seiner Umwelt als Nicht-Männer, Nicht-Väter, Nicht-Ehefrauen, Nicht-Huren, Nicht-Schwule, Nicht-Gute, nicht-eheliche Kinder, Nicht-Einheimische, Nicht-Denkende, Nicht-Arbeitende und so fort klassifizieren muß, um sich selbst zu garantieren, ist ein Angsthase. Und ein Mörder zugleich. Seine Besatzungssprache, die Menschen nach unten zieht, paßt zu ihm.

Aus den Erinnerungen an frühe historische Selektionen greife ich ein paar heraus, die sich mit den religiösen Modellen dieser »Schöpfung« befassen: Auch wenn es den normierten Gläubigen heute ganz anders zu sein scheint, ist die Bibel doch keineswegs aus einem Guß. Vielmehr ist sie ein gewaltiges Puzzle. Nein, nicht einmal das, denn diejenigen, die sie gestaltet haben, machten sich einen ernsthaften Spaß daraus, alle Puzzle-Partikel, die ihnen nicht in den Kram paßten, einfach wegzuwerfen. Doch sie haben es nicht einmal geschafft, diese Selektion konsequent durchzuspielen.

Überall lugen die von den Redakteuren der Bibel übersehenen Partikel hervor und verraten das ganze Vorhaben. Schon das erste Buch Mose, das die beiden bekannten Schöpfungsgeschichten enthält, kennt noch rudimentäre Berichte über frühere Götter und Göttinnen. Es ist viel näher mit griechischen und altorientalischen Mythensammlungen verwandt, als Fundamentalisten es wahrhaben wollen.

Das Hauptthema solcher Mythen aber ist uns schon bekannt: Die allmähliche Degradierung alles Fraulichen zugunsten einer von Vätern beherrschten und von einem Gottvater geordneten Schöpfung. Frauen waren einst Göttinnen und heilige Wesen. Jetzt müssen sie zu beweglichen Gütern der Patriarchen herabgedrückt werden. Kein offizielles Wort mehr von einer Schöpferin, und Eva heißt in der Bibel nur noch an einer Stelle (aus Versehen) Mutter alles Lebendigen.

Die Auslegung des Alten Testamentes, selbst voller Männerangst vor der Frau, hat ihre speziellen Blüten getrieben: Eva, die ganz nach unten definiert werden mußte, soll erst wie ein Affe ausgesehen haben. Verglichen mit der unbeschreiblichen Schönheit Adams. Doch dieser schönste aller Männer brauchte eine Gehilfin. Die Experten waren auch um diese nicht verlegen: Zuerst, sagten sie, hatte Adam versucht, sich mit jedem Weibchen im Paradies zu paaren, aber mit keinem klappte es. Dann schuf Gott ihm eine Vor-Frau (Lilit). Aber die war streitsüchtig. Das junge Paar konnte sich vor allem nie darüber einigen, wer beim Koitus oben liegen durfte. Dann schuf Gott eine erste Eva, die aber sah einem Affen gleich. Erst der letzte Versuch (Rippe) fand Gnade in den Augen des Liebhabers.

Hinweise auf eine alte matriarchale Kultur haben sich nicht völlig über-schreiben lassen, und die Tatsache, daß der neue Gott der Bibel sich so kriegerisch gegen alles eigentlich Überwundene verhält (auch wenn er manchen Ritus erbt), spricht für sich. Daß er sich als Kriegsgott aufführt, macht ihn zum Herrn über verheißene Länder — und besiegte Göttinnen. Eine eigene Experten-Klasse hat schließlich den gesamten Text des Alten Testaments nochmals überarbeitet. Noch heute interpretieren ihn ihre Nachfolger nach ihrem Gutdünken. Die uralten weiblichen Gottheiten, die dem Patriarchat gefährlich werden konnten, werden zu risikoloseren Wesen herabgeschrieben: zu Chaos, Tohuwabohu und Tiefe (Tehom).

Wieder ist es Ranke-Graves, der ein Experiment wagt, indem er einen eigenen Schöpfungsmythos aus biblischen Quellen (Psalmen, Propheten) rekonstruiert:

»Die brausenden Wasser der See erhoben sich, und Tehom, ihre

Königin, drohte, Gottes Werk zu überfluten. Er fuhr mit seinem Feuerwagen über die Wogen und sandte ihr große Mengen an Hagel sowie Blitzstrahl und Donner entgegen. Ihren gräßlichen Verbündeten Leviathan tötete Er mit einem Schlag auf den Schädel und das Ungeheuer Rahab mit einem Schwertstoß durch das Herz. Da ihnen Seine Stimme Furcht einflößte, wichen Tehoms Wasser. Die Flüsse flohen zurück, die Berge hinauf und hinab in die dahinterliegenden Täler. Zitternd gestand Tehom ihre Niederlage ein. Gott stieß einen Siegesschrei aus und trocknete die Fluten, bis die Grundfesten der Erde sichtbar wurden. Dann maß Er in seiner hohlen Hand die Menge an Wasser, die übrig war, goß sie in das Seebett und setzte ihr Sanddünen als ewige Grenze...«[23]

Ein solcher Text wimmelt von patronomen Substanzvokabeln, die allesamt den Sieg des schreienden Herren-Gottes über das Weibliche, Flutende, Ungeheuerliche, Satanische anzeigen. Daß schließlich eine Grenze abgemessen wird, um die »Tiefe« in Schranken zu halten, ist folgerichtig. Die Schöpferin, an deren Stelle der Schöpfer tritt, ist eine Göttin der Fruchtbarkeit gewesen (Wasser). Der Mythos, der ihre Nieder-Lage verkündet, handelt davon, daß das Weibliche, Grenzenlose die Aufrichtung einer patriarchalischen Ordnung verhindern wollte. Daher mußte es in seine Schranken verwiesen werden.

»Mit seiner Stärke schlug Er das Meer, und mit seinem Geist brach er seinen Ungehorsam« (Job 26, 12). Geist gegen Ungehorsam? Nicht von ungefähr gilt als eine alte Lehrmeinung, daß das »Gesetz« (die Patronomie, der Logos) noch vor der Schöpfung der Welt bestanden hat.

Ich halte diese Doktrin für die allein konsequente. Erst nachdem die Männerangst sich ein Gesetz geschaffen hatte, einen Ordnungsfaktor, einen Bauplan, konnte sie sich daran machen, mit Hilfe dieses Gesetzes eine ganze Welt zu erschaffen.

Nachdem das Wasser weiß, wohin es zu fließen hat, kann auch die feste Erde zum Vorschein kommen, von deren Existenz sich die Patriarchen Sicherheit versprechen. Künftig können die Felsen aus den Fluten steigen: Siehe da, ein anderer Text sagt genau dies. Der erste Fels, der sichtbar wurde, soll zur Basis des Tempelbaus in Jerusalem gedient haben.

»Du bist Petrus, der Felsenmann«, läßt dann im Neuen Testament (Mt 16, 18) die alte Angst durch den Gottessohn mitteilen, »und auf diesen Felsen will ich meine Kirche bauen, und die Pforten der tiefen Hölle werden sie nicht überwinden«.

Daß der Schöpfer die Elemente zum Kosmos (»schöne neue Welt«) ordnet, ja daß er die Natur insgesamt bändigt, ist eine feststehende Annahme der patriarchalen Heilslehre. Von daher ist es freilich nur ein kleiner konsequenter Schritt zu der Aufforderung an jene, die »nach dem Bild Gottes« geformt worden sind, sich die gesamte Natur untertan zu machen (1 Mose 1, 28).

Maschinisierter Mannmensch

Die vielen Väter des einen Vaters haben nicht geruht, bis der Befehl, den sie sich selbst gegeben hatten, peinlich genau erfüllt war. So gehorsam haben sie sich an ihr eigenes Konzept gehalten, daß sie selbst zu ihren eigenen Schöpfungen und damit sich selbst untertan wurden. Ich sehe sie als Schöpfer von Maschinen. Da haben sie ihr Hobby und mehr als das: in ihren Religions-Maschinen, in Sinn-Maschinen, in Forschungs-Maschinen, in Kriegs-Maschinen.

Keine von diesen Maschinen ist so einfach geschlechtsneutral, wie sie sich ausgibt. Es gibt unter uns keine Religion, die nicht patriarchal beherrscht wäre. Keine Sinn-Frage, hinter der nicht der patriarchale Logos hervorguckte. Keine Forschung, die nicht die Patriarchen in vorderster Front — und die Frauen als Zuarbeiterinnen — sähe. Keinen Krieg, den nicht Männer führten.

Manchmal bekomme ich eine Gänsehaut, wenn ich daran denke, daß wir erstmals seit Jahrhunderten einen Schlüssel in die Hand bekommen haben, um das große Tor zu öffnen, hinter dem der Logos Patriarchat sich verborgen hatte. Plötzlich bekommen die Jahrtausende und die Millionen Menschen, die ein System sich geopfert hat, einen ganz anderen Sinn; auf einen Schlag erweist sich der Sinn patriarchaler Mühen als Unsinn. Ich kann verstehen, daß es keine reine Freude ist, Ausgespartes zur Sprache bringen zu können.

Sind wir drauf und dran, selbst einer grandiosen Selbsttäuschung zu verfallen? Inszenieren wir gegenwärtig das neue Ideal der Frau? Ich hoffe, daß sich nach Jahrtausenden der Gerechtigkeit unter Menschen auch nur anzunähern Wirklichkeit ist und kein Ideal. Die feinen und die feinsten — im Verlauf patriarchaler Sozialisationen erworbenen — Verästelungen dessen aufzuspüren, zu lockern und zu ersetzen, was von den einen auf Kosten der anderen Sinn (Kultur, Religion, Moral) genannt werden durfte, ist eine nichtideale Jahrhundertarbeit.

Es bleibt dabei: All die riesigen Systemmaschinen, an denen über Jahrtausende hinweg gebaut worden ist, sollten die Asymmetrie zwischen den Geschlechtern aufbauen, aufrechterhalten und absichern. Eben dieses Geschäft nennt sich unter Männern Sinn.

9. Gebot
Du sollst immer neue Maschinen erfinden, die die Frauen unproduktiv machen!

Frauen unproduktiv zu machen bedeutet im patriarchalen Denken, Fühlen und Tun: Frauen als Frauen unproduktiv machen, indem man sie produktiv macht für mannmenschliches Interesse, für Methoden, Zwecke und Ziele der Mannmenschen. Die geopferten Gehilfinnen dürfen dann für Männer arbeiten — und mit diesen.

Das althergebrachte Beispiel: Die Frau hat nicht nur das Getreide (Lebens-Mittel) für den Mann zu verarbeiten, sondern auch den Samen des Mannes (Lebens-Spende) — um neue Mannmenschen zu reproduzieren. Mannmenschen liefern ihr in diesen Fällen zu. Sie bieten Geräte und Maschinen an, damit die Frau das tun kann und muß, was man arbeiten heißt. Arbeiten, die Frauen ausführen, werden normalerweise nicht von Männern getan und umgekehrt.

Arbeiten unterbezahlte Frauen gehorsam und ohne Widerspruch in diesem Sinn mit den ihrem untergeordneten Verstand zugeordneten Geräten und Maschinen, so ist der mannmenschliche Wunschtraum verwirklicht, ein System in Statik und Ruhe errichten und aufrechterhalten zu können. Ein System, das selbst läuft, das keine Reibungsverluste kennt, das Sinn hat. Und zum Sinn auch Religion: Der patriarchale Gott und seine vielen Väter sprechen nicht ohne Grund immer wieder von den geschlechtsspezifischen Aufgaben und Tätigkeiten der Frau.

Die Religionsmaschine kennt einen sinnvoll verarbeiteten Gott: Dieser erscheint »als die außerweltliche Kraftreserve, als das Gegenstück zum Angetriebenen und Passiven hienieden, als ihr Motor«[24]. Wer sich dem ruhigen Weltenlauf dieses religiösen Motors widersetzt, wer selbst handeln will, muß eine böse Frau sein, eine stinkende »Maschine des Teufels«[25], eine Hexe. Maschinen sind Fluchtorte des Mannmenschen. Technik ist nicht einfach ein Hobby für Männer. Daß diese sich auffallend gern mit technischem (Spiel- und Arbeits-) Material und ganzen technologischen (Gesellschafts-)Formationen beschäftigen, ist Notwendigkeit. Ob es nicht »ein angstvolles Anrennen von Männern gegen einen zwanghaft erwarteten, jedoch in der Form irrealen Widerstand von Frauen war, welches das Begehren ursprünglich in die Maschine lenkte«?[26]

Maschinen zu erfinden und zu bearbeiten ist keine Folge irgendeiner dumpf sublimierten Libido. Ich nehme vielmehr ein historisch hochentwickeltes System von Ängsten an, das mannmenschliches Begehren mit ihnen verband. Die Angst der Männer vor den Frauen, die Angst der Männer vor einer Natur-Welt, die sie beherrscht zu haben glaubten, läßt Mannmenschen zum rettenden Strohhalm Maschine greifen. Maschinen bekommen nicht nur die Natur in den Griff, sie machen auch den mannmenschlichen Vorsprung sichtbar. Sie können sogar, in ihrer Idealform, Frauen ganz unwichtig setzen.

Gelingt dies einer Maschine in Sachen Reproduktionskontrolle oder, noch besser, bei der Reproduktion selbst, ist der mannmenschliche Mehrbesitz endgültig gesichert. Dann hat der Logos einen Endsieg errungen. Das Wunschbild der Mannmenschen bleibt die weibliche Maschine, die in ihren Funktionen als Lustspenderin wie als Gebärerin dem Mann dienstbar gemacht werden kann. Die Maschine muß bedienbar und schon deswegen ein Femininum sein.

Die *Welt* vom 16. März 1989 berichtet über die Premiere eines Musicals mit Namen »Metropolis« und titelt, dem musikalischen Blick in die Zukunft angepaßt, richtig männerfreundlich: »Warum Frauen? Schöne Roboter genügen auch«.

Maschinen sind nicht mehr nur — wie im klassischen Begriff — schlicht körperlich. Körperliche Maschinen — wie das Auto von heute — lassen es sich ansehen, wozu sie dienen. Ist ihr Körper bekannt, so sind es auch ihre Funktionen und Fähigkeiten. Neuerdings sind logische Maschinen entwickelt worden, künstliche Intelligenzen auch, deren Körperlichkeit unwesentlich bleibt. Einem Computer ist nicht anzusehen, welche Funktion er erfüllt. Er muß programmiert werden — und dann geht es los. Der Logos steckt verborgen in ihm und wartet auf seine Freisetzung.

Logos (Sinn) ist im mannmenschlichen Denken immer Programm, Struktur, Gesetzmäßigkeit, Regelhaftigkeit. Logos-Maschinen zu besitzen, die ein bestimmtes Verhaltensmuster automatisch abspielen, ist die innere Konsequenz des patronomen Maschinengedankens. Systeme verarbeiten einen bestimmten Input zu einem bestimmten Output. So muß es sein. In den neuen Maschinen hat eine bestimmte Denkform Gestalt angenommen, die das sogenannte Leben im Patriarchat ohnehin beherrscht.

Männer müssen sich nicht nur irgendwelchen — naturgesetzlich sich fortentwickelnden — Maschinen anpassen. Maschinen verdoppeln auch nicht einfach mannmenschliche Eigenschaften. Sie materialisieren nicht nur das, was bereits im patriarchalen Wesen (Denken und Fühlen) steckt. Das patronome System prägt Mannmenschen und Maschinen zugleich: Psychostrukturen und Organisationsstrukturen unterliegen ein und demselben Input, so daß sie immer wieder dieselben Outputs abliefern müssen. Man nennt das Sinn.

Das Patriarchat hält notwendig Regeln, Formeln und Lösungen von festgelegten Fragen parat. Nach diesen patronomen Normen funktionieren die Köpfe, die Psychen und die Maschinen. Die Frage bleibt, wer schließlich besser funktioniert. Und wer dann für ersetzlich gilt.

Ich wundere mich nicht, daß beispielsweise die heutige Religionsmaschine (Abteilung Rom) sich die richtigen Charakterköpfe heranzieht, ohne die sie nicht reibungslos funktionieren kann: Männer, die alle dasselbe Charaktermuster aufweisen, sehr willfährig nach oben, knallhart nach unten.

Ich bin nicht erstaunt, daß in dieser Maschine nur der als unersetzlich gilt, der dem Affen Zucker gibt. Der gegenwärtig herrschende Papst als Wertevater über die Geburtenkontrolle: Es handelt sich bei seiner Doktrin »in der Tat nicht um eine Lehre, die von Menschen erfunden wurde: sie ist von der Schöpferhand Gottes in die Natur des Menschen eingeschrieben und von Gott in der Offenbarung bestätigt worden. Sie zur Debatte zu stellen bedeutet sogar, Gott selbst den Gehorsam unseres Erkenntnisvermögens zu verweigern«[27].

Die patriarchalen Substanzvokabeln in ihrer religiösen Form: Gehorsam, Natur des Menschen, Erkenntnisvermögen, Schöpfung, Gott. Und als sei es noch nicht genug, setzt ein römischer Kirchen-Herr drauf: Wer die Wahrheit der Pillen-Enzyklika Humanae vitae nicht angenommen habe, habe »die Welt an den Abgrund der Katastrophe gedrängt«. Dazu verrate er »seinen Haß auf Gott und die Menschen, seinen Haß auf das Leben«[28].

Das nenne ich abgedrängtes Leben, geopferte Gehilfin, Perversion des Denkens. Aber kein Wunder, das ist fundamentalistische Patriarchen-Sprache. So was hält die Sinn-Maschinen in Gang. Und immer weiter geht's. Hemingway sagt vom normalen Männerleben: »... man lebt von einem Tag zum andern wie im Krieg«[29].

Schon heute sind viele Menschen im wesentlichen nur noch auf die sachgerecht zu bedienende Maschine angewiesen, aber nicht mehr auf lebendige Menschen. Ich denke an Vorgänge der Verkabelung, an Bildschirmtext, an Telekommunikation und so fort. Wir haben derlei vor der Haustür. Kommunikation ist offenbar nur noch möglich, wenn alle ihre Einzelteilchen möglichst verläßlich, regelgemäß und eindeutig funktionieren. In diese Richtung haben Mannmenschen ihre Körper und ihren Logos weit vorgetrieben. Ob dieser Fortschritt sich schon nicht mehr umkehren läßt?

Berechenbarkeit, Regelhaftigkeit, Eindeutigkeit sind Defensivvokabeln des mannmenschlichen Denkens, Fühlens und Handelns. Man spricht vom Gang der Welt, vom Gang der Gestirne, vom Gang der Maschine, vom Gang der Menschen. Mannmenschliche Forschung, selbst nach Art eines Uhrwerks aufgezogen, hört sofort auf zu existieren, wenn sie in der Natur und/oder im Geist keine Gesetze mehr erforschen und befolgen kann.

Ich wundere mich nicht, daß die Angehörigen des Systems selbst nach den entdeckten (in Wirklichkeit hineingesteckten) Regeln funktionieren. Das Gesetz wird in mich gesteckt, sagen sie, ich gehe nach ihm — und schließlich bin ich selbst das Gesetz, und das Gesetz ist mein Ich. Ein Mensch kann erst damit aufhören, auf diese Weise zu reagieren, wenn er beginnt, das Maschinenhafte in sich zu erkennen. Falls dies überhaupt noch gelingen kann.

Die Maschine, der Logos, das Gesetz in mir — und der gestirnte Himmel über mir. Die regelhaften Verkehrsformen des Alltags sind so fest in der psychischen Struktur verankert, daß sie nicht mehr als Fremdkörper gelten. Menschen sind Resultate gelungener Anpassung.

Freilich nicht ganz. Noch immer gibt es nicht-maschinisierte Anteile der Persönlichkeitsstruktur. Wo und wie lassen sie sich ausmachen? Und wie lange noch? Und die »Mensch-Maschine-Schnittstellen«[30], die Schnittstellen zwischen maschinisierten und (noch) nicht-maschinisierten Anteilen? Diese Schnittstellen unterscheiden sich beim einzelnen. Ich verweise auf die »Not am Mann« und nehme an, daß der maschinisierte Anteil bei Mannmenschen besonders weit entwickelt ist. Meine Stichworte: Zeitökonomie, Arbeitssucht, Vermeidung von Zärtlichkeit, Drill.

Wer die Männergesellschaft betrachtet, wie sie sich Tag für Tag vor seinen Augen aufführt, der/die nimmt besondere Rituale wahr. Rituale der Justiz, Rituale der Erziehung, religiöse Liturgien, militärischen Drill, ökonomische Hierarchisierungen, Zeitökonomien, Arbeitsdisziplinen. Und er/sie beobachtet, daß diese Rituale in eigens geschaffenen Anstalten aufbewahrt und gepflegt werden: in Schulen, Kirchen, Gerichten, Kasernen und Fabriken.

Immer wieder fallen die Unter- und Überordnungen in Bezeichnung und Bauwerk auf: Es gibt allgemeine und höhere Schulen, Offiziers- und Mannschaftsräume, erste und zweite Klassen auf Schiffen, in Flugzeugen und Eisenbahnen, Michelin-Sterne fürs gehobene Speise-Restaurant, Bierschwemmen fürs niedere Trinker-Volk, Penthouses für die da oben, Erdgeschoß- und Untergeschoß-(Souterrain-)Wohnungen für die da unten, Balkone und Emporen für die Herrenmannschaften vom Vatikan und vom Kreml, Paradestraßen für stramm vorbeiziehende Jubelmenschen, Paradeplätze, auf denen die Gläubigen den Segen des Vaters in Weiß erwarten.

In solchen Institutionen und ihren Bauten werden nicht nur die Normalitäten mannmenschlichen Daseins konserviert; spezielle Anstalten sind dazu da, alle Abweichungen vom Mannes-Drill zu behandeln. Vor kurzem nannte man sie Korrektur-Anstalten. Heute heißen sie hin und wieder Einrichtungen, die dem Strafvollzug oder der Rehabilitation dienen. Die innere und äußere Kolonisation einer Welt hat offenbar Fortschritte machen dürfen. Die Wortpanzer entsprechen den Körperpanzern immer genauer.

Indem der Mensch als allgemeines Substrat der Menschheit ins Zentrum des mannmenschlichen Interesses rückt, droht der konkrete Mensch der Gleichgültigkeit anheimzufallen. Er ist bald nur noch interessant, »insofern er Anteil am 'Großen Ganzen' hat oder dazu gezwungen werden kann«[31]. Und wenn er/sie nicht anteilnehmen oder gezwungen werden will, muß er/sie zur Rehabilitation weggegeben werden.

Patriarchen treiben nicht ab, sie treiben aus.

Als die »höchste psychische Leistung, die einem Menschen möglich ist«, benennt Freud »das Niederringen der eigenen Leidenschaft zugunsten und im Auftrag einer Bestimmung, der er sein Leben geweiht hat«[32]. Ich kann nichts dafür, aber auch hier setze ich statt Mensch wieder Mann, und erst dann stimmt der Satz. Es sind die Mannmenschen, die notwendig die eigene Leidenschaft niederringen müssen, um Leistung zu erbringen. Es sind die Mannmenschen, die einen Auftrag haben müssen und eine Bestimmung, der sie ihr Leben weihen. Frauen leben anders: Sie brauchen keine eigene Bestimmung, sie bestimmen sich selbst — und ihr Leben und das ihrer Kinder.

Leidenschaft bejahen statt sie niederzuringen, den potentiellen Reichtum bewußt entfalten statt Triebe zu sublimieren, leben statt zu leisten: Patriarchen schütteln sich vor Angst.

Daß Männer so auffällig von Aufträgen sprechen, denen sie ihr Leben zur Verfügung stellen, macht mich stutzig. Offenbar haben sie nichts aus sich selbst, was sie lohnend leben ließe. Offensichtlich müssen sie sich vor allem von ihrer Angst befreien, nur ein Drohnen-Dasein fristen zu können. Daher reden sie so gern von dem, was sie tun, wirken, schaffen. Das wäre eine Erklärung für den mannmenschlichen Forscher- und Leistertrieb: die nackte Angst, als unnütz zu gelten und als ein mickriger Minderbesitzer entlarvt zu werden, statt den definierten Mehrbesitz vorführen zu dürfen.

Der homo hominis, der homo faber, die Vorform des Menschen. Und nicht das, was er sein möchte: Kein Mensch, in dem der Mensch schlechthin erscheint. Der Logos verrät die Ängste seiner Benutzer immer wieder. Ein gegenwärtiges Unternehmen: »Ist da jemand? Wissenschaftler brechen zum größten Abenteuer der Menschheit auf«, titelt der *Stern* vom 17. November 1988. Männer suchen das letzte Abenteuer; sie halten es nicht mehr bei sich (und den Frauen) aus, sie suchen jemanden, mit dem sie es besser können, sie nennen das Ganze ein Werk der Menschheit.

Ich verwahre mich dagegen. Ich kenne Menschen, die sich auch nicht vereinnahmen lassen wollen.

1972 ist eine US-Raumsonde ins All geschossen worden. Sie soll Aufschluß über die Absender geben. Sie trägt eine Plakette mit Bildern von Mann und Frau, die Hand des Mannes ist zum Gruß erhoben. Die Sonde wird 100 000 Jahre unserer Zeitrechnung brauchen, bis sie überhaupt auf die der Erde am nächsten stehende Fremdsonne trifft. Ein kosmisches Geduldspiel. Männer brauchen so was zum Festhalten.

Je intensiver sie da draußen forschen, desto besser lassen sich ihre irdischen Defizite verbergen. Die Astronomie hält sich für »ein Abenteuer wie keine andere Wissenschaft sonst«[33].

Ich meine, das Patriarchat baut sich eine neue Religion auf. Nachdem die alten Götter nicht mehr richtig funktionieren, braucht es neue Himmel und Höllen. Die Fremdlinge von den weit entfernten Sternen werden nicht ohne Grund schon heute — nicht nur in den Telespielen der Kinderzimmer — als eine Rasse von Leuten dargestellt, die technologisch überlegen sind und die Unzulänglichkeiten irdischer Männer beseitigen helfen.

Die Allforschung mit der völlig neuen Dimension. Die neue Weite und die neue Breite lassen den alten Mangel an Tiefe vergessen.

Im Oktober 1987 hat ein Sprecher der NASA verkündet, in dreißig Jahren werde das erste Baby im Weltall geboren werden. In einer Weltraumstation, die hunderttausend Menschen beherbergen könne. Berge, Flüsse, Bäume und Wolken werde es dort als Umwelt geben. Man sieht, was man schaffen kann, wenn die Schöpfer es auf der Erde nicht mehr aushalten.

Daß es Männer gibt, die ihresgleichen davor warnen, allzu eifrig ins Weltall vorzustoßen, paßt ins Bild. Was wird aus uns, fragen sie, wenn wir die Geister nicht ertragen, die wir da draußen rufen? Werden wir vielleicht von den Außerirdischen, nachdem wir sie auf uns aufmerksam gemacht haben, kolonisiert? Droht uns das Schicksal, das wir denen bereitet haben, die unsere Vorfahren auf fremden Kontinenten entdeckt haben? Wer in mannmenschlichen Kategorien denkt und nicht weiter, muß so fragen. Gerade seine Träume sind nicht angstfrei.

Astronomen werden in den nächsten Jahren mit beispiellosem technischen und finanziellen Aufwand den Kosmos nach Außerirdischen absuchen. Noch ist die kosmische Rasterfahndung nicht gründlich genug. Aber Männer voller Sehnsucht, nicht allein zu sein im Kosmos, tun alles, um Leistung zu beweisen und Wesen zu entdecken, »die denken können wie wir«. Ein Erfolg wäre »der größte Schritt in der Evolution der Menschheit seit der Entwicklung der Sprache«, sagt einer von ihnen, ohne lachen zu können[34]. Mannschaften haben riesige Radioteleskope aufgerichtet und »warten auf den ersten Piepser«. Ob sie zu Hause noch mit ihren Frauen und Kindern sprechen?

In den USA sollen Väter durchschnittlich dreißig Sekunden pro Tag für ihre Kinder aufbringen. In der Regel führen sie jeden Tag vier Minuten lang ein Gespräch mit ihrer Frau. Das Liebemachen inbegriffen. Ein Jahr ihres Lebens verbringen sie durchschnittlich, indem sie Dinge suchen, die sie verlegt haben. Zwei Jahre mit Anrufen bei Leuten, die nicht zu Hause sind. So sind die Waagen geeicht.

Vor zwanzig Jahren hatte ein Buch von Oswalt Kolle mit dem Titel »Deine Frau, das unbekannte Wesen« Erfolg. Da war ein

Mann, der es besser wissen wollte. Er schien das Territorium erforscht zu haben. Über das unbekannte Mann-Wesen war weniger zu lesen. Männer verstecken sich. Die Sprachlosigkeit der Wesen, die anders sind, sucht unterdessen nach der »alien life form«, nach dem lieben asexuellen Monster ALF, das zuhören und sprechen kann — und einen niemals mit Liebe bedrängt. ForschHerren haben lange darüber gegrübelt: »Wenn überhaupt, können ferne Intelligenzen nur Codes mit streng mathematischen Regeln knacken«[35]. Darüber hätte ich nicht lange nachdenken müssen. Ein bißchen Verständnis für mannmenschliche Eigenheiten — und es können nur mathematische Codes als Konversationsstücke herauskommen.

Ob die Außerirdischen auch Frauen »knacken«?

Ich nehme an, daß das außerirdische Leben in der Vorstellung der Männer, die es suchen, weitaus weniger sexuell gefährlich ist als die Frauen zu Hause auf der Erde. Ist die unbegrenzt erscheinende Suche nach Natur-Beherrschung nicht nur ein Werk von Feiglingen, die vor Frauen Angst haben? Bernd Nitzschke hält eine solche Interpretation für »eine gar zu phantastische Erklärung des Verhaltens der männlichen Riesenzwerge, die auf dieser Welt tagtäglich zwei Milliarden Mark für ihre Verteidigung ausgeben«[36]. Ich halte sie nicht für phantastisch. Wenn kreative Angst beschrieben werden soll, wenn die Konsequenzen dieser Angst festgemacht werden, reicht nicht einmal Phantasie hin. Schon die Selbstmaschinisierung des Mannmenschen, wie sie sich historisch an tausend Beispielen festmachen läßt, übersteigt jene Vorstellungen, die noch heute als zulässig gelten. Ich gehe ein paar Schritte in die Mannheitsgeschichte zurück und schaue mich ein wenig um.

Muß ich weit zurückgehen? Es fällt schon zu Beginn auf, daß sich ein förmliches Maschinen-Zeitalter erst relativ spät in der Geschichte der Männerwelten ausgebildet hat, obgleich es bereits in der Antike Maschinen vielfältiger Bauart gegeben hat. Warum dies? Hendrik Persson:

»Zum modernen Helden der Maschine, zum maschinisierten Hel-

den konnten Männer erst werden, nachdem sie die entpersönlichte Zwangsstruktur des Technischen selbst schon weitgehend in ihre eigene Psyche aufgenommen hatten. Also erst, da sie ihre eigene Naturhaftigkeit umfassend 'abgelegt' und alle 'Natur' ins Weibliche hineinprojiziert hatten.«[37]

Daß dieser Prozeß des Ablegens nicht von heute auf morgen erfolgreich abgeschlossen werden konnte, leuchtet ein. Um sich die Natur — und die Frau — unterwerfen zu können, mußte der Mannmensch erst außerhalb von Natur und Frau stehen, sich des Natürlichen wie des Weiblichen entäußert haben. Dieser Prozeß der Entäußerung verläuft im angstbesetzten Gegenspiel mit Frau und Natur, mit dem möglichen Leben.

Männer haben Angst vor den Frauen; ihre Vergeltungsangst ahnt überall Abhängigkeit. Abhängigkeit von der Produktivität der Frauen und der Natur. Geistige und körperliche Abhängigkeit vom anders möglichen Leben. In dieser Angst nehmen Mannmenschen die Wirklichkeit wahr, und in ihr inszenieren sie ihre Schöpfung. Vor allem inszenieren sie das, was sie als Frauen wahrnehmen können und wollen.

Das Maschinensystem ist keine einfache Ausgeburt des Mannmenschlichen. Es hat — wie das Mannmenschliche selbst — einen Selbstlauf induziert bekommen, der nicht ohne weiteres aufzuhalten sein wird. Das Patriarchat ist der Selbstlauf der Individuen und der Technologien. Seine Statik ist vorgegebenen Regelsystemen verpflichtet.

Wesentlich für diese ist das Oben und das Unten. Oben sind die Menschen mit dem Herrenwillen, die Mannmenschen, die Logos-Inhaber und -installateure. Unten befinden sich die Menschen, die keine Mannmenschen sind. Frauen und Kinder sind ZuarbeiterInnen, wenn es um Männermaschinen geht. Ich habe diesen Zustand den der geopferten GehilfInnen genannt: Frauen und Kinder helfen zum einen als Gezwungene oder als Überzeugte (was dasselbe ist) beim Ausbau, bei der Aufrechterhaltung und Verteidigung des mannmenschlichen Systems. Zum anderen sind sie notwendige Opfer dieses Systems.

Die Inszenierung der Athene, der Göttin der griechischen Metropole Athen, gibt ein historisches Beispiel für den angstgelenkten Prozeß der Maschinisierung ab. Warum ich Athene wähle, wird aus dem Text klar. Athene ist die typische Göttin der Rechtfertigung. Sie legitimiert im griechischen Mythos die Tat der Mannmenschen: Daß eine umfassende Instrumentalisierung und Kanalisierung menschlichen Lebens zugunsten patriarchaler Systematik und Statik erfolgt, soll die Göttin Athene absegnen.

Griechenland kennt keinen eigentlichen Vater- und Schöpfer-Gott wie das Judentum und das Christentum. Sein Zeus ist vergleichsweise schwach. Das griechische Patriarchat muß sich mit der Inszenierung der jungfräulichen Athene behelfen. Athene wird aus dem stark schmerzenden Kopf eines Wahnsinnigen geboren, der aus Angst fast stirbt, einen Sohn zu bekommen, der ihn entmachten würde. Der — von einer männlichen Hebamme — gespaltene Schädel des Zeus entläßt eine schon erwachsene Athene in voller Kriegsrüstung. Athene ist eine relativ späte Geburt; sie fällt mitten in eine ältere Götterfamilie hinein und sorgt darin bald für patriarchale Logos-Ordnung.

Sie ist ein Kunstprodukt des Patriarchats, eine Maschine; sie braucht als solche kein Werden. Sie ist einfach da. Ein Mannmensch hat sie — im Kopf — zur Welt gebracht. Sie hat keine Mutter. Daß sie vom Göttervater besonders aufwendig betreut wird, rundet das Bild ab: Das mannmenschliche Monopol über die Frau als Tochter ist perfekt stabilisiert. Athene ist Jungfrau und sie bleibt es: Die mutterlos geborene Tochter ist immer dem Vater und dessen siegreicher Geistpotenz vorbehalten.

Was der Mythos Athene abbildet, hat seine historische Basis. Athene wird mitten in eine Zeit des Umbruchs hineingeboren. Das Patriarchat kämpft auf allen Schauplätzen um seinen Sieg. Athens und Griechenlands Athene tut ihr bestes dabei. Sie läßt die überkommenen Frauenrechte in Stadt und Land abschaffen. Sie handelt häufig durch eigene Heroen (Frauen mag sie nicht), sie kämpft mit den Ihren gegen die Amazonen wie gegen Troja, sie überwindet Medusa (das Bild der bösen Frau) und trägt deren Kopf als Trophäe wie Abwehrzauber an ihrem Kriegsschild. Sie erfindet besondere Arbeitsformen — und sie gilt als Gönnerin der Technik. Was diese Göttermaschine — im Sinn ihrer Erfinder — bewirkt, heißt heute Sieg patriarchaler Strukturen. Ihre Innovationen gehen in die gleiche Richtung: die Indienstnahme der Natur und der Frau durch die Mannmenschen.

Eine Kultur dreht sich um: An die Stelle der vielen — in patriarchaler Wahrnehmung — unproduktiven Kräfte der lebendigen Natur tritt die technische Vernunft. Diese Perversion schafft eine Rationalitätsstruktur, die in der Entwicklung der abendländischen Männer-Kultur niemals durchbrochen werden wird. Im Gegenteil. Die einmal in Gang gesetzte Kulturmaschine läuft und läuft ihrem eigenen Sinn nach.

Die Göttin Athene ist Logos, ist jungfräulicher Logos, ist Technologie wie Sinngebung, ist Forschungsinhalt wie -ansporn — und Krieg. In der einen Gestalt sind alle Maschinen und Systeme des Patriarchats zusammengefaßt und gebündelt. Athene ist Symbol der Patronomie. Sie mußte erfunden werden. Mannmenschen inszenieren Frauen (Göttinnen, Madonnen, Jungfrauen und Mütter), um ihre Ziele an diesen Kunstfrauen festzumachen und sie gegen die realen Frauen durchzusetzen.

Die Angst der Männer vor den Frauen gebiert nicht nur Frau-Maschinen, sondern auch Schöpfer. Haben wir einmal Athene inszeniert, warum dann nicht alle Götter, fragen sie. Und haben wir alle Götter geschaffen, warum entledigen wir uns dieser nicht, nachdem sie keine Funktion mehr erfüllen? Warum sind wir, die Schöpfer einer ganzen Kultur-Welt, nicht allein die Herren der Schöpfung? Wozu brauchen wir noch die vielen Götter oder den einen Gott? Wie wir die vielen Gottheiten geopfert haben, lassen wir auch den einen Gott sterben, wenn wir ihn nicht mehr brauchen.

Der wesentliche Teil jeder Maschine ist der Schaltknopf. Der Logos hat sich das Privileg gesichert, ein- und ausschalten zu können, wie es ihm beliebt.

Schon das dem alttestamentlichen Gott in den Mund gelegte »Wachset und mehret euch, macht euch die Erde untertan« läßt ahnen, was auf diesen Gott zukommen wird. Die Erde untertan machen, sie nach eigenen Angstwünschen inszenieren, braucht mit der Zeit keinen Gottesbefehl mehr. Mannmenschen übernehmen die Aufgabe in eigener Regie.

Ihr früherer Gott hat sich, sagen sie, zwar lange Zeit als Welt-Motor bewährt. Als das Patriarchat wieder einmal seine Sinnkrise hatte, hatten die alten Götter dem neuen einzigen weichen müssen. Nach außen hin hatte ein römischer Kaiser, Mörder seiner Verwandtschaft, die »Konstantinische Wende« durchgesetzt, die seinen Namen trägt. Zugleich hatte er seinen Anteil zum christlichen Glaubensbekenntnis geleistet, indem er das Dogma vom Gottes-Sohn als willkommene Lösung seiner eigenen Verwandtschafts-Querelen durchsetzte.

Die neuen Werteväter waren gefragt: Ihre christlichen Moralvorstellungen galten als die genau richtigen. Sie waren nicht dekadent, sie waren scharf, diszipliniert. Und der Schöpfer-Gott wachte als oberster Richter (Bestrafer, Belohner) über jedem Detail dieser Moral. Auf Erden übernahmen eigene Beicht-Väter diese Aufgabe.»Was du bindest, das ist auch im Himmel gebunden, und was du löst, das ist auch drüben gelöst«, hatte der Gottessohn in ihrem Interesse zum Felsen-Mann Petrus sagen dürfen (Mt 16, 19).

Das gab dem Machtwillen Auf-Trieb. Auch in Sachen Frauen-Pogrom ließ sich diese Vollmacht nutzen. Gegen die teuflische Maschine Frau konnte man die gottgelenkte Gesellschaftsmaschinerie anlaufen lassen. Die machte kurzen Prozeß mit Frauen, die sich unproduktiv verhielten.

So weit, so gut. Damit hätte man leben können. Aber der Christen-Gott hatte auch etwas stark Hinderliches an sich. Solange es ihn gab, war den Mannmenschen jeder größere Eingriff in die Schöpfung und in den Gang der Dinge verwehrt. Das muß man ändern, sagt man inzwischen. Wir wollen selbst die Welt-Motoren sein, wir haben unterdessen genug Maschinen, die von allein laufen. Gottes Vorsehung? Früher war sie ganz brauchbar, heute ist sie ohne eigentliche Funktion.

Ich meine, Männer hatten niemals ein wahres Interesse an ihrer Religion. Sie lebten zwar ganz gut davon, aber sie lebten nicht für sie. Mannmenschen haben den Selbstlauf der Religionsmaschine erfunden, Frauen bedienen sie. Männer wenden sich anderen Spielen zu. Wer ins Weltall schaut, wird niemals einen Gott finden, sagen sie. Unsere Maschinen laufen automatisch, den alten Gott brauchen wir wirklich nicht mehr zu finden.

Ein winziger Exkurs zum Zölibat der römisch-katholischen Priester: Zu Zeiten, als Askese noch nicht allgemein war, mußte eine besondere Form des Junggesellentums erfunden werden, die der Restwelt vorlebte, was es hieß, ohne Frau auskommen zu können. Da die harte Disziplin heute in allen Mannmenschen-Körpern verwurzelt ist, machen abgesonderte Zölibatäre nicht mehr viel her. Heute können fast alle Männer sagen, richtige Männer brauchten keine Frauen. Der Vorbild- und Opfercharakter der Ehelosigkeit um des Himmelreiches willen, den der Papst feiert, ist längst verkommen. Eunuchen will man nicht mehr als eigenen Stand gefeiert sehen, Eunuche ist man selbst.

Ähnliches gilt für die mannmenschliche Erfindung Mönchs-Leben. Was als sogenannter evangelischer Rat den Mönchen (und abgeleitet: den Nonnen) mit auf den Lebensweg gegeben wird, nämlich Armut, Keuschheit, Gehorsam, hat über Jahrhunderte hinweg Menschen zu disziplinierten Maschinen-Menschen umgeformt. Das Kloster ist der Ort gewesen, an dem die effektivsten Methoden der Disziplin erfunden worden sind, aber auch Zeitmesser, Planwirtschaft, (sittliche) Buchführung. Heute ist das als eigene Lebensform obsolet geworden. Heute hat man das von allein im Körper. Die Disziplin ist verallgemeinert. Sie hat keine elitäre Basis mehr. Zeitökonomie ist für alle überlebensnotwendig, sagen die Mannmenschen.

Die sogenannten Tugenden (z.B. Mäßigkeit, Tapferkeit) waren früher Vorzeige-Tauglichkeiten einer religiösen Elite im Patriarchat. Inzwischen weiß man, daß jeder, der Karriere machen will, diese Tauglichkeiten vorweisen muß. Daß es unter uns Mönche gibt, die in Manager-Seminaren ihr diszipliniertes Wissen an den Mann bringen wollen, ist konsequent.

Die unter uns untergehende Religion kämpft umsonst gegen ihren Tod. Sie kämpft gegen die, die sie erfunden und installiert haben. Eben die werden sie auch sterben lassen können. Wer geschaffen hat, ist Herr über Leben und Tod. Schöpfer sind wir selbst. Unternehmerische, aggressive Welt- und Umweltgestalter. Der homo hominis ist notwendig ein homo creator, da seine Angst immer kreativ sein wird.

Angst vor der Frau? Wenn man schließlich doch noch dem inszenierten Selbstlauf der Welt nicht gewachsen ist, wenn man seine eigenen Maschinen-Schöpfungen als Ungetüme erlebt, findet man unschwer zum Bild der Bestie Maschine. Diese raubt den Mannmenschen, die zu Zauberlehrlingen geworden sind, nicht nur den Arbeitsplatz, wie das Frauen im Betrieb tun. Sie ist selbst unbezähmbar produktive Frau. Maschine muß ein Femininum sein, und wieder ist die Not am Maskulinen.

Genommenes Land

Von Mannmenschen geschaffene und unterhaltene Maschinen sollen nicht nur befriedend nach innen wirken, nicht nur Frauen unproduktiv machen. Sie haben auch eine Wirkung nach außen. Ich zeige dies am Beispiel der Land-Nahme. Diese kann immer nur Land-weg-nahme sein. Sie richtet sich stets gegen andere, gegen die Natur und gegen den Menschen. Die jeweils höhere Potenz eignet sich mit Hilfe von Gewalt (Logos, Krieg) Land von der unterlegenen an. Durch diese Aneignung (Enteignung) bezeugt sie sich als die mächtigere, und das eben gibt Kriegern immer wieder das Gefühl, die Angst endgültig besiegt zu haben. Frauen kennen offensichtlich ebenso wenig wie Kinder ein entsprechendes Bedürfnis. Sie müssen eigens dem kriegerischen Interesse der Herren angepaßt werden. Man muß sie, falls sie einem schon gehören, zurichten für ihre Opferrolle zu Hause, und man muß sie, falls sie einem anderen gehören, zur Beute erklären.

Das Interesse der Krieger an Landnahmen hat sich, soweit ich sehe, noch immer gegen die Lebens-Bedürfnisse der Frauen durchsetzen können. Das alte Rom: Populus (Volk) wird von populari (verheeren) abgeleitet. Wer zum Volk gehören will, sagt man, muß mit verwüsten wollen und können. Als Täter, denn man ist ein Mann. Wer sich aber verheeren und verwüsten lassen will, die ist Beute, Opfer, Frau.

Daß Landnahmen, wie sie in der Geschichte des patriarchalen Prozesses immer vorkommen, eine wohlwollende Umschreibung von Eroberungskriegen sind, brauche ich nicht mehr zu sagen. Die mannmenschliche Maschinerie faltet sich auch hierin aus: Zunächst wird die Abteilung Sinn der Maschine in Gang gesetzt. Sie muß Feindbilder schaffen, denen auf der eigenen Seite die Auserwählten entsprechen. Sinn wird einer vorgefundenen Wirklichkeit beigelegt. Er ist Zutat zur Realität. Zutat von seiten wechselnder Interessen, von seiten ein und desselben Herrenwillens. Damit ist jeder Sinn grundsätzlich dem Logos unterworfen, der gegen ihn selbst mächtigen Definitionsgewalt.

Auserwählung bedeutet stets Annahme, man sei mehr als andere. Sie ist niemals harmlos. Sie ist zuinnerst kriegerisch und gegen alles Gleiche gerichtet. Dasselbe gilt von der Kriegsvokabel verheißenes Land.

Auch Privateigentum ist eine Kriegs-Sinn-Vokabel: Nicht das Besitzstreben allein ist Basis des privaten Eigentums, sondern die soziale Legitimation desselben. Privateigentum ist ein den anderen weggenommenes und sozial vor den Schwächeren legitimiertes Eigentum der Stärkeren. Daß auf dem Humus Privateigentum Ehe, Familie, Wirtschaft, Staat ganz gut gedeihen, ist patriarchaler Sinn.

Ist schließlich die Überzeugung, vor anderen auserwählt zu

sein, bei Mannmenschen zur Charakterstruktur geworden (Frauen sind, von Madonnen abgesehen, nicht auserwählt), kann ihre kriegerische Potenz realisiert werden. Dann läuft die Sektion Krieg in der Maschine los. Man überfällt die Feinde, man stellt fest, daß sie dem vorfabrizierten Bild entsprechen — und man leitet aus dieser Entsprechung ab, daß sie zu Recht überfallen worden sind. Ihr Land zu nehmen, ist daher notwendige Folge.

Auf den römischen Schlachtfeldern arbeiten die Söhne zunächst für das Staatswesen. Alles eroberte Land ist zuerst ager publicus, öffentliches Terrain. Der Staat teilt es schließlich in Grund-Stücke auf — und den erprobten Kriegern zur privaten Nutzung zu. Feiglinge und Schwächlinge und Verweigerer bekommen nichts. Sie haben weder Ehre noch Adel.

Die Leistung nackter Landnahme wird im Verlauf historischer Prozesse mehr und mehr auf besondere Sinn-Instanzen (Sinn-Maschinen) gegründet. Was sich die Horde anfangs einfach nahm, muß sie inzwischen rechtfertigen. Aber allzu weit läßt die Bande diese Rechtfertigungen nicht vordringen. Legitimationen werden in der Regel nach getaner Tat nicht mehr benötigt. Sie sind bereits vor dem Überfall in den Wortpanzer und den Körperpanzer übernommen worden. Sich hinterher zu entschuldigen ist bloße Spielerei mit dem Herrenwillen.

Die Mannheitsgeschichte in dieser Perspektive sehen heißt sie verstehen.

Krieg ist Kampf mit allen Mitteln um die jeweils sinnstiftende und -sichernde Herrschaft. Der patriarchale Kriegsmythos ist untrennbar mit der ihn begleitenden und stützenden Entwicklung einer Kriegs-Sinn-Stiftung und einer Kriegstechnologie verbunden. Beide produzieren soziale Realität. Sinn-Maschine, Forschungs-Maschine und Kriegs-Maschine werden gemeinsam in Gang gehalten und zu einer umfassend gewaltigen gesellschaftlichen Strategie-Maschine ausgebaut. Wer im Patriarchat existieren will, hat diese Maschine nicht nur zur Kenntnis zu nehmen. Er/sie muß sie anerkennen, stützen und verteidigen.

Arbeit und Kapital, Militär und Wissenschaft, Technik, Recht und Religion, Politik und Wirtschaft sind strukturell integriert. Die noch immer übliche Rede von Kriegs-Recht und Kampf-Moral ist nicht nur etwas, was Soldaten anspricht und betrifft. Sie meint eine ganze Gesellschaft. Mannmenschen sind davon überzeugt, Kriegssinn und Kriegstechnik seien Definitions-merkmale des Menschen.

Land wird nicht einfach genommen. Krieg ist der äußerste Versuch der Werteväter, Natur (Frauen, Kinder) bleibend zu beherrschen. Auch dieser Versuch lebt vom Herrenwillen, der Statik und Ruhe des Selbstlaufes will. Er nennt ihn allezeit Frieden.

In dieses Bild des Friedens gehört notwendig die Befriedung der Frauen. Diese sollen im Fall des heißen Krieges, von handlangerischen Tätigkeiten abgesehen, nichts zu tun bekommen. Nichts tun, das ist kein Privileg, sondern Mißachtung. Ihnen fallen Aufräumarbeiten zu, untergeordnete Tätigkeiten wie Wunden-Tragen und -Verbinden, Totenklagen um verlorene Männer und Väter.

Im sogenannten Alltags-Frieden, der sich für Frauen nicht eigentlich vom Kriegsfall unterscheidet (da sie in beiden Fällen die Genommenen, die geopferten Gehilfinnen sind), bleiben den Frauen die Wegwerfprodukte der Kriegskultur. Sinn-Abfälle, die der Logos ihnen zuwirft wie Knochen der Hündin, und Technik-Abfälle, die ihnen für ihre Heim-Kultur zugeworfen werden. Teflonpfannen zum Beispiel.

Männer müssen in den Krieg ziehen und fremde Territorien besetzen, weil sie es offensichtlich zu Hause nicht aushalten. Warum nicht? Zu Hause haben sie nichts zu tun. Zu Hause fällt ihnen die Decke auf den Kopf. Zu Hause, wo man nicht mutig sein kann, wird man mit einer Frau verwechselt. Daheim hocken ihre Frauen und betreuen das, was Krieger ihnen zugeworfen haben: den als minderwertig definierten Hausfrauenbereich, die Ideologie vom schöneren und dümmeren Geschlecht, die Doktrin von der sexuellen Verfügbarkeit der Frauen.

Hinaus ins wahre Leben. Vater-Land besetzen heißt auswahl-gesteuert vorgehen. Was vorher als das Bessere definiert worden ist, muß den eigenen Söhnen gehören. Da bauen sie ein neues Vaterhaus, und die Väterreihe pflanzt sich fort. Mannmenschen können nicht existieren, wenn sie nicht ein fremdes Eigentum zu ihrem machen. Häuser bauen ist nicht alles; vorher den Grund besetzen ist mannmenschlich.

Es liegt nahe, daß der Mannmensch sich für sein Haus auch Söhne wünscht. Es reicht ihm — leider, sagt er — nicht, vier Wände sein eigen zu nennen. Er muß auch an die Zukunft denken. Das Haus soll ein Vaterhaus sein, und das ist qualitativ mehr als ein Haus. Doch was diese Zukunft betrifft, führt noch immer kein Weg an den Frauen vorbei. Da auch die künftigen Generationen Land haben und verteidigen müssen, schließlich ist man immer noch nicht unsterblich, müssen Söhne her.

An dieser Stelle kann ich die Geschichte mit den Maschinen fortsetzen. Ich heiße solche Maschinen, die Frauen als Frauen unproduktiv oder einfach mannproduktiv machen sollen, auf dem Hintergrund des soeben Gesagten Landnahme-Maschinen. Nicht nur Erde wird in Grund-Stücke zerlegt, wenn Krieger ausziehen und heimkehren, auch Frauen sind willkommenes Land. Alle mannmenschliche Kultur rodet das Land der Frauen. Ist das Land gerodet, ist es unterworfen, zivilisiert. Dann macht es erheblich weniger Angst als zuvor, als es noch eine Wildnis war.

Das massenhafte Töten von Hexen ging nicht nur aus den Gründen zu Ende, die die Geschichtsschreibung des Patriarchats anführt. Nicht nur, weil sich so etwas wie die Deklaration der allgemeinen Menschenrechte gegen den Herrenwillen durchgesetzt hätte. Durchgesetzt hatte sich etwas anderes: Die Werteväter hatten es inzwischen geschafft, allgemeine Verbote durchzudrücken, Verbote, die ihnen selbst gar nichts untersagten, wohl aber den Frauen. Verbote also, die ganz ihren Interessen entsprachen, Verbote der Verhütung, der Kindestötung, der Abtreibung.

Was dieser Entwicklung auf dem Fuß folgte, war eine Überproduktion von menschlichem Leben. Das Problem der Übervölkerung der Erde stammt aus jener Zeit zwischen dem 18. und dem 19. Jahrhundert. Freilich waren die Patriarchen nicht gar so unzufrieden mit dem Geschehen: Mehr Söhne als je zuvor haben zu können erlaubte eine Expansion der Wirtschafts-, der Missions- und der Kriegsinteressen. Europa konnte sich, den alten Logos im Kopf, daran machen, die Erde zu erobern, die eigene Industrialisierung und Maschinisierung weltweit anzubieten und sie auch auf weiteste Strecken hin durchzudrücken.

Fortpflanzung, production of men, hatte einen weiteren Sinn bekommen, und schon liefen die Maschinen des Patriarchats auf vollen Touren: Der Sinn dieser Fortpflanzung, die Religion dieser Fortpflanzung, die Technik dieser Fortpflanzung und so fort. Alles wurde logisch durchgedacht, geplant und ins Kalkül einer Welteroberung mitaufgenommen. Söhne waren in Hülle und Fülle vorhanden. Es galt, ihnen den Vater-Sinn einzuimpfen und sie dann in die vaterländischen Exkursionen, Missionen und Kriege zu schicken.

Daheim saßen die Mütter und waren ganz wirr im Schmerz über soviel Unsinn. Ihnen hatten die Sinn-Maschinen zu erklären versucht, ihre Natur bringe es mit sich, viele Kinder zu haben und sie alle miteinander so zu lieben, daß sie den Vätern für deren Kriege zur Verfügung gestellt werden könnten.

Wieder ist es wie im alten Rom: Das patriarchale Gesetz fordert die Frauen förmlich auf, viele Kinder zu bekommen. Wieder gibt es eine ausgeformte Sinn-Maschinerie, wieder einen Literaturbetrieb mit Hofdichtern, wieder die alten Mythen von der Mutterliebe, wieder die Unterdrückung der fraulichen Sexualität, wieder das magische Bild von der reinen, sich selbst verzehrenden Mutter und das von der alles Männliche verzehrenden Hure.

Das Territorium Frau ist einmal mehr genommen: Die Angst der Männer macht sich frei, indem sie eine ideale Gattin und Mutter inszenieren, von deren Tauglichkeit keine Gefahr mehr ausgeht. Frauen werden zur stillen Reserve. Im friedlichen Schein ihres Lichts erglänzen das Vaterhaus und das Vaterland. Der Mond ist nicht mehr gefährlich, wenn es keine Mondfrauen mehr gibt.

Landnahme auch im Architektonischen: Eingänge von Arbeiterwohnungen werden in die Küche verlegt, damit sich dadurch ein »Vereinigungspunkt der Familie«[38] bilden möge und die Hausfrau alles, was um sie vorgeht, sehen und ordnen könne. Jetzt ist sie, die Seele des Hauses, auch nach außen Gehilfin, Zuarbeiterin der Männerwünsche, eine Seele von Frau.

Rousseau rühmt die »Folgsamkeit, die die Frauen ihr ganzes Leben lang brauchen«[39]. Ihr ganzes Leben lang? Mir dreht sich der Magen um, wenn ich so etwas lese und bedenke. Die Frau und ihr mögliches Leben gedreht in ein wirkliches Leben nach der Folgsamkeit eines Männer-Denkers? Darf der Philosoph, dem man Aufklärung zuschreibt, noch immer so reden? Warum gilt er als Säulenheiliger der Erziehungswissenschaften?

Ich finde, es gehe nicht an, solche Äußerungen entweder ganz zu unterschlagen oder sie als zeitbedingte Ausrutscher an den Rand eines Systems zu drängen. Darf man nach wie vor frauenfeindliche Bemerkungen machen (und dies über Dutzende von Seiten hinweg) und dennoch (oder gerade deswegen) als Denker gelten? Können Verdienste auf der einen Seite gegen Schäbigkeiten auf der anderen aufgerechnet werden? Von einem Detail auf das System korrumpierender Philosophie zu schließen, wäre konsequent.

Konsequenz kennen Mannmenschen nur in der umgekehrten Richtung. Jetzt ist die Frau endlich völlig passiv, durch Männer-Sinn-Maschinen plattgewalzt. Jetzt ist sie die ewig Weibliche, jetzt darf sie gefeiert werden. Jetzt ist sie nichts mehr, was außerhalb des Logos wäre. Daß man dieses platte Land nicht verkommen lassen darf, sondern es hegen und pflegen muß, weiß man auch. Ich nenne ein Beispiel aus der blumigen Sprache der Gärtner-Herren, die ihre Blumen-Frauen ansehen wie ein Paradiesgärtlein und ernten wie reife Früchte:

»*Er kann 'seine' Frau endlos kontemplativ betrachten, er kann sie pflücken, sie abschneiden, er kann sie riechen und sie essen, er kann sich in ihr und durch sie ergehen.*«[40]
Die deflorierte Frau zum einen, die ewige Kind-Frau, die ständig in der Blüte ihrer Jahre steht, zum anderen. Krieger schätzen gerodete Frauen, wenn sie vom täglichen Schlachtfeld kommen. Sie ruhen sich bei ihnen und in ihnen aus. Denn solche Frauen, ganz genommenes Land, warten stets auf ihren Liebsten, immer bereit, ihn aufzunehmen bei sich und in sich.
Ich wundere mich nicht, daß die Herren bald renommieren werden, sie kennten ihre Frauen durch und durch.

Gewaltige Liebe

Warum nur dürfen Männer so mit Frauen umgehen? Viele Antworten gibt diese simple Frage her; ich habe meine eigene. Ich führe in meine Gesellschaftstheorie die Liebe ein. Einfach so. Aber das hat seinen tiefen Grund. Dutzende von Theorien über Gesellschaftsbildungen und -formen gibt es; in allen fristet die Liebe das Dasein einer Außenseiterin. Liebe gehört ins Privatleben, in sozialen Formen hat sie eigentlich nichts verloren. Genau das ist falsch. Liebe gehört notwendig dazu. Gerade im Patriarchat. Deshalb heißt dessen letzter und höchster Appell an sich selbst:

10. Gebot
Du sollst deine Gewalt gegen Frauen immer als Liebe ausgeben!

Diese Liebe ist nicht einfach Liebe, sie bleibt mannmenschlich definiert oder sie ist gar keine. Sie erfüllt als eine zugerichtete Form eine ganz bestimmte Funktion. Sie ist schlichtweg das

Herrschaftskorrelat zur Gewalt: Um Herrschaft zu etablieren und aufrechtzuerhalten, brauchen Herren immer die Liebe. Ohne Liebe keine Gewalt, keine Gewalt ohne Liebe. Wenn ich im folgenden Liebe sage, meine ich immer diese einzig unter uns erlaubte Form des Herrschaftskorrelats. Daher setze ich sie nicht in Anführungszeichen.

Liebe soll die alltägliche Gewalt vergessen machen. Die Reden über die Liebe wollen zu 99 Prozent nichts anderes als dies. Liebe ist zum Diskurs freigegeben. Ein gewaltig expandierender Büchermarkt hat sie entdeckt, ein Markt mit (Bestseller-) Schriften, die sich zumeist auf dem Niveau von Rezeptbüchern bewegen. Man nehme, frau nehme. Daß diesem Büchermarkt ein Therapiemarkt immer größeren Ausmaßes entspricht, wundert mich nicht.

Mittlerweile sind fast überall irgendwelche Beratungsbüros aufgemacht worden. Was die Therapeuten ihrer Klientel wohl über die Liebe sagen werden? Wer kommt überhaupt zu ihnen? Menschen, nehme ich an, die in den sogenannten besten Jahren sind. Mehr Frauen als Männer. Patriarchal zurechtgerichtete Menschen, denen man seit langem eingeredet hat, Liebe sei nur in Verbindung mit Ehe möglich, Sexualität nur in Verbindung mit Liebe (und damit mit Ehe). Menschen, die nichts anderes als jene angstbesetzte Form von Liebe erlitten haben, die das Patriarchat und dessen subtile Gewaltausübung stützt.

Typisch patriarchal sind die Zurichtungen einer Wirklichkeit durch Dichotomien, also durch die auf eine Zweiheit hin zerschnittenen und gegeneinander gesetzten Begriffs-Realitäten: Erotik gegen Sexualität, Gier gegen Eros, wahre Liebe gegen triebhafte Liebe, hohe Minne gegen niedere Sinne, Sittlichkeit gegen Sinnlichkeit, Disziplin gegen Sich-gehen-lassen, Disziplin gegen Trieb, Wollust gegen Keuschheit, Nächstenliebe gegen Sinnenfreude, Hetäre gegen Madonna, Leib gegen Geist, romantische Zärtlichkeit gegen genitale (auf Geschlechtsorgane reduzierte) Technik, Realitätsprinzip gegen Lustprinzip, Mann gegen Frau.

Der mannmenschliche Logos kann nur in Gegensätzen denken: Ich und das andere. Ich, die Burg, gegen das andere, die Gefahr. Und wenn das eine hervorgehoben wird, hat diese Wahl stets das Verbot des anderen zur Folge. Ich, der Mann, das andere, die Frau. Ich, der Geist, das andere, der Trieb, das Fleisch, die Frau. Das ist konkrete Angst der Männer vor den Frauen.

Liebe ist notwendig für die Männergesellschaft. Wer meint, Liebe sei der gegenwärtigen Gesellschaftsform wesensfremd, muß eine Vorstellung von Liebe haben, die ich als idealistisch bezeichne. Unsere Liebe, die eine andere träumt, ist selbst gebrochen. Die reine Liebe bleibt — verglichen mit der patriarchalen Wirklichkeit — ein nacktes Konstrukt.

Wer von Barmherzigkeit, Demut, Dienen, Selbstverleugnung, Opfer als von Synonymen der Liebe spricht, ist auf besonders geglückte Art zum Agenten oder zur Agentin des Systems erzogen worden. Er/sie hat zu übersehen gelernt, daß diese Begriffe geschlechtsspezifisch zugerichtet und damit verderbt sind.

Wer Liebe an den Wirklichkeiten der Welt vorbeidefiniert, führt bewußt in die Irre. Wo Liebe ins Private, Zwischenmenschliche abgedrängt wird, bestätigt sie ihre eigene gesellschaftliche Bewußtlosigkeit und damit ihre Unfähigkeit, der Gewalt Widerstand zu leisten.

Freilich halten nur wenige dieser Einsicht stand. Immer wieder werden heilige Bildwände der Liebe aufgestellt. Mit ihnen läßt sich viel Geld verdienen. Solche Experten benötigt das Patriarchat dringend. Ich kann das schlimme Spiel nicht mitmachen. Ich kann nicht sagen, was Liebe ist. Versuchte ich es, machte ich mich zu einem neuen Wertevater und damit zu einer Stütze des Systems. Wer Liebe festlegt und als die wahre, die reine definiert, will Gewalt ausüben. Indem er andere dazu anstiftet, seine Definition diszipliniert einzuüben.

Ich halte diese Definiererei, so geläufig sie gegenwärtig wieder ist, für eine Form höherer Unmenschlichkeit. Denn je höher eine Definition von Liebe angesetzt würde, desto höher erhöbe sie sich über die Wirklichkeit — und eine desto tiefere Enttäuschung erreichte sie bei den ihr Gehorsamen. Die echte Liebe erwiese sich bald als eine Art Liebe, die in Lückenangst und Schuldgefühl noch unerreichbarer fixiert wäre. Je weiter sich eine Definition ins Oben verliert, desto schlimmer rächt sie sich nach unten. Das unerreichbar gesetzte Ideal ist Sanktion des idealen gegen den realen Menschen. Haß ist sie, nicht Liebe.

Was ich sagen kann, erscheint als Winzigkeit: Da Liebe nicht positiv definiert werden kann, ist es nur möglich, sie negativ zu bestimmen. Solange die patriarchalen Klassen aufrechterhalten werden, ist eine andere als die gewaltbestimmte Liebe zwischen den Angehörigen dieser Klassen nicht möglich. Zwischen Mannmenschen und Fraumenschen (wie Kindern) kann es ebensowenig Liebe geben wie zwischen Herren und Knechten oder zwischen Kapitaleignern und Lohnabhängigen. Die Gewalt-Liebe zwischen Angehörigen verschiedener Klassen hebt den Unterschied auf und hebt ihn nicht auf, den die ihr vorhergehende Definition geschaffen hat. Sie hebt ihn nicht auf, indem sie ihn beseitigte. Sie hebt ihn auf, indem sie ihn bewahrt und weitergibt.

Gewaltliebe wird in allen Defensivinstitutionen des Patriarchats als mythisierter Standard eingeübt. Alle reden von Liebe, alle wissen, was Liebe ist. Eben drum. Alle sind vom mannmenschlichen Logos stratifiziert (plattgelegt, asphaltiert, zum Befahren freigegeben). Alle Wirklichkeit ist kategorisiert, definiert, systematisiert.

Das mannmenschliche (Lebens-)Gesetz hat sich der Liebe bemächtigt. Je stärker die Realität auf den Logos hin zugerichtet und zentriert worden ist, desto gewaltiger war auch die Unterdrückung der Natur und ihrer Triebkräfte. Und da der Logos, wie wir inzwischen wissen, immer eine mannmenschlich definierte — und den Kopfmenschen zugeeignete — Form gewesen ist, mußte auch die Liebeskultur mannmenschlich bestimmt sein. Ich mache kurz auf ein paar historisch faßbare Beispiele aufmerksam.

Es waren Männer, die — im Fall der frühen mittelalterlichen

Minne — ihre Liebe so hoch gesteigert und immer höher angesiedelt haben, bis sie ins Ideal verkehrt worden ist. Die Angst
dieser Männer vor dem, was sie eigentlich bewegte, die Angst
vor dem Begehren in sich selbst, mußte transponiert werden in
jenen Minnesang, der alles sein durfte, nur nicht das, was die
Sänger selbst waren: sinnlich, begehrend, vulgär.

Ob schon darüber nachgedacht worden ist, was die Herren
Troubadoure im stillen Kämmerlein gemacht haben, nachdem
sie sich wieder einmal müde gesungen hatten? Ob da die nur
mühsam abgesungene Begierde nicht doch wieder übermächtig
geworden ist? Masturbation als mannmenschliche Sünde, als
notwendiges Korrelat zur Frauen-Liebe? Die Herren lassen
schweigen.

Unter den Hunderten von Prüfungen, die ich schon hinter
mich gebracht habe, gab es nur eine einzige zum Thema Masturbation. Sie lief ab wie ein Treffen von Verschwörern. Ich nehme
an, daß von anderen Universitäten Ähnliches gemeldet werden
könnte. Wenn überhaupt.

Als das Bürgertum begann, sich vom (faulen) Adel abzusetzen
und Leistung durch Arbeit zu erbringen und sich entsprechend
zu definieren, war die (in Klöstern entwickelte) Disziplin aufs
neue gefragt. Doch die Arbeits- und Leistungskörper waren
nicht recht befriedigt. Auf emotionaler Ebene entstand ein Va-
kuum, das zu füllen die Liebe herbeizitiert wurde. Die Gewalt
gegen sich selbst verlangte Liebe als notwendiges Korrelat.

Diese Liebe sucht man, was Wunder, bei den Frauen. Die haben, als Seelen des Hauses, ohnehin ein Händchen für alle Arbeiten, die den Männern zuviel Zeit rauben. Also müssen sie,
neu definiert, auch in Sachen Liebe hergenommen werden. Die
mannmenschlichen Diskurse der Epoche überschlagen sich.
Überall finden sich Hohelieder auf die Gattenliebe, das heißt
auf jene Art von Liebe, die Gattinnen ihren schwer arbeitenden
Männern zu erweisen haben.

Die Ehefrau und Mutter hat komplementär das zu leisten, was
sich in der Kälte des Berufslebens nicht mehr finden läßt. Über

Nacht muß die liebende Gattin den Mann so pflegen, daß er befriedigt in den Arbeitstag entlassen werden kann.

Hierher passen manche von den uns vererbten Vorstellungen von der freien Liebe. Wenn man sich eine Gesellschaft ausdenkt, in der gerade bürgerliche Lebewesen Karriere, Bildung und Geld machen können, in der also jeder was werden kann, muß man auch eine Art freier Liebe in ihr installieren. Auch diese ist dann ein Herrschaftskorrelat. Liebe wird gedeutet als ein Blitzschlag. Sie kommt unangemeldet, sie schlägt ein und sie schlägt zu. Die vom Logos errichteten Standesgrenzen erscheinen weggewischt; verlieben kann sich jeder in jede, unabhängig von Vermögen, Bildung, Abstammung. Liebe hebt alle Grenzen auf; sie ist frei.

Daß sie eben dies nicht ist, sondern ein Schein, kommt wenigen zum Bewußtsein. Ich frage mich, wieviel noch passieren muß, bis der Irrglaube behoben sein wird, Liebe hebe nicht nur (Standes-)Grenzen auf, sondern sie sei grenzenlos. Ich wiederhole meine These, daß diese Vorstellung nichts anderes bewirkt, als die mannmenschliche Gesetzes-Gesellschaft und ihre Gewalt zu verhüllen und damit zu stabilisieren.

Immer wenn Liebe eine Sonderwelt abgeben soll, immer wenn sie wie ein Paradies auf Erden abgebildet wird, ist mein Verdacht am größten, ihr Schein werde bewußt dazu eingesetzt, die wirkliche Gewalt des Systems zu verhüllen. Frauen müßten besonders wachsam sein, wenn Männer von Liebe sprechen. Das Und-es-gibt-sie-doch-Gerede verschleiert die reale Gewalt der Männer gegen Frauen. Die wirkliche Stellung der Frau bildet den völligen Gegensatz zum idealen Bild, das sogenannte Liebe von ihr zeichnet.

Noch kein einziges Liebes-Ideal in der Geschichte der Mannheit hat die Situation der Frau verbessert oder von Grund auf verändert.

Männer mögen ihre Liebe zu den Frauen noch so beredt schildern, sie selbst rühren keinen Finger, um den patriarchalen Tatbestand zu ändern. Liebe bleibt Herrschaftskorrelat. Liebe verändert Gewalt nicht; sie verdeckt sie. Nach wie vor haben Frauen in der Ehe unentgeltliche Dienstleistungen zu erbringen: Haushaltsführung, Kinderpflege, Produktion von Nestwärme und Geschlechtsverkehr. Männer heißen diese Leistungen Liebe.

Wer Karriere machen will oder muß, weiß unter den heutigen Umständen, worauf er sich einläßt. Dann ist Disziplin gleich Arbeit und Arbeit gleich Disziplin. Jedenfalls die Hauptsache. Alles andere, Ehe und Familie eingeschlossen, gilt als Störfaktor. Was sich nicht ins Raster des Erfolgs-Logos einspannen läßt, .muß ins sogenannt Private abgedrängt werden. Das ist dann was für Sonn- und Feiertage oder für den Feierabend. Wenn man Karriere plant, dann macht man das ganz oder gar nicht.

Sind Sonntage wirklich frei? Machen sie frei? Die Disziplin der Religionsmaschine hat auch die Feiertage vereinnahmt. Sie rät den betroffenen Maschinenteilchen: »...meidet das Wirtshaus, schlechte Gesellschaft und solche Vergnügungen, durch die Geld, Zeit, Gesundheit und Seele verlorengehen«[41]. Die richtige Reihenfolge hat dieser Ratschläger wenigstens eingehalten; zuerst nennt er das Geld und zuletzt die Seele. Das spricht für ein gesund patriarchales Empfinden.

Für Mannmenschen, deren Ehrgeiz darauf gerichtet ist, nach oben zu kommen und möglichst nach ganz oben, bedeutet Karriere so etwas wie Grenzen zu sprengen, das Noch-nie-Dagewesene zu versuchen — und, vor allem, es denen da unten zu beweisen, daß man sich abhebt. Gelänge das nicht, käme es einer Verstümmelung ihrer Persönlichkeit gleich.

Innerhalb des mannmenschlichen Wertesystems zählt nur die eine, die verstümmelte Seite, der Erfolg, die Leistung, der Ruhm, die Unsterblichkeit. Nicht was wir in unseren Gefühlen sind, macht Kasse, sondern was wir mit dem Kopf leisten. Der Maßstab der Verkrüppelten ist der Erfolg der Verkrüppelten. Nicht etwa die »Fähigkeit zu lachen, zu spielen oder zärtlich zu sein«[42]. Mann sein heißt erst einmal ein Erfolgssymbol darstellen und erst in zweiter Linie Mensch werden wollen.

Erfolg, lerne ich, wird im Patriarchat mit Hilfe von mannmenschlichen Kriterien (Logos) beschrieben. Er bezieht sich ausschließlich auf den Beruf, auf mannmenschliche Betätigungsfelder. Und er läßt sich mannmenschlich messen, nach den üblichen Kategorien des Oben und des Unten, der Erwählung und der Landnahme.

Die Berufsrolle ist fest mit der mannmenschlichen Identität verknüpft. Sie läßt sich durch die Ideologie des — unersetzlichen — Familienernährers noch verstärken. Diese ist in den meisten Individuen verankert. Befragt, was die wichtigste Aufgabe eines Mann-Vaters sei, gibt die Mehrheit an, »für die materielle Sicherheit der Familie zu sorgen«[43].

Karriereambitionierte Menschen hatten nicht selten ein gut gestyltes Anfangsziel: Sie wollten sich selbst verwirklichen und autonom sein. Inzwischen ist aus der Selbstverwirklichung — innerhalb einer mörderischen Gesellschaft — die Selbstdisziplinierung geworden. Wesentliche Bereiche möglichen Lebens fallen dieser ganz zum Opfer. Und diejenigen, die anders leben, sowieso.

Karriere ist ein »Einüben in Verzichtsleistungen aller Art... Verzicht auch auf viele Gefühle und Gespräche, Bindungen und Beziehungen; auf die zahlreichen Irritationen, Mühen und Schmerzen — und all die schönen Momente, die im engen Zusammensein zum Menschen gehören.«[44]. Karriere kostet Zeit, und nicht nur die des Mannes.

Frauen und Kinder bleiben geopferte GehilfInnen. Sie bezahlen den beruflichen Aufstieg des Mannmenschen teuer und stillschweigend. Sie sind oft und oft verwundet worden, und nicht alles ist schon vernarbt. Durften sie sich je mitbestimmend dazu äußern, was der Ehemann und Vater plante? Ist ihr Rat wirklich gefragt? Oder schließt ihnen der Appell an ihre Liebe den Mund?

Solange Frauen-Leben als ein Dasein für andere gedeutet wird, können Frauen nichts anderes sein als Karrierebegleiterinnen.

Als solche halten sie dem Erfolgssymbol Mannmensch den Rücken frei. Und den Kopf für seine vermeintlich wichtigeren Ziele. Dafür dürfen sie, im Erfolgsfall, ein wenig teilhaben am Glanz des Ruhmes, der auf den Gatten fällt. Zu mehr reicht es ganz selten. Die Karriere des Mannmenschen erfordert notwendig das Opfer nicht nur seiner selbst, sondern auch das der Seinen. Die Karriere des einen, einzelnen wird mit dem Leben der zwei, drei, vier bezahlt.

Je näher der Erfolg rückt, desto klüger ist es, daß Frauen ihre eigenen Wünsche und Fähigkeiten tarnen. Das mannmenschliche Ego hat absolute Priorität, haben sie gelernt. Nur wenn der Mannmensch das Gefühl hat, seiner Frau und seinen Kindern relativ wenig, das heißt nur Liebe, zu verdanken, ist mit seiner Dankbarkeit (und mit Gratifikationen) zu rechnen. Liebende Frauen, sagen Männer, sind am besten verstummte Frauen, die nicht zeigen, was sie können. Sie werden tunlichst auf Nebenplätze abgedrängt. Sie dürfen sich ihre Kaffeekränzchen leisten, bis der schwer arbeitende Herr nach Hause kommt und die berühmte Frage nach dem Zeitvertreib stellt.

Was ist übrigens mit der Karriere von Frauen? Mannmenschen gehen davon aus, daß Frauen zum einen immer die Partnerschaft (Ehe, Familie) der Erwerbstätigkeit vorziehen und zum anderen eben diese Wahl aus natürlichen Gründen treffen müssen. Beide Annahmen sind nicht nur falsch, sie sind bewußte Lügen. Nur wer sie ernstnimmt und durchsetzt, kann seine Gesellschaft stabilisieren. Nur wer den Verzicht der Frau als Liebe zum Mann (und zum Kind) deutet, rettet die Hülle seiner Gewalt.

Daß sich im Lauf der Zeit gar ein Aschenputtel-Komplex ausbildet, jenes Netz an weitgehend unterdrückten Haltungen und Ängsten, das die Frauen gefangenhält, weil sie ihren »tiefverwurzelten Wunsch« pflegen, »von anderen versorgt zu werden«[45], halte ich unter patriarchalen Umständen für konsequent. Aschenputtel wartet noch immer auf ein äußeres Ereignis, das sein Leben grundlegend verändert. Es unternimmt selbst nichts für seine Befreiung. Der schöne Prinz kommt von allein, und seine Liebe befreit das Aschenfrauchen. So haben es die Männer gern.

Sie sagen sich und ihrer Angst: Frauen sehnen sich danach, frei zu sein, ihre unbegrenzten Möglichkeiten endlich auszuspielen und uns dadurch zu übertreffen. Aber zugleich wagen sie es nicht, weil sie umsorgt sein wollen. Und da nur wir Männer es sind, die Geborgenheit (sprich: Geld, Vaterhaus, Zukunft) garantieren können, besteht unser System in den Unterworfenen gefahrlos weiter.

Fehlt es Frauen an Selbstbewußtsein, suchen sie (sagen die Männer) um so eher einen Halt. Der starke Partner, der liebevolle Partner bietet allein diesen Halt. Der sichere Hafen der Ehe, die vielen lieben Kinderlein, sie ziehen auch diejenigen Frauen mit Liebesbanden in ihren Bann, die ausgezogen waren, emanzipiert zu sein. Verglichen mit dieser Sicherheit wäre jede Berufstätigkeit der Frau ein Minderes. Folgerichtig haben Frauen Angst vor dem beruflichen Erfolg zu haben — und die entsprechenden »Erfolgsvermeidungsstrategien«[46] auszubauen. Männer helfen ihnen gerne dabei und lenken sie auf ihr Heim ab.

In den USA finden sich Selbsthilfegruppen von Karriere-Frauen, die erkannt haben, daß sie vor der mannmenschlichen Leistungsgesellschaft fliehen müssen. Daß ihr eigener Erfolg zu teuer bezahlt ist. Daß sie selbst anfangen, Liebe (Nestwärme und so fort) zu wollen.

Die erwerbstätige, gar die karriereambitionierte Frau bleibt Schreckgespenst. Eine engagierte Frau stellte nicht mehr den eigenen Mann in den Mittelpunkt ihres sorgenden Interesses. Auch wäre der Mannmensch nicht mehr der einzige, der von draußen Geld, Selbstbewußtsein, Anerkennung, Bekanntschaften mitbrächte. Und wenn frau arbeitete, müßte man sich vermehrt um den Bereich kümmern, den seinesgleichen den Frauen zugewiesen hat. Gründe genug für die Angst des neuzeitlichen Mannmenschen vor der erwerbstätigen Frau.

Mannmenschen, die nicht allein mit Liebe mit solchen Frauen

fertig werden, versuchen das berufliche Engagement der Frauen zu sabotieren. Sie unterbrechen ständig die Arbeit der (zu Hause arbeitenden) Frau mit nichtigen Anfragen und Wünschen. Sie stürzen sich in ihren Beruf, so daß für die Paarbeziehung immer weniger Zeit bleibt — und die Frau schließlich aus Liebe ein Einsehen hat und aufgibt. Sie bauen ein exzessives eigenes Berufsengagement auf, welches sie die Verantwortung für alle Hausprobleme von sich schieben läßt. Sie weigern sich, ihrer Frau bei irgendwelchen Arbeiten Hilfestellung zu leisten (sie ist ja selbst schuld an ihrem Zustand der Überlastung). Sie führen der Frau immer wieder vor, daß und was sie nicht alles gleichzeitig vollbringen kann. Sie machen ihr deswegen ein schlechtes Gewissen, um sie zum Aufhören zu bewegen. Sie verfallen schließlich in Selbstmitleid oder beschweren sich bei Dritten über ihr schwer unmännliches Los. Sie stellen ihre Frau vor die Entscheidung, entweder den Mannesberuf oder das Chaos zu wählen.

Romantische Empfindung tut ein übriges. Die sich ausbildenden Maschinenteilchen der Gesellschaftsmaschine Mann haben das starke Bedürfnis nach Intimität. Wenn man eine professionelle Maschine sein muß, tut es einem gut, wenigstens zu Hause, im trauten Schoß von Ehe und Familie, Liebe zum Gatten und zum Vater bewiesen zu bekommen. Frauen und Kinder werden entsprechend zugerichtet; sie haben den Auftrag, die Maschinenwelt des Gatten und Vaters durch Beweise innigster Liebe zu bestätigen. Während er sich draußen abmüht und seinen Gelderwerb als Liebe zu den Seinen interpretiert, arbeiten die da drinnen an seiner emotionellen und sexuellen Befriedigung. Und er heißt es ebenfalls Liebe.

Liebe wird in dieser Zurichtung zum Medium beruflichen Aufstiegs. Sie gilt als voll kompatibel.

Jungen werden dazu erzogen, sich dem zu stellen, was die Werteväter Leben nennen. Mädchen werden dazu angehalten, sich einen zu suchen, der sich dem Leben stellt, indem er seinen Mann steht. Väter neigen eher als Mütter dazu, ihre Kinder geschlechtsspezifisch zu sozialisieren, um sie aufs richtige Leben vorzubereiten.

Die meisten Wunderkinder finden sich auf Territorien, die strengen Stratifizierungsprinzipien unterliegen. In der Musik, im Schachspiel, in der Mathematik, in der Informatik braucht man strikte Regeln, damit man Spaß hat. Und um Regeln erfinden und durchhalten zu können, braucht man — schon als Wunderkind — Arbeitsmoral und -disziplin.

Schlimm, wenn die Heimmannschaft nicht so funktioniert, wie es der mannmenschliche Anspruch fordert: Der sich ungeliebt fühlende Mann und Vater muß dann notwendig ausbrechen. Er hat mehrere Möglichkeiten in seiner Lebenswelt. Entweder richtet er — mit Gewalt — die Seinen zu noch mehr Liebes-Disziplin ab oder er sucht sich Liebe außerhalb von Ehe und Familie. Schließlich gibt es draußen Frauen, die zu Tätigkeiten abgerichtet sind, von denen man sich Liebesbefriedigung verspricht. Und wenn gar nichts mehr klappt, richtet man sich selbst ab und versagt sich künftig, ganz harter Mann, den Frauen überhaupt. Richtige Männer brauchen für ihr versäumtes, verbanntes Leben gar keine Frauen, weiß man inzwischen.

Es waren Männer, die sich ein bestimmtes Liebes- und Eheideal gegossen haben, das es den Betroffenen zur ehelichen Pflicht machte, sich wie Verliebte zu lieben — oder wenigstens so zu tun. Alle Elemente, die der Logos einmal sorgsam auseinandergehalten hatte, werden nun in eine einzige Form gedrängt: geistig-seelisches und sexuell-sinnliches, freundschaftlich-kameradschaftliches und leidenschaftliches Empfinden zugleich soll die auf Dauer angelegte Lebensgemeinschaft Ehe wie Kitt zusammenhalten. Aber der Leim hat das Modell nicht gehalten; die Dichotomien waren bereits zu stark verinnerlicht.

Männer sind es gewesen, die sich Sonderformen der Liebe geschaffen haben. Zu ihren Gunsten. Zu Lasten der Frauen. Bis weit in unser Jahrhundert hinein hat der Ehebruch der Männer als Kavaliersdelikt fröhlicher Reiter gegolten. Die Ehefrauen waren dagegen auf sexuelle Treue festgelegt, um die Legitimität der Nachkommen auch nicht dem geringsten (mannmenschlichen) Verdacht auszusetzen. Beide Formen dieser Kultur, die Freizügigkeit der Gatten und die Treue der Gattinnen, hat man Liebe genannt. In der Sprache der Herren wie in der der Mägde hat die Unmenschlichkeit ihren Ausdruck hinterlassen. Das ist bezeichnend für die gesamte Anlage, und ich stütze auch auf ein solches Beispiel meine These von der Gewaltliebe im Patriarchat.

Weitere Belege gibt es zuhauf. Wer aufmerksam zu beobachten gelernt hat, findet sie in seiner/ihrer eigenen Umwelt in Hülle und Fülle. Die Hülle muß freilich erst entfernt werden, um die Fülle zu entdecken. Gewalt bedient sich der zu ihr passenden Liebe wie einer Decke. Nackte Gewalt kommt relativ selten zum Vorschein; stets eilt die Liebe herbei und deckt zu. Die — selbst domestizierte — Liebe nimmt ihre Funktion der Domestikation wahr.

Frauen lassen sich noch immer schlagen. Frauen gehen ins Frauenhaus. Frauen verlassen die Frauenhäuser wieder, weil sie ihre Männer zu lieben gelernt haben. Frauen brauchen diese Liebe, sagen Männer. Frauen, die zu sehr lieben.

Gibt es einen Zusammenhang zwischen Angst, Zeit und Liebe? Ich glaube schon. Daß gegenwärtig auch das Lieben mit einer Schnelligkeit abläuft, die historisch kaum ein Vorbild hat, beweist mannmenschliche Qualität. Der Mannmensch hat seine »Lust-Unlust-Ökonomie in der Richtung einer ständig zunehmenden Sensitivierung gegenüber allen Unlust auslösenden Reizsituationen und einer ebensolchen Abstumpfung gegen alle lustauslösenden verschoben... Die wachsende Intoleranz gegen Unlust — im Verein mit der verringerten Anziehungskraft der Lust — führt dazu, daß die Menschen die Fähigkeit verlieren, saure Arbeit in solche Unternehmungen zu investieren, die erst in der späteren Folge einen Lustgewinn versprechen.«[47]

Es gibt ein — vom Mannmenschen induziertes — Bedürfnis nach sofortiger Befriedigung. Lange gefackelt wird nicht mehr. Läßt sich eine Frau nicht sofort anmachen und abschleppen, läßt sie es eben bleiben. Frauen sind wie Straßenbahnen, sagt ein Mann, es kommt alle paar Minuten eine neue.

Mannmenschen geben neuerdings, da Orgasmen mit Glück identifiziert sind, nicht mehr damit an, wieviel Lust sie selbst und ihre Partnerin gehabt haben. Sie renommieren mit quantitativen (Zähl-)Kategorien. Sie sagen, wie schnell, wie oft sie Frauen genommen haben. Erfolg und Leistung sind auch hier — vom systematisierenden Logos — aufs Meßbare reduziert. Ein letzter Trieb, eine letzte Leidenschaft auf einem durch und durch vom Logos stratifizierten Gesellschaftsplateau: das soziale Bedürfnis, sich schnell und oft möglichst viele Dinge anzueignen. Man braucht ein Ding, eine Frau. Man hat sie.

Frauen wissen, daß sie seit jeher die Zeche zu bezahlen haben. Sie, die Gewährenden, sind die Betrogenen. »Es gibt nur einen Weg in dieser Welt, um glücklich zu sein«, sagt eine Frau bei Wedekind, »das ist, daß man alles tut, um andere so glücklich wie möglich zu machen«[48]. Sie muß es wissen, sie ist eine Puffmutter.

Gegenwärtig hat die Ausbeutung der Frau durch die Männergewalt, die sich als Liebe tarnt, eine weitere Dimension angenommen. Das Gewaltgesetz verlangt inzwischen danach, sein pädagogisches Interesse voll auszuspielen. Heute muß Liebe erlernt werden. Da das patriarchale System bröckelt, muß es alles daran setzen, seine Gewalt wieder zu befestigen. Und da Frauen offensichtlich dazu dienen, sich selber als Stabilisatorinnen ausbeuten zu lassen, redet man ihnen ein, sie hätten ihren eigenständigen Beitrag zu leisten. Sie hätten nicht viel anderes zu erlernen als die neue Liebe. Die Mannmenschen haben schon wieder die Lösung parat: Geht hin, sagen sie, und laßt euch von den Experten (Philosophen, Theologen, Psychotherapeuten) beibringen, wie richtig geliebt wird, und dann kommt heim und sagt und beweist es uns. Wenn ihr Frauen wieder liebt, ist unsere Angst vor euch bei euch selbst aufgehoben.

Die Zehn Gebote des Patriarchats

1.
Du sollst denen am meisten
Angst machen, vor denen du dich selbst
am meisten fürchtest!

2.
Du sollst dein Männerleben
so leben, daß es eine Kriegserklärung
an das mögliche Leben ist!

3.
Du sollst verdrängen, daß du nicht
wie eine Frau leben kannst und darfst!

4.
Du sollst dafür sorgen, daß die
wahre Bestimmung der Frauen nicht in
ihrer Selbstbestimmung liegt!

5.
Du sollst dir immer die leichteste
Beute nehmen, die dir zur Verfügung steht:
die Frau!

6.
Du sollst dich gegen jede Aufklärung sperren,
die nicht
von deinesgleichen kommt!

7.
Du sollst ein Vorbild als »männlicher Mann«
sein und so den einzigen
Weg zur Emanzipation der Frau zeigen!

8.

Du sollst dir selbst eine Welt und einen Gott schaffen,
die dich die Angst
vor dem Leben der Frau ertragen lassen!

9.

Du sollst immer neue Maschinen erfinden,
die die Frauen unproduktiv machen!

10.

Du sollst deine Gewalt gegen Frauen
immer als Liebe ausgeben!

Anmerkungen und Literaturhinweise

Worum es mir geht
1) Poulain de la Barre, zitiert nach: S. de Beauvoir, Das andere Geschlecht. Sitte und Sexus der Frau (Reinbek 1951), S. 15.

Not am Mann
1) Die WELT vom 4.2.1989, S. 6.
2) Zitiert nach: Frankfurter Rundschau vom 20.8.1988, S. ZB 5.
3) Franz Kafka, Tagebücher 1910-1923 (Hrsg. M. Brod, Frankfurt a.M. 1973), S. 329.
4) Zitiert nach: STERN vom 6.10.1988, S. 76.
5) Franz Kafka, Brief an Ottla vom 29.8.1917, in: Briefe an Ottla und die Familie (Hrsg. H. Binder, K. Wagenbach, Frankfurt a. M. 1981), S. 40.
6) Franz Kafka, ebda.
7) Zitiert nach: A. Keil, Weiblich — Männlich. Soziale Gestaltungsprinzipien des Lebendigen, in: E. Lade (Hrsg.), Christliches ABC heute und morgen. Handbuch für Lebensfragen und Kirchliche Erwachsenenbildung (Bad Homburg 1987), Gruppe 4, S. 49.
8) Die WELT vom 8.3.1989, S. 8.
9) Der SPIEGEL vom 12.12.1988 (Nr. 50/1988), S. 184.
10) Ebda., S. 217.
11) Ebda., S. 219.
12) A. Mitscherlich, Auf dem Weg zur vaterlosen Gesellschaft (Frankfurt a.M. 1971), S. 61.
13) Zitiert nach: Frankfurter Rundschau vom 20.8.1988, S. ZB 5.
14) H.L. Merkle, zitiert nach: Die WELT vom 18.3.1989, S. 18.
15) H. Schelsky, Soziologie der Sexualität (Reinbek 1955, 21.Aufl.), S. 95.
16) S. Freud, Die Verdrängung, in: Gesammelte Werke, Bd. III (Frankfurt a. M. 1981, 4. Aufl.), S. 112.
17) E.J. Häberle, Die Sexualität des Menschen. Handbuch und Atlas (Berlin — New York 1983), S. 360.
18) N. Hatebur, Antikes Patriarchat und Frauenfeindlichkeit. Entwurf einer nicht-patriarchalen Kultursoziologie (Münster 1987), S. 28.
19) G. Vorberg, Glossarium eroticum (Nachdruck Hanau 1965), S. 645.
20) A. Keil, aaO., S. 50.
21) Zitiert nach: Die WELT vom 10.3.1989, S. 16.
22) A. Gehlen, Die Seele im technischen Zeitalter. Sozialpsychologische Probleme in der industriellen Gesellschaft (Reinbek 1967, 10. Aufl.), S. 23.

23) R. Gaßmann, Neue Süchte. Streit um ein gesellschaftliches Phäno-
    men (Hamburg 1988), S. 54.
24) Zitiert nach: Die WELT vom 16.3.1989, S. 2.
25) Zitiert nach: STERN vom 16.2.1989, S. 124.
26) Zitiert nach: STERN vom 2.3.1989, S. 120.
27) Th. W. Adorno, Minima Moralia. Reflexionen aus dem beschädig-
    ten Leben (Frankfurt a.M. 1978), S. 7.
28) K. Deschner, Ein Jahrhundert Heilsgeschichte. Die Politik der
    Päpste im Zeitalter der Weltkriege. Bd. II Von Pius XII. 1939 bis zu
    Johannes Paul I. 1978 (Köln 1983), S. 118.
29) Hatebur, aaO., S. 129.
30) Zitiert nach: Die WELT vom 13.3.1989, S. 12.
31) Zitiert nach: Hatebur, aaO., S. 9.
32) A. Rosenberg, Die Gestalt und Entstaltung des Vaters, in: W. Bit-
    ter (Hrsg.), Vorträge über das Vaterproblem in Psychotherapie,
    Religion und Gesellschaft (Stuttgart 1954), S. 156.
33) Zitiert nach: Die WELT vom 14.2.1989, S. 6.
34) Zitiert nach: Die WELT vom 2.3.1989, S. 6 (auch die folgenden Zi-
    tate).
35) Zitiert nach: STERN vom 16.2.1989, S. 132.
36) Zitiert nach: STERN vom 9.3.1989, S. 46.
37) Zitiert nach: STERN vom 9.3.1989, S. 56.
38) Zitiert nach: Hatebur, aaO., S. 56 Anm. 116.

Brust und Schoß

 1) Bild der Frau vom 13.2.1989, S. 12.
 2) Ebda.
 3) K. Stern, Die Flucht vor dem Weib. Zur Pathologie des Zeitgeistes
    (Salzburg 1968), S. 12.
 4) Ebda.
 5) Ebda.
 6) W. Hollstein, Nicht Herrscher, aber kräftig. Die Zukunft der
    Männer (Hamburg 1988), S. 11.
 7) Stern, aaO., S. 12.
 8) Schalom Ben-Chorin, Wer Jude ist, bestimmt die Frau. Die Gleich-
    berechtigung des Mannes in Sachen Kind, in: Die WELT vom
    11.3.1989, S. 24.
 9) A. Strindberg, zitiert nach: B. Nitzschke, Männerängste, Männer-
    wünsche (München 1980), S. 15.
10) Stern, aaO., S. 13. Vgl. P. Evdokimov, La femme et la salut du mon-
    de. Etude d' anthropologie chrétienne sur les charismes de la fem-
    me (Paris 1958).
11) W. Schneider, Wir Neandertaler, in: STERN vom 28.1.1988, S. 72.
12) Hatebur, aaO., S. 106 Anm. 337.
13) P. Veyne, zitiert nach: Hatebur, aaO., S. 98.

14) Zitiert nach: de Beauvoir, aaO., S. 7.
15) Zitiert nach: de Beauvoir, aaO., S. 10.
16) Ebda.
17) Ebda., S. 10 f.
18) Alle Stellen aus dem Apostolischen Schreiben «Mulieris dignitatem« Papst Johannes Pauls II. sind zitiert nach: Kirchliches Amtsblatt für die Diözese Rottenburg-Stuttgart Nr. 27 vom 20. Dezember 1988, S. 354-379.
19) Zitiert nach: Hatebur, aaO., S. 54 Anm. 108.
20) H. Persson, Mann — Maschine — Frau. Über die soziale Beziehung und psychische Verbindung zur Maschine und ihre Bedeutung im Geschlechterverhältnis. Anlässe, Ausformungen und Folgen männlicher Vergeltungsängste im Patriarchat (Masch. Diplomarbeit Münster/W. 1984), S. 91.
21) H.D. Bahr, Über den Umgang mit Maschinen (Tübingen 1983), S. 350.
22) H. Böll, in: Querschnitte. Aus Interviews, Aufsätzen und Reden von Heinrich Böll (Hrsg. V. Böll und R. Matthaei, Köln 1977), S. 196.
23) Adorno, aaO., S. 240.
24) Persson, aaO., S. 132.
25) Ebda., S. 155.
26) Adorno, aaO., S. 43.
27) Ebda., S. 227 f.

Oberhaupt und Unterleib

1) F. Nietzsche, Werke in sechs Bänden (Hrsg. K. Schlechta, München 1980), Bd. II, S. 1202.
2) Zitiert nach: Gong Nr. 47/1988, S. 19.
3) A. Strindberg, Plädoyer eines Irren (Köln 1977), S. 349.
4) Adorno, aaO., S. 172.
5) Adorno, aaO., S. 174.
6) Zitiert nach: Hatebur, aaO., S. 105 Anm. 335.
7) Nitzschke, aaO., S. 148.
8) Nietzsche, aaO., IV, S. 955.
9) L. Börne, Sämtliche Schriften, I (Dreieich 1977), S. 145; hier zitiert nach: Nitzschke, aaO., S. 17.
10) K. Deschner, Opus diaboli. Fünfzehn unversöhnliche Essays über die Arbeit im Weinberg des Herrn (Reinbek 1987), S. 234. Hier sind viele Belege für das «Morden mit Maria« zu finden.
11) Zitiert nach: Persson, aaO., S. 99.
12) Hatebur, aaO., S. 12 Anm. 8.
13) G. Heinsohn, Privateigentum, Patriarchat, Geldwirtschaft. Eine sozialtheoretische Rekonstruktion zur Antike (Frankfurt a.M. 1984), S. 153.

14) Zitiert nach: STERN vom 9.3.1989, S. 27.

15) S. Griffin, Die Angst der Männer vor Frau und Natur: sinnlich, gierig, grausam, tödlich. In: Psychologie heute — Redaktion (Hrsg.), Die Harten und die Zarten. Das neue Verhältnis zwischen den Geschlechtern (Weinheim — Basel 1982), S. 90.

16) R. von Ranke-Graves, Griechische Mythologie. Quellen und Deutung (Reinbek 1987), S. 13.

17) Zitiert nach: Ranke-Graves, aaO., S. 22.

18) Zitiert nach: Ranke-Graves, aaO., S. 28.

19) Zitiert nach: Ranke-Graves, aaO., S. 449.

20) Zitiert nach: Ranke-Graves, aaO., S. 640.

21) Persson, aaO., S. 61.

22) Rosenberg, aaO., S. 146.

23) O. Weininger, Geschlecht und Charakter. Eine prinzipielle Untersuchung (14. A., Wien-Leipzig 1913), S. 240.

24) Th. Lessing, Der jüdische Selbsthaß (Berlin 1930), S. 87.

25) B. Snell, Die Entdeckung des Geistes. Studien zur Entstehung des europäischen Denkens bei den Griechen (Reinbek 1946), S. 196. Vgl. zum Ganzen auch: G.S. Kirk, Griechische Mythen. Ihre Bedeutung und Funktion (Reinbek 1987), S. 267.

26) Horaz, zitiert nach: Hatebur, aaO., S. 35.

27) A. und M. Mitscherlich, Die Unfähigkeit zu trauern. Grundlagen kollektiven Verhaltens (München — Zürich 1984, 16. Aufl.), S. 309.

28) Hatebur, aaO., S. 37.

29) Zitiert nach: Hatebur, aaO., S. 49. Vgl. O. Kiefer, Kulturgeschichte Roms. Unter besonderer Berücksichtigung der römischen Sitten (Berlin 1933), S. 135 f.

30) Nitzschke, aaO., S. 32.

31) H. Kesting, Ein Gespenst kehrt zurück, in: Konkret Nr 8/1980, S. 35.

32) Weininger, aaO., S. 244.

33) Dieses und alle folgenden Zitate nach: Die WELT vom 27.2.1989, S. 7.

Mut zur Lücke

1) Weininger, aaO., S. 256.

2) Kiefer, aaO., S. 213.

3) Zitiert nach: Hatebur, aaO., S. 34.

4) Weininger, aaO., S. 287.

5) J.J. Rousseau, Emil oder Über die Erziehung (Hrsg. L. Schmidts, 5. A., Paderborn — München — Wien — Zürich 1981), S. 390.

6) Nitzschke, aaO., S. 37.

7) Weininger, aaO., S. 288.

8) Zitiert nach: J.Th. Noonan, Empfängnisverhütung. Geschichte

ihrer Beurteilung in der katholischen Theologie und im kanonischen Recht (Mainz 1969), S. 51.

9) Strindberg, aaO., S. 347.

10) Zitiert nach: Hatebur, aaO., S. 14.

11) Weininger, aaO., S. 296.

12) Ders., aaO., S. 297.

13) Ders., aaO., S. 322.

14) Ders., aaO., S. 341.

15) K. Kraus, zitiert nach: Nitzschke, aaO., S. 50.

16) Rousseau, aaO., S. 388.

17) Weininger, aaO., S. 464.

18) Nitzschke, aaO., S. 103.

19) S. Freud, Das Tabu der Virginität, in: Gesammelte Werke, Bd. XII (London 1947), S. 168.

20) S. Freud, Entwurf einer Psychologie, in: Ders., Aus den Anfängen der Psychoanalyse (1887-1902). Briefe an W. Fließ (Frankfurt a.M. 1962), S.316.

21) Rousseau, aaO., S. 391.

22) Weininger, aaO., S. 403.

23) R. von Ranke-Graves — R. Patai, Hebräische Mythologie. Über die Schöpfungsgeschichte und andere Mythen aus dem Alten Testament (Reinbek 1986), S. 34.

24) Persson, aaO., S. 102.

25) Ch. Blöss, Zur Dialektik von Geschichte und kollektivem Zwangscharakter (Masch. Basel 1984), S. 3.

26) Persson, aaO., S. 53.

27) Zitiert nach. STERN vom 16.3.1989, S. 38.

28) Ebda, S. 39.

29) Ebda, S. 120.

30) Ders., aaO., S. 28.

31) K. Lesemann, zitiert nach: Persson, aaO., S. 97.

32) S. Freud, Mitteilung eines der psychoanalytischen Theorie widersprechenden Falles von Paranoia, in: Gesammelte Werke, Bd. X (London 1946), S. 198.

33) STERN vom 17.11.1988, S. 62.

34) Ebda., S. 45.

35) Ebda., S. S. 58.

36) Nitzschke, aaO., S. 96.

37) Persson, aaO., S. 68.

38) H. Treiber — H. Steinert, Die Fabrikation des zuverlässigen Menschen. Über die «Wahlverwandtschaft» von Kloster- und Fabrikdisziplin (München 1980), S. 47.

39) Rousseau, aaO., S. 401.

40) X. Gauthier, Surrealismus und Sexualität. Inszenierung der Weiblichkeit (Berlin 1980), S. 68.

41) Zitiert nach: STERN vom 16.3.1989, S. 32.

42) E. Beck-Gernsheim, zitiert nach: M. Schmidt, Karrierefrauen und Partnerschaft. Sozialpsychologische Aspekte der Beziehung zwischen karriereambitionierten Frauen und ihren Lebenspartnern (Münster — New York 1989), S. 23.

43) Schmidt, aaO., S. 86.

44) A. Gruen, zitiert nach: Schmidt, aaO., S. 28.

45) C. Dowling, Der Cinderella-Komplex. Die heimliche Angst der Frauen vor der Unabhängigkeit (Frankfurt a.M. 1986), S. 29.

46) Schmidt, aaO., S. 38.

47) K. Lorenz, Die acht Todsünden der zivilisierten Menschheit (München 1973, 6. Aufl.), S. 44 f.

48) Zitiert nach Adorno, aaO., S. 113.

HORST HERRMANN VATERLIEBE ICH WILL JA NUR DEIN BESTES

rororo Mann 8248

Die Auseinandersetzung mit der sogenannten Frauen-
bewegung hat einige – viel zu wenige – Männer veranlaßt,
über ihre patriarchalisch definierte Rolle in dieser
Gesellschaft nachzudenken. Vieles hat sich indes nicht
geändert. Nach wie vor – seit der «Wende» mehr denn
je – gibt es die Oberklasse «Väter» und die Unterklasse
«Frau – Kind». Horst Herrmann weist in seinem Buch nach,
warum das so ist, und zeigt Perspektiven auf für ein
anderes mögliches Leben.

ROWOHLT TASCHENBUCH VERLAG